대한민국 역세권 투자지도

STATION

표찬(밴더빌트) 지음

대한민국 역세권 투자지도

앞으로 10년, 역세권이 답이다

INFLUENCE AREA

원앤원북스

철도노선도

2020. 09. 21. 기준 단위 : km

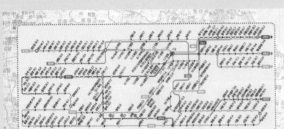

KORAIL 한국철도

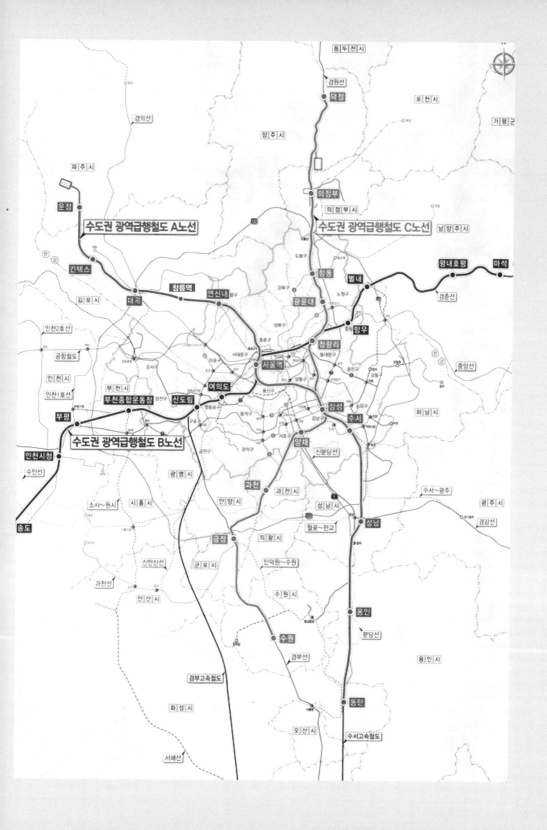

역세권이 만들어지는
과정을 느껴라

갓난아이가 성인이 되기 위해서 20년이라는 시간을 거치는 것처럼, 특정 철도 노선에 대해 이야기가 처음 언급되고 실제로 운행되기까지 긴 시간이 필요하다. 아이가 초등학교에 들어가려면 8살이 되어야 하는 것처럼 노선에 대한 검토과정만 적어도 3~8년의 시간이 걸린다. 6년 과정인 초등학교처럼 기본계획, 기본설계, 실시설계 등 성장과정을 거친 후 또다시 6년 과정인 중고등학교처럼 본 공사의 과정을 겪는다. 개통 후에도 자리를 잡으려면 1~2년이 더 소요된다. 이처럼 철도역 하나가 운행되기까지 한 아이가 성인이 되기 위한 정도의 시간이 필요하다.

이 책은 철도 분야의 전문가로서 역세권을 공부하려는 사람들에게 보탬이 되었으면 하는 바람으로 준비했다. 풍부한 경험과, 실제 고생하며 알게 된 모든 지식을 추리고 또 추렸다. 원론적인 내용을 보기에 지루하지 않게 담으려 했고 역세권에 관심이 있는 사람들에게 실용적인 도움을 주고자 노력했다. 누군가와 의견이 다를 수도 있다. 그러나 부동산과 관련해 다양한 사건을 경험하고 법무법인과 여러 모임에서 나름의 역할을 맡아 그 자리를 지키면서 얻은 주관적인 견해를 담는 데 의미를 두었다.

한국의 밴더빌트가 되기 위해서

역세권과 부동산을 접목시킨 분야에서 1인자가 되고자 미국의 철도왕 밴더빌트의 이름을 예명으로 삼았다. 철도계획, 부동산, 도시계획 등에 18년간 몸담아온 장본인으로서 가치평가에 앞장서고자 한다. 토목공학, 부동산, 도시공학 등을 전공한 학자로서 학문적 의미도 보태겠다. 부동산에서의 진정한 승자는 단순히 돈을 많이 버는 것뿐만 아니라, 인성과 품격을 더해 사회적 가치로 환원할 수 있는 사람이라고 생각한다. 그렇기에 부동산 시장을 읽고 해석해 앞날을 내다보는 혜안을 가지고, 나의 능력이 필요한 사람들에게 알맞은 대안을 제시해보겠다.

역세권 탐사대 2020, 역세권 예정지 곳곳을 누비다

2021년이 다가오면서 밴더빌트와 함께하는 '역세권 탐사대 2020'의 대장정을 마무리했다. 한 달 동안 아침 9시부터 저녁 9시까지 동고동락해왔다. 역세권 탐사대 2020은 8일 일정으로 100시간에 가까운 시간 동안 현장을 돌아보고 그 감상과 재테크 이야기를 나누는 프로그램으로 구성했다. 코로나 시국에 인원을 최소화해 방역 지침을 준수하며 탐사대는 마무리되었다. GTX 전 노선을 비롯해 3호선, 7호선, 9호선 등의 연장선과 신안산선, 신분당선, 인덕원동탄선, 경강선 등의 핫한 노선, 3기 신도시로 선정될 확률이 높은 노선까지 돌아보았다. 10년 동안 지켜봐야 할 노선의 핵심 역들을 직접 돌아보며 느끼는 시간이었다.

'역세권 임장은 누구와 가야 할까?'라는 물음에 바로 답하기는 쉽지 않다.

역세권의 가치를 판별하는 종합사고를 가진 전문가는 많지 않기 때문이다.

역세권 현장은 혼자 봐선 감을 잡기 어렵다. 주변 계획들은 무엇이 있는지, 역이 생기면 다 좋아지는 것인지, 어떤 용도를 봐야 하는지 노선과 역마다 다 다르다. 사람들과 현장을 함께 돌아다니며 얻을 수 있는 끈끈함은 덤이다. 역세권 탐사대는 매년 진행된다. 투자에 대한 인사이트를 얻고 다양한 사람들을 만나고 싶다면 서둘러라!

역세권 부동산은 오를 때 더 오르고 떨어질 때 덜 떨어진다

철도역 신설은 도시발전의 '마중물' 역할을 톡톡히 한다. 그러나 부동산 시장에서 역이 전부는 아니다. 역만 생겨서는 의미가 크지 않을 수 있다. 노선이 어디로, 얼마나 자주, 빠르게 가는지, 역 주변에 다른 개발도 진행되는지 고려해야 한다. 주변에 대형 복합개발이나 재개발, 재건축사업이 동시에 진행된다면 금상첨화다. 또한 개인이 아닌 모두가 선호하는 입지를 가지고 있어야 한다. 지역의 네임밸류, 일자리, 학교, 공원 모두 다 중요하지만, 결국 선호하는 지역을 빠르게 갈 수 있는 게 핵심이다.

상승장인 지금의 부동산 시장은 잔뜩 민감해진 상태라, 작은 역세권 호재만으로도 호가가 수천만 원, 수억 원이 오른다. 그렇기에 작은 호재라도 절대 놓쳐서는 안 된다. 강의를 시작할 때 늘 하는 이야기가 있다. "역세권 투자는 두 가지를 이해해야 합니다. 하나는 실제로 언제 열차를 타고 다닐 수 있을지, 다른 하나는 그 열차의 이슈입니다." 이슈, 즉 역세권 정보를 알고 따라가기만 해도 당신은 부자가 될 수 있다. 그리고 이 책 한 권으로 역세권에 대한 모든 것을 공부해보자.

답 97호 차, 지금 이 순간의 소중함을 기억하며

97호 차 단톡방은 밴더빌트와 소통하며 오랫동안 함께하겠다는 의미로 최대 97명만 함께하는 공간이다. 역세권 정규강의 마지막 기수를 의미한다. 단톡방에서는 오픈 톡강, 리얼 톡강, 소소 이벤트, 각종 모임 및 취미생활을 함께하고 있다. 톡방 멤버들은 카톡방에 부동산 정보와 의견을 공유하고, 좋은 정보나 글이 올라오면 함께 나눈다.

"변화를 읽자!" 이따금 주변 사람들에게 해주는 말이다. 세상은 끊임없이 변화하고 있는데, 자기 일에만 충실하다 보면 조금씩 뒤처지기 때문이다. 나역시 늘 변화하는 시장을 지켜보면서 작지만 하나씩 실천하려 노력하고 있다. "사는 대로 생각하지 말고, 생각하는 대로 살아가라."라는 말이 있다. 생각하는 대로 행동하고 움직여야 변화에 즉각 대응하면서 창의적인 모험도 할수 있다. 그렇기에 항상 배우고 느낀 경험을 토대로 모든 일에 긍정적인 마음을 가지고 몰두하기 위해 부단히 노력 중이다.

세상에 작은 도움이라도 주고 싶고 나로 인해 주변 사람들이 행복해질 수있다면, 그 자체로 삶의 의미가 있다고 생각한다. 랑랑패밀리와 부동산전문로펌 하우가족, 역답방과 싸부 식구들, 건국대 코르타스 멤버들과 한양대 구름다리 멤버들, 그 밖에도 나를 기억해주고 함께해준 모든 사람들에게 감사의 마음을 전하고 싶다.

2021년 1월 어느 멋진 날,

밴더빌트 표찬

PART 1 | 역세권 투자전략과 3기 신도시 집중 분석

CHAPTER 1

역세권 투자 전 알아야 할 여덟 가지

CHAPTER 2

교통 호재를 알면 오르는 부동산이 보인다

PART 2 | 대한민국 역세권 투자지도

CHAPTER 1

서울 옆세권을 노려라, 수도권 광역급행철도

CHAPTER 2

금수저 노선 찾기, 수도권 광역전철 22

CHAPTER 3

국가가 밀어준다, 고속철도 & 일반철도

CHAPTER 4

여기서는 내가 Win, 도시철도

이 책을 먼저 읽은 독자들의 반응

김종율(옥탑방보보스) | 『대한민국 상가 투자지도』 저자

많은 부동산 전문가를 알고 있지만 역세권만큼은 밴더빌트의 손을 들어주고 싶다. 전작 『부동산 재테크 역세권이 답이다』에 이어, 이번 책 역시 3기 신도시와 연계 노선, 4차 국가철도망 구축계획 등 다양한 정보가 체계적으로 정리되어 있고 철도 데이터와 부동산 시세 등 투자에 있어 참고할 만한 내용이 많다. "역세권이라고 다 같은 역세권이 아니다!" "앞으로 10년, 역세권이 답이다."라는 저자의 말처럼 GTX사업 외에도 신설노선에 대한 관심이 어느 때보다 필요해 보인다.

배용환(서울휘) | 『서울휘의 월급 받는 알짜상가에 투자하라』 저자

역세권으로 사람이 모이고 교통망을 따라 돈이 온다고 했다. 2021년 대한민국은 새롭게 생기는 교통망으로 뜨겁게 달아오르고 있다. 교통망과 역세권을 제대로 이해한다는 건 부동산 투자에 있어 강력한 무기를 갖게 되는 것이다. 밴더빌트는 신설 역세권 현장을 직접 돌아다니면서 앞으로의 전개 과정을 설명하고 현재 시세와 가치평가 등 투자자에게 여러 대안을 제시해준다. 그러기에 이 책은 떠오를 역세권을 찾고 안전한 투자처를 선택하는 방법을 확실히 알려줄 것이다.

김성혜(부동산 박사) | 『상위 1%만 알고 있는 돈 버는 지식산업센터』 저자

역세권 관련 기사는 매일 쏟아지는 중요한 정보다. 국토교통부가 역세권 개발과 관련해 서울 주거지역의 용적률을 700%까지 상향할 수 있다는 기사를 보며 중요성을 새삼 더 느꼈다. 역세권 전문가라고 하면 철도계획과 부동산에 대한 이해가 넓고, 현재 시장이 어떻게 돌아가는지를 알아야 한다. 부동산에도 여러 전문 분야가 있지만, '역세권'만큼은 단연코 밴더빌트 추천한다. 일단 잡아라! 어느 순간 그의 이야기를 듣고 있을 것이다.

임지성(지성) │ 네이버 카페 '전업을 꿈꾸는 사람들' 운영자

네이버 카페 '전꿈사'에서 강의를 진행하면서 저자를 처음 알게 되었다. 역세권을 주제로 다양하게 풀어가는 모습을 보고 기존 강의하고는 다른 특별함을 느꼈다. 오랜 실무경험을 통한 역세권의 깊이 있는 내용을 듣다 보면, 부동산 투자에서의 방향성이 가늠된다. 이번 도서는 역세권의 의미를 좀 더 살리면서 각종 데이터와 신설노선에 대한 진행과정과 예측, 부동산시장 등을 종합적으로 살렸다는 점에서 추천해 보고 싶다.

한해원 │ 방송인, 프로 바둑기사

바둑을 잘 두는 열 가지 비결 중 '동수상응(動須相應)'이란 격언이 있다. 돌이 움직일 때는 주위의 돌과 호응해야 한다는 뜻이다. 그럼 부동산의 흐름과 가장 호응하는 것은 역시 역세권이 아닐까 생각한다. '요람에서 무덤까지'라고 했던가. 밴더빌트는 철도의 노선이 태생되는 과정부터 운행 이후 어떤 변화가 예상되는지 전체적인 흐름을 내다볼 줄 안다. 이 책의 독자에게 밴더빌트와 함께하는 역세권 답사도 꼭 추천해주고 싶다. "현장에 답이 있다."라는 말을 잊지 말아야 한다.

장정규(공치) │ 재개발·재건축 전문가

부동산 투자를 하는 데 있어, 가장 중요시하는 사항은 단연 교통이다. 지하철이 지나가야 아파트 가격이 더 오르고, 도로가 뚫려야 토지 가격이 더 오른다는 것을 투자자로서 모를 리가 있으랴. 남들보다 조금 더 빨리 역세권의 가치와 교통의 변화가 주는 내재적 가치를 알아채 투자하고 싶은 사람이라면, 저자가 책에 살짝 숨겨놓은 힌트를 빠르게 캐치해야 할 것이다. 그리고 그 힌트를 조금이라도 빨리 얻은 당신은 머지않아 부자의 반열에 오를 것이다.

정양현 │ 부동산전문로펌 법무법인 하우 대표변호사

밴더빌트는 역세권 분야의 탁월한 전문가로 부동산 다방면에서 역세권을 적극적으로 활용하고 있다. 철도예산 진행부터 설계, 감리까지 이해도가 높아 그 누구보다 역세권의 형성과정에 대한 혜안이 밝다. 거기에 다양한 투자 경험과 컨설팅 이력을 가져서 누구나 내 집 마련부터 토지, 업무·상업용 건물 투자까지 상담받고 싶어 한다. 꾸준한 블로그 활동을 바탕으로 유튜브까지 보폭을 넓힌다고 하니 기대해도 좋을 듯하다.

모리오 │ 인테리어 전문가

어느 때보다 혼란스러운 부동산 시장이기에 더욱 기본에 충실해야 한다. 우리는 역세권 개발이 부동산 시장에 얼마나 큰 영향력을 발휘하는지 이미 잘 알고 있다. 이 분야 최고의 전문가 밴더빌트. 그는 우리에게 보는 눈과 가야할 길을 안내해준다. 더 이상 방황하지 말아라!

안나 │ 전 아나운서

도시에서 역이란 교통의 결절지로서, 접근성 및 유동인구의 집중을 높이고 복합형 시가지를 형성한다. 고밀복합개발을 통한 친환경 직주근접형 도시구조에 관심이 높아지며 역세권은 더욱 주목받는 시대다. 여기저기 역세권 전문가가 등장하는 지금, 밴더빌트는 풍부한 이론과 현장경험을 가진 '찐 역세권 전문가'다.

타이밍 │ 대기업 직장인

부동산은 교통, 교육, 상권 등 생활기반시설이 잘 갖춰진 곳으로 접근해야 하는데 국가에서 그런 곳들을 찾아서 찍어놓은 게 바로 역세권이다. 역세권만 잘 접근해도 내가 살 집, 내가 장사할 상가를 쉽게 찾을 수 있다. 이 책은 역세권에 접근하고 분석하는 법을 구체적으로 제시해 당신을 부동산 투자 성공의 지름길로 안내할 것이다.

타이거 │ 중개법인 대표

지인의 추천으로 우연히 밴더빌트의 강의를 듣게 되었다. 역세권이라면 무조건 좋다는 인식을 갖고 있었는데, 강의를 듣고 각 역세권의 장단점과 전국 철도망의 연결고리를 알게 되고 이러한 지식을 기반으로 부동산의 미래를 예측할 수 있게 되었다. 그는 "혼자 가면 빨리 가고, 같이 가면 멀리 간다."라는 말을 몸소 실천해주고 있다.

골드송송 │ 사업가

부동산 투자에 관심 있는 사람 중 역세권에 관심 없는 사람은 없을 것이다. 하지만 정작 투자하려 할 때 어디로 가야할지 막막하다. 그에 대한 명쾌한 답을 이 책에서 얻게 될 것이다. 이 책을 읽는 당신의 인생은 이미 바뀌기 시작한 것이다.

위풍당당엘리 │ 외국계기업 직장인

새로운 교통망 정책 및 개발계획이 쏟아져 나오는 시대다. 대부분의 사람들은 아무것도 없던 곳에 무언가 생기면 무조건 좋아질 거라고 생각한다. 그러나 이 중에도 옥석은 분명 존재한다. 이 책은 수많은 정보들 중에서 보석을 찾을 수 있는 안목을 길러줄 수 있는 책이라고 확신한다.

노랑 | 대기업 퇴직, 전업 투자자

남들보다 반발 정도 앞서 걸으며 조용히 성과를 내고 싶다면 모두가 어려워하는 부동산이 지름길이 될 것이다. 어렵다고만 생각하지 말고, 부동산을 보는 시야가 확장되도록 도와주는 철도의 대가 밴더빌트의 '믿고 보는 책'으로 2021년 성공적인 투자를 준비하기 바란다.

지수민 | 부동산에 눈뜬 두 아이 아빠

역세권 전문가 밴더빌트는 철도계획, 도시계획, 부동산 전문 분야에서 수년간 얻은 이론과 현장 실무경험을 바탕으로 『부동산 재테크 역세권이 답이다』 등 여러 책을 집필했으며 앞으로도 역세권 분야에서 다양한 활동을 계획하고 있다. 부동산을 공부하거나 역세권에 관심 있는 사람들에게 좋은 지침서가 될 수 있는 책으로 강력하게 추천한다.

행아 | 부린이탈출, 성공맘

어떤 노선이 좋은 노선이고 좋은 역인가? 빠르게 진행될 노선과 진행이 어려운 노선은? 주목해야 할 역세권은? 역세권마다 투자해야 할 대상이 다르다고? 역세권 투자 타이밍은? 밴더빌트는 실제 노선을 계획했던 실무자로서 이러한 물음에 답하고 있다. 이 책을 통해 역세권 투자의 방향을 찾을 수 있길 바란다.

PART 1

역세권 투자전략과 3기 신도시 집중 분석

역세권의 가치를 알아야 한다

직장인이 서울에서 집을 사려면 20년 동안 월급을 한 푼도 안 쓰고 모아야 한다는 조사가 나왔다. (3년 전 조사에서는 13년이면 되었다.) 서울에 집을 마련한다는 것은 솔직히 머리가 똑똑하거나 남다른 재주가 있거나 부모의 뒷받침이 있지 않은 이상 정말 쉽지 않다. 가정을 꾸리고 자녀까지 있다면 더욱 힘들다. 과도하게 대출을 받고 평생 대출금을 갚다가 인생을 보낼 수 있다.

그래서 대부분의 직장인은 정기 수입 외에 또 다른 수입을 얻으려고 하지만, 평범한 직장인이 급여 외에 수입을 얻을 수 있는 방법은 많지 않다. 특별한 재능이 없다면 보통 부동산, 주식, 펀드, 저축상품 등에 투자한다. 그러나 저축상품은 수익률이 너무 작고 주식이나 펀드는 정보가 부족하거나 위험에 노출되기도 한다. 그에 반해 부동산에 대한 정보는 공개적이고 가격이 조금 떨어질 수는 있으나, 위험성도 상대적으로 낮아 다른 재테크에 비하면 접근하기 쉬운 편이다. 최근 4년간 수도권 아파트는 평균적으로 50% 이상 올랐다. 이 책에서 언급된 상당수 지역이 100% 이상 오르기도 했다. 5억 원 아파트가 10억 원이 되었단 이야기다.

사람들은 대부분 역세권의 중요성을 알고 있다. 투자든 실거주든 부동산을 매매하거나 임대할 때 최소한 근처에 지하철역이 있는지를 중요한 요소로 인식하고 있다. 부동산 관련 사업자들도 하나같이 '초역세권' '역세권 인근' 같은 문구를 내세우며 분양을 하거나 임대를 하고 있다. 그러나 역이라고 다 같은 역이 아니다. 2021년 1월 현재, 서울을 포함한 수도권에만 600개 이상의 역이 있다. 이처럼 수도권은 거미줄처럼 복잡한 전철망으로 연결되어 있는데 단순히 주변에 역 하나 있다고 어떠한 판단을 내리기는 무리다. 그래서 이 책에서는 기존 역과 더불어 예정역을 중심으로 어떤 역이 가치가 있고 장래 발전 가능성이 높은지를 다뤄보겠다. 똑같은 역이지만 크게 될 역은 노선 계획에서부터 차이가 난다. 철도계획이 발표되면 실제 운행까지 보통 10년 이라는 시간이 소요된다. 10년은 긴 시간이지만 생각보다 빨리 다가오기 때 문에 관심을 가져보길 바란다.

'역세권' 그 이름만 들어도 설렌다. 역세권은 어디에 갖다 붙여도 어울린다. 역세권 토지, 역세권 상가, 역세권 아파트 등, 이제 부동산은 역세권을 빼고 는 이야기가 되지 않는다. 일부 부촌이나 전원주택을 제외하고는 거의 대부 분 역세권을 선호한다. 그러기에 우리는 역세권에 관심을 가져야 하고 역세 권이 만들어지는 스토리를 알아야 한다. 이미 만들어진 역세권은 별로 재미 가 없다. 역세권의 태생부터 역세권의 성장기, 역세권의 완성기 과정을 알게 된다면 도시계획 과정을 비롯해 부동산과 관련된 많은 부분을 배울 수 있다.

가치가 높은 역

① 수도권 광역급행철도 정차역이다.

② 철도의 노선이 (환승 없이) 직결로 서울 강남권으로 간다.

③ 철도의 노선이 돌아가지 않고 직선으로 서울 중심권에 간다.

④ 열차의 운행간격이 출퇴근 시 5분, 평상시 8분을 넘지 않는다.

⑤ 2개 이상의 노선이 정차하는 환승역(예정 포함)이다.

⑥ 역 주변에 개발예정지(미래가치)가 넓은 역이다.

⑦ 지역의 거점역(예정 포함)이라, 역을 중심으로 모인다.

가치가 낮은 역

① 철도의 노선이 빙빙 돈다(철도에서 외곽순환선은 의미가 적다).

② 열차의 운행간격이 출퇴근 시 10분, 평상시 20분을 넘는다.

③ 철도역이 외딴 곳(녹지, 하천, 군부대, 보호시설 등)에 있다.

④ 지역의 간이역(예정 포함)에 불과하다.

3기 신도시와 제4차 국가철도망 구축계획

2018년 9월 정부는 주택시장 안정대책으로 3기 신도시를 발표한다. 수도권 공공택지 30만 호를 확보해 서민주거 안정을 도모하겠다는 뜻이었다. 그 결과로 남양주 왕숙, 하남 교산, 인천 계양, 고양 창릉, 부천 대장 등을 비롯해 과천 과천, 안산 장상, 용인 구성 등의 지역에 새로운 주택이 건설될 예정이다.

3기 신도시가 발표되자 2기 신도시 주민들은 교통 등을 문제로 신도시 조성에 반발하기도 했다. 지하철 등 주요 교통망에 대한 당초 계획들이 진행되지 않았기 때문이다. 이런 배경 때문에 3기 신도시와 더불어 수도권 전체에 대한 광역교통망 개선대책이 함께 발표되었다. GTX를 비롯해 지하철 노선의 연장, 도시철도 건설, BRT(간선급행버스) 건설 등이 대안이었다.

국가철도망 구축계획은 2006년을 시작으로 전국을 X자 형으로 연결해 통일 시대로 나아가고자 마련되었다. 전국을 고속철도망으로 연결하고 2004년 기준 40%에 머무는 철도 전철화율과 복선화율을 10년 후에 70%까지 상향하는 것을 목표로 했다. 2011년 제2차 국가철도망 구축계획은 주요 거점에 고속 KTX망을 연결하고 대도시권 30분대 광역급행 철도망을 구축하는 데 초점을 두었다. 지금 진행되고 있는 상당수 사업이 2차 계획에 발표된 내용으로서 시간이 걸리더라도 계획대로 하나씩 진행되는 것을 볼 수 있다.

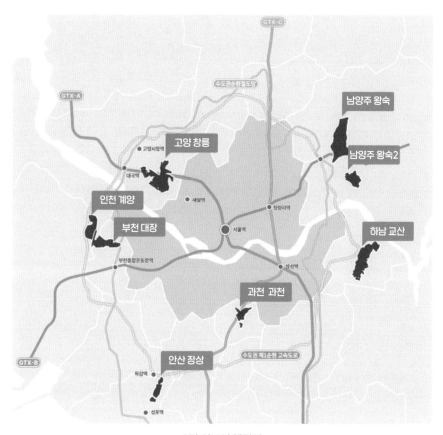

3기 신도시 예정지

    2016년 제3차 국가철도망 구축계획은 광역철도 중심으로 GTX사업과 기존 지하철 연장선에 대한 사업이 구체화되고 2차 계획 사업이 연장되거나 좀 더 구체화되면서 일반인들이 국가철도망 구축계획에 많은 관심을 갖게 된다.

    곧 발표될 제4차 국가철도망 구축계획은 3기 신도시의 광역교통망 개선대책과 연계되어 있다. GTX-D 노선을 비롯해 3기 신도시와 관련되어 있는 지하철 3호선, 9호선 연장과 신규 철도의 발표를 고대하고 있는 이유다.

STATION

INFLUENCE AREA

CHAPTER 1

역세권 투자 전
알아야 할
여덟 가지

서울로 진입해야
시너지가 크다

왜 다들 역세권을 외치는가? 바로 이동성, 경제성, 접근성 때문이다. 역세권 주변은 기반시설이 양호해 고밀도 개발에 따른 부담이 적고, 직장과 주거지가 근접해 주택공급과 주거지원 기능을 확보할 수 있다. 거점 개발 및 지역 균형 발전을 통한 공간구조와 고밀도 개발로 주변 지역에 대한 개발 압력을 수용할 수밖에 없게 된다.

철도 노선은 서울로 직접 연결되는 노선, 특히 강남3구로 진입하는 노선이 가치가 높다. 서울과 인천을 포함한 수도권 일대에 거주하는 인구의 수는 대한민국 전체 인구의 반수에 가깝다. 국민의 상당수가 국토 면적의 10% 정도를 차지하는 수도권에서 직장생활과 주거생활을 하고 있다는 것이다. 수도권 직장인을 대상으로 출퇴근 시 자주 사용하는 교통수단을 조사해보면 제일 먼저 지하철이 언급된다. 그다음에는 자가용, 버스, 택시, 자전거 순서로 나온다. 그런가 하면 매매든 임대든 주거지 선정과정을 묻는 조사에서도 대중교통 이용이 편리한 곳(특히 지하철)을 늘 우선순위로 꼽는 것을 볼 수 있다. 이렇듯 생활에 밀접한 지하철은 이제 집을 고르는 데 기본 조건이 되었다. 그렇다고 단순히 편의성만 보고 역세권을 선호하지는 않는다. 주택을 매입할 때는 생활의 편의와 더불어 경제적 이득을 보고자 한다. 당연히 주택가격의 상승이 예상되는 지역을 선호하기 때문에 교통의 편리성, 특히 상당한 프리미엄이 붙기 마련인 역세권 내 주택을 더욱 선호한다.

철도 노선은 수요가 많은 서울을 중심으로 계획되어야 가치가 높아진다. 서울 중에서도 업무와 상업시설이 발달한 강남3구(서초구, 강남구, 송파구) 부근으로 정차하는 노선일수록 가치가 높다. 강남3구는 대한민국의 부를 대표하는 지역으로 각종 편의시설과 병원시설, 학군 등이 발달해 있고 지역에 대한 인지도 프리미엄도 있다. 업무시설과 더불어 백화점, 고급식당, 문화시설, 놀이시설 등 다양한 상업시설도 즐비해 많은 수요가 이곳을 찾기 때문이다.

노선이 서울로, 이왕이면 강남구와 서초구를 지나간다는 전제로 살펴보자. 노선 거리가 10~15km 정도로 제각각인 도시철도보다 일정한 노선 거리인 광역철도가 좋다. 노선이 좋다면 서울뿐만 아니라 이 노선을 타고 갈 수 있는 다른 지역도 같이 봐야 한다.

우선 봐야 할 부분은 GTX-A와 C 노선이다. 순차적으로 B와 D 노선까지 고려할 필요가 있다. GTX가 정부의 계획대로 진행된다면, 대한민국 철도 역사의 한 획을 긋는 사업임이 분명하다. 다만 운행이 임박할 때쯤, 요금체계 등 큰 혼선은 불가피해 보인다. 그러나 수도권 다른 열차와의 요금 형평성과 적자손실금 보전 등에 문제에도 불구하고, 이용하는 승객 입장에서는 이만큼 편하고 빠른 교통수단도 없을 듯하다. GTX 도보권에 있는 아파트가 값진 이유다.

다음으로 신안산선과 지하철 3, 7, 8, 9호선, 신분당선 연장선이다. 노선마다 차이는 있겠지만 다들 효자 노릇을 분명히 할 것이다. 도시철도는 아무래도 모양새가 빠진다. 출퇴근 시간에 역 승강장을 가보면 도깨비시장이 따로 없다. 아무래도 보기에는 경차보다는 중형차가 좋다. 연장선을 볼 때는 얼마나 자주 운행하는지에 따라 영향을 줄 수 있다.

끝으로 위례~신사선, 신림선, 동북선, 서부선 등이다. 작다고 무시할 수는 없다. 작지만, 자주 다닐 수 있기 때문이다. 출퇴근 시간만 조금 피한다면 알짜 노선이 될 수도 있다. 주거용으로 적합하며 역세권의 영향력은 적을 수 있음을 알아야 한다. 노선연장 자체가 짧아, 목적지에 직접 가기보다는 셔틀 개념이 강하기 때문이다.

국가예산을 볼 줄 알아야
철도사업의 미래를 알 수 있다

철도는 법적으로 고속철도, 도시철도, 광역철도, 일반철도, 전용철도로 분류되며 종류에 따라 투자비를 분담해 건설한다. 건설주체, 투자비 부담 등을 보여주는 철도 분류표를 참조하면 예산 관련 근거를 알 수 있다. 국가 주도 사업이 민자사업에 비해 진행과정이 순탄하다. 일반철도는 국가 예산에서 100% 부담하고 광역철도는 최대 70% 부담하는 것에 반해, 도시철도는 최대 60%(서울 40%)만 지원되며 민자사업은 BTO(Build Transfer Operate; 수익형 민간투자사업), BTL(Build Transfer Lease; 임대형 민간투자사업) 방식으로 진행한다. 운행 요금, 최소 수입을 보장받는 MRG 조건 등에서 여러 마찰이 생기기 때문이다.

2021년 정부 예산안 중 국토교통부의 철도 예산을 2020년 예산과 비교해서 정리했다. 직전 예산을 모두 집행한 것은 아니므로 감안해서 보고, 2021년에 반영된 예산에 따라 본격적인 사업의 진행 척도로 이해하면 된다. 매년 12월 국회예산 심의를 보면 다음 해에 어떤 사업이 중점적으로 진행되는지 알 수 있다. 재정에 따른 사업 구분으로 세부 사업을 보면서, 특별히 많이 증

투자비 부담에 따른 철도 분류표

구분	건설주체	투자비 부담		정의
		비율	근거	
고속철도	국가 (국가철도공단대행)	국가 40~50% 공단 50~60%	경부, 호남, 수도권 고속철도 건설 기본계획	열차가 요구간을 시속 200km 이상으로 주행하는 철도로서 국토교통부 장관이 지정·고시한 철도
도시철도	지자체	국가 60%, 지자체 40% (서울시의 경우 국가 40%, 서울시 60%)	도시철도 건설 및 지원에 관한 기준(2005.8.25)	도시교통권역에서 건설·운영하는 철도
광역철도	국가 (국가철도공단)	국가 70%, 지자체 30% (서울시의 경우 국가 50%, 서울시 50%)	대도시권 광역교통관리에 관한 특별법	2개 이상의 시·도에 걸쳐 운행되는 도시철도 또는 철도로서 국토교통부 장관이 지정·고시한 철도
일반철도	국가 (국가철도공단)	국가 100%	철도건설법	고속철도와 도시철도를 제외한 철도
전용철도	수요자	민간 100%	철도사업법	자신의 수요에 따라 특수 목적을 수행하기 위해 설치 또는 운영하는 철도

자료: 철도산업정보센터

액되는 사업에 주목해야 한다. 다만 일반철도는 건설비와 설계비 예산을 구분해서 표시하지만, 광역철도나 도시철도는 금액만 표시하는 점을 주의하자. 만약 타당성조사나 기본계획단계에서는 0~00억 원이 계획되고, 기본설계나 실시설계는 00~000억 원이 소요되며, 공사단계는 000~0,000억 원의 예산이 집행된다.

2021년 정부 예산은 약 558조 원으로, 26.5조 원이 SOC사업으로 배정되었다. 2021년 국회 철도예산(안)을 보면 철도 관련 예산만 기본적으로 15조 원이 넘게 책정되어 있으며, 이 중에 철도 건설 관련 예산만 봐도 최소 5조 원이 넘는다. 이번 정부가 '복지'를 강조하면서도 전체 예산과 SOC 예산을 줄이지 않고 지속적으로 늘리고 있다는 의미다. 이것이 바로 '앞으로 10년, 역세권이 답'인 이유 중에 하나다. 이제 철도 건설 예산을 살펴보자.

2021년 국토교통부 철도 관련 예산(안)

일반 회계		교통시설 특별회계	
(철도 계정)		(철도 계정)	
철도 안전 및 운영	2조 2,426억 원	고속철도 건설	3,469억 원
회계간 거래	5조 8,400억 원	일반철도 건설	3조 2,696억 원
		철도 안전 및 운영	8,550억 원
국가균형발전 특별회계		광역철도 건설	93억 원
(지역지원 계정)		회계간 거래	8,218억 원
광역철도 건설	8,218억 원	(교통체계 관리계정)	
		도시철도 건설	5,505억 원

자료 : 국회 예산심의(안)

2021년 철도사업 예산안

(단위: 억 원)

고속철도 건설	2020년	2021년
호남고속철도건설(광주~목포)	900.0	2,120.0
평택~오송 2복선화(지제~오송)	80.0	315.0
경부고속철도 2단계(대전, 대구)	76.0	412.0
인천발 KTX(어천역~경부고속)	20.0	332.0
수원발 KTX(서정리역~수서고속)	10.0	290.0
일반철도 건설	2020년	2021년
보성임성리철도 건설(보성~임성리)	4,000.0	2,542.0
포항삼척철도 건설(포항~삼척)	3,185.0	2,655.0
원주제천 복선전철화(원주~제천)	260.0	273.9
익산대야 복선전철(익산~대야)	360.0	295.7

대구선 복선전철(동대구~영천)	166.7	93.7
포승평택철도 건설(평택~포승)	259.0	276.0
울산포항 복선전철(태화강~포항)	979.0	880.0
군장산단 인입철도 건설(대야~군장산단)	320.0	538.4
부산울산 복선전철(부전~일광~태화강)	801.0	1,272.0
서해선 복선전철(송산~홍성)	7,103.0	5,930.0
이천문경철도 건설(부발~충주~문경)	3,800.0	4,052.0
장항선 개량 2단계(신창~대야)	354.8	377.0
동두천연천 전철화(동두천~연천)	200.0	482.0
도담영천 복선전철(도담~영천)	5,460.0	5,190.0
영천신경주 복선전철(영천~신경주)	836.0	808.0
문산도라산 전철화(문산~도라산)	177.8	70.0
장항선(신창~대야)	350.0	1,192.0
진주광양 전철화(경전선 진주~광양)	259.0	759.0
포항동해 전철화(동해중부선 포항~동해)	225.0	1,124.0
강릉~제진 철도건설	–	600.0
일반철도 조사설계	2020년	2021년
구로차량기지 이전	–	10.0
춘천속초 단선전철(동서고속화철도)	100.0	490.0
월곶판교 복선전철(월곶~판교)	10.0	780.0
인덕원동탄 복선전철(인덕원~동탄)	80.0	639.0
여주원주 단선전철(여주~서원주)	12.0	157.0
남부내륙철도(김천~거제)	150.0	406.0
광주송정~순천 전철화	–	297.0
수서광주 복선전철(수서~경기광주)	80.0	110.0
대구산업선 철도건설	–	164.0
석문산단 인입철도	–	78.0
충북선 고속화	–	154.0
문경~김천 내륙철도	–	35.0

광역철도 건설	2020년	2021년
신안산선 복선전철(여의도~한양대/송산)	958.0	1,906.4
별내선 복선전철(암사~별내)	1,200.0	1,200.0
신분당선(용산~강남)	467.0	480.0
수도권 광역급행철도 A노선(운정~삼성)	1,400.0	1,232.9
진접선복선전철(당고개~진접)	1,100.0	1,100.0
삼성동탄광역급행철도(GTX-A, 삼성~동탄)	550.0	988.0
충청권광역철도1단계(신탄진~계룡)	20.0	100.0
도봉산옥정 복선전철(도봉산~옥정)	200.0	300.0
대구권광역철도(구미~경산)	20.0	120.0
안심하양복선전철(1호선 안심~하양)	300.0	376.0
수도권 광역급행철도 C노선(덕정~수원)	10.0	425.0
옥정포천철도건설(옥정~포천)	49.2	25.0
신분당선(광교~호매실)	–	20.0
수도권 광역급행철도 B노선(송도~마석)	–	10.0
태화강~송정 광역철도	–	75.6
부전~마산 광역철도	–	17.0
교외선 운행 재개	–	40.0
도시철도 건설	2020년	2021년
부산사상~하단도시철도	230.0	490.0
광주도시철도 2호선(순환선)	830.0	2,240.0
양산도시철도	–	500.0
대전도시철도 2호선(순환선)	70.0	90.0
서울지하철 7호선 청라연장(석남~청라)	220.0	310.0
서울도시철도9호선4차(오륜~샘터공원)	60.0	53.0
경전철 건설	2020년	2021년
신림선 경전철(샛강~서울대입구)	377.3	264.7
동북선 경전철(왕십리~상계)	163.0	55.9

자료: 국회 예산심의(안)

※ 추가 증액분까지 반영
※ 주요 사업만 정리. 조사시점과 방법에 따라 다소 오차가 있을 수 있음
※ 2020년 예산(안)은 실제 집행과는 차이가 있을 수 있음

철도사업을 파악해
필승하는 투자전략을 세워보자

철도사업 진행단계에 따라 투자전략도 달라야 한다

철도사업 발표 후 최소한 10년의 시간이 필요하다. 각 사업마다 기한에 차이가 있지만 사업성을 판단하는 예비타당성 조사와 기본계획 2년, 기본 및 실시설계 3년, 시공 5년 등으로 최소 10년이 걸린다. 심지어 예비타당성 조사를 비롯한 구상단계 과정만 해도 적게는 2~3년, 많게는 5년 이상 걸리기도 한다. 경전철처럼 길이가 짧은 노선은 정부나 지자체 차원에서 공사기간을 1~2년 단축할 수도 있지만 긴 시간이긴 마찬가지다. 그래도 국가재정이 상당수 들어가는 일반철도나 광역철도, 도시철도사업은 진행과정이 오래 걸릴 뿐 큰 문제가 없지만, 민간제안사업은 건설 시장이 위축되거나 금융 위기와 같은 외부 요인이 생기면 시공사 부도나 사업과정상 마찰이 생기기도 한다.

따라서 역세권 투자는 실제 운행까지의 가 진행단계를 파악하고 주요 포인트를 확실하게 짚어 꼼꼼한 전략을 세워야 한다.

단계	주요 내용 및 검토사항	관련 자료
예비타당성 조사	• 철도건설 관련 계획 및 정책 내용 검토 • 국가기간교통망 계획 및 국가철도망 구축계획 • 예비타당성 조사 보고서 검토	한국개발연구원
타당성 조사 및 기본계획 수립	• 타당성 검토 분석 및 관련 계획 검토 • 기본 노선 검토 및 비교 노선 검토 • 노선 및 정거장 입지, 차량기지 등 검토 • 기본계획에 대한 행정기관과의 협의 • 기본계획 노선 결정 및 고시	국토교통부
기본설계 및 실시설계	• 용역 설계서 작성 및 착수보고회 진행 • 도상 선형검토 및 대안 노선 검토 • 기본설계 노선 관련 지자체 및 관계기관 협의 • 기본설계 노선 결정 • 기본설계 공람공고 협의(지자체) • 주민설명회 개최 및 주민의견서 접수 • 기본설계 완료 • 실시계획 시설계획 기본안 작성 • 실시설계 노선 및 구조물 계획 관련 지자체 및 관계기관 협의 • 사업실시계획 승인 요청 • 실시설계 완료 및 실시설계서 작성(국가철도공단) • 사업실시계획협의서 국토교통부 승인 요청 • 승인 및 관보 고시(지형도면 고시 포함)	• 국가철도공단 • 철도산업 정보센터 • 미래철도 DB
공사 및 운행 중	• 국토교통부 연도별 집행예산 검토 • 국토교통부 보상 관련고시 및 지자체 고시 검토 • 국가철도공단 용지보상 내용 검토 • 한국철도공사 및 서울교통공사 철도정보 검토 • 민간철도사업 사이트 철도정보 검토	한국철도공사

을 가늠해볼 수 있다.

4단계 실시설계는 정거장과 관련된 구체적인 내용을 다룬다. 철도 구조물과 정거장 건축과의 협의, 정거장 승강장과 지하구조물, 출입구 등과 같은 내용이 구체적으로 나오는 시점이다. 책임의 소재가 있기 때문에 아주 작은 것에도 예민한 단계다. 세부적으로 계획, 구조, 터널 파트로 구분된다. 계획 파트에서는 노선과 토공, 정거장 배선 위주로 설계하고, 구조 파트에서는 교량과 정거장 구조물 위주로 설계한다. 터널 파트는 터널과 관련된 내용을 설계한다. 그다음에는 궤도(레일) 설계가 진행되고 정거장 건축 관련 발주가 시작된다. 정거장 출입구가 나오는 시기니 설계가 마무리될 때 공사를 할 수 있는 여건, 즉 예산이 있는지를 살핀다. 만약 예산이 없으면 기본설계처럼 기다려야 한다. 시간을 끌다가 민자사업으로 돌리기도 하는데 그 예가 바로 신안산선이다.

진행단계별 집중해야 할 세 가지 포인트

첫째, 예비타당성(이하 예타) 통과다. 면제로 진행되기도 한다. 국가의 예산을 지원할 만한 근거가 확실하다는 뜻이다. 대부분의 철도건설 사업은 최소 수천억 원에서 많게는 수조 원에 이르는 대형사업이다. 고속, 일반, 광역, 도시, 민간 철도사업에 정도의 차이는 있지만, 모두 국가예산이 들어간다. 예타 통과는 철도사업의 첫 관문을 통과한 셈이다. 그래도 아직 갈 길은 멀다.

둘째, 기본계획 고시다. 관련 부처인 국토교통부가 고시한다. 예타 통과 시의 노선과 역 설치는 상징적인 의미다. 실제로 설계단계에 이르러서 바뀌는 경우가 부지기수다. 국토교통부 사업은 사유재산에도 영향을 많이 미치기 때문에 관심도가 집중되는 민감한 주제다. 발표에 따라 아파트 가격 등 부동산 시장에 미치는 영향이 적지 않기 때문이다. 기본계획에서는 이러한 과정을 거쳐 노선을 어느 정도 확정 짓는다. 실제 운행될 역의 90% 이상 결정된다고 보면 된다. 역의 추가 설치는 정치적 입김 작용한다고 볼 수 있다. 정권이나 사업 이슈에 따라 추가 설치가 진행되기도 한다. 기본계획의 마무리는 설계에 대한 공구 분할과 고시다. 큰 산을 또 하나 넘었다는 이야기다. 예타에서 통과된 내용을 가지고 그냥 진행하지는 않는다. 역 신설을 없애는 것은 많이 부담스럽기 때문에 추가 설치 쪽으로 방향을 잡는 편이다. 그 사례로 신분당선은 예타에선 12역으로 계획되었지만 추후 기본계획에서 17개 역으로 개편되었다.

셋째, 실시계획인가 고시다. 고시에 앞서 해야 할 일이 몇 가지 있다. 일단 공사방식을 선정하는 심의를 한다. 공사방식은 턴키(한 시공자가 설계부터 건설, 시운전 등 모든 과정을 맡는 방식) 공구와 기타(설계와 시공을 나눠서 맡는 방식)공구로 나뉜다. 이후 실시설계를 진행하는데, 급한 사업은 기본 및 실시설계를 한 번에 진행하기도 한다. 실시계획인가 고시는 모든 게 정리되었다는 의미다. 계획이 확정되고 토지이용계획상의 철도용지가 그어지며, 곧 토지보상이 진행된다는 이야기다. 철도용지가 그어지는 순간 다른 개발은 사실상 불가능하다. 마지막 관문을 통과한 것으로 이제 열차가 다닐 일만 남은 것이다.

일반 시민이 바라보는 시각과 관련 공무원, 기관, 업체의 시각은 좀 다르다. 또한 국가 예산, 국토교통부 예산, SOC사업 예산, 철도사업 예산의 실황이나 정치적 상황에 따라 다르게 움직일 수도 있다. 예로 신안산선 사업의 경우 설계비만 500억 원 이상 투입하고도, 민자사업으로 방향 우회하면서 기존 설계 상당수가 무의미해지기도 했다. 여러 과정들이 있지만 이 세 가지 포인트를 기억하면서 역세권 투자전략을 세울 필요가 있다.

누가 철도사업을 움직이는지, 그 힘을 느껴라

누가 어떻게 노선을 결정하는지 궁금할 것이다. 정확히 예측할 수 없으나 결정을 짓는 과정은 기술적인 부분과 정치적인 부분 두 가지 관점에서 봐야 한다. 언제, 누가, 어떻게 결정하는지 GTX 노선을 예로 살펴보자.

기술적인 부분은 GTX의 역할을 말한다. GTX 역은 평균 7km 내외(서울도심 5km 내외) 거리로, 도심구간에는 환승이 가능한 역에 우선 설치된다. 또한 도심지 대심도 터널공사에 따른 공사비 증액과 안전 문제, 차량기지 선정 부지 등을 이유로 선정이 결정된다.

정치적인 부분은 계획의 수립권자인 지자체와 결정권자인 국토교통부(국가철도공단)와 예산을 결정하는 국회교통위원회 위원들의 영향이 크다. 이에 노선 및 역 설치에 보이지 않는 입김이 작용할 수밖에 없다. 결과적으로 국토교통부나 국가철도공단 관계자 및 국회의원(국토교통위원회 소속), 대도시권광역교통위원회(이하 대광위) 자문 교수, 지자체장 등에 의해 결정된다는 의미다. 대도시권광역교통위원회는 국토교통부의 여러 부서 중 하나다. 제공하는 정보가 제한적이며 역할이 미비하다. 민·관·학(民官學)이 엮여 있다고 생각할 수 있는데 실무위원은 수가 적을뿐더러 실제로 실무를 담당했던 사람은 몇 되지 않는다. 그 결과로 일관성 있는 정책 시행이 어려워졌고 사업계획이 미비했다는 평가를 받기도 했다.

선거철이 가까울수록 대규모 국책사업에 대한 발표가 유독 많고, 선거에 나오는 정치인들은 개발사업을 유치하거나 실현시키기 위해 나서겠다는 공약을 내세운다. 실제 당선되면 개발사업이 착수되거나 어느 정도 진행되기 때문에 정치적 결정을 부인할 수 없다. 선거철 공약과 이슈, 정책 발표는 조심해야 된다. 국책사업 같은 대규모 사업은 몇몇의 의견만으로 결정될 수 없기 때문에 오랜 시간이 걸리거나 아예 사업 자체가 진행되지 않는 경우도 있다. 예비타당성 조사와 관련된 KDI(한국개발연구원)의 발표도 결국 결정권자인 국토교통부 철도 관계자의 영향을 받기 때문에 100% 신뢰할 수는 없다. 즉 철도사업은 기본적인 사업성을 바탕으로 경제적인 이유와 정치적인 영향 모두 중요하게 판단해야 한다.

제4차 국가철도망 구축계획이 2021년 상반기 국토교통부 대광위 결과 방식으로 결정된다. 그렇다면 어떤 시나리오로 정해질 것인가? 국토교통부는 2019년 하반기부터 각 지자체로부터 국가철도망 구축계획 관련 의견을 취합했다. 사업성에 대한 기본 검토를 바탕으로, 국가 정책상 우선적으로 필요한 노선인지 검토한다. 이 과정에서 지자체는 지역과 관련된 노선의 필요성과 당위성을 강조할 것이고, 지자체장이나 지역구 의원의 역할은 더욱 중요해진다.

2021년 1월 국토교통위원회는 어떻게 구성되는지 알아보자. 국토교통위원회는 국회상임 위원회의 꽃이라고 불리며 국회의원들이 가장 가고 싶어 하는 위원회 중 하나다. 현재 위원장은 더불어민주당 소속 진선미 의원으로 위원회 전체 인원은 30명 정도다. 예로 GTX-D 노선이 발표된다고 가정해보자. 제4차 국가철도망 구축계획에 핵심 의제 발표만으로도 부동산 시장은 움직일 수 있다. 그럼 GTX-D 노선은 어떻게 나오게 되었는지 그 배경을 국토교통위원회의 역할과 연결해 살펴보자.

GTX 3개 노선이 발표되자 배제된 지역에서 해당 지역도 GTX가 필요하다는 의견과 민원이 다수 나왔다. 또한 지역구 의원은 선거 시 이에 대한 내용을 공약으로 내세우기도 했다. 물론 지역 개발사업이나 민원 문제는 같은 당안에서도 입장이 다를 수 있다. 그렇다면 누구의 이야기에 귀 기울여야 하는

가? 개인적으로는 국토교통위원회 소속 국회의원의 행보나 언행에 귀를 기울이고 있다. 2020년 여름, 수도권 광역급행철도 D노선 공동건의문이 그 예다. "제4차 국가철도망 구축계획에 김포, 부천, 하남을 꼭 포함해달라."라는 내용으로 국토교통위원회 소속 국회의원을 비롯해 여러 의원이 공청회를 가졌다. 또한 지역 소식통을 통해 어느 지역에 역을 설치할지 검토하고 있다는 내용을 전달하기도 했다. 이처럼 배경을 파악하고 있다면 사업의 방향이 어디로 흘러갈지 예상할 수 있다.

  GTX-D 노선이 발표되더라도 운행까지 험난한 길이 예상된다. 민자사업으로 진행될 가능성이 높다. GTX-C 노선처럼 예견하지 못한 다양한 상황이 올 수 있기에 끝까지 정치적 목소리에 귀 기울여야 한다.

역세권 상식: 철도보호지구

철도경계선에서 30m 이내의 지역에 해당하는 토지는 「철도안전법」에 따라 철도보호지구로 규제될 수 있다. 토지의 형질변경 및 굴착, 토석이나 자갈 채취, 건축물의 신축·개축·증축 등을 할 때는 국토교통부 장관에게 신고해야 한다. 따라서 철도시설 근접 토지는 정거장 부근이 아니라면 가급적 피해야 한다. 만약 토지 밑으로 지하철이 통과할 경우에는 사업시행자가 구분지상권을 설정해 토지 이용에 제한을 둔다. 터널구조물 상단을 기준 깊이별로 제한에 차이가 있는데, 지표면에 근접하면 토지를 수용하고 깊이에 따라 구분지상권을 설정하게 된다.

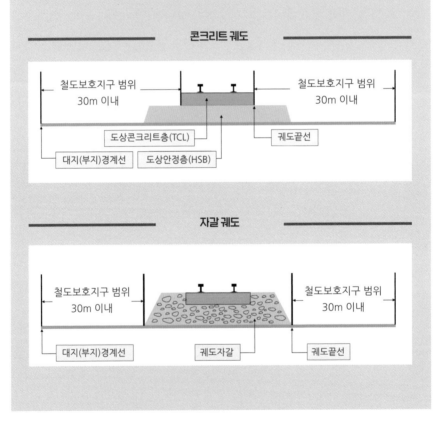

콘크리트 궤도

철도보호지구 범위
30m 이내

철도보호지구 범위
30m 이내

도상콘크리트층(TCL)
궤도끝선

대지(부지)경계선
도상안정층(HSB)

자갈 궤도

철도보호지구 범위
30m 이내

철도보호지구 범위
30m 이내

대지(부지)경계선
궤도자갈
궤도끝선

철도 예정역을 고려해 투자지역을 선정하라

철도 예정역 부근의 가치를 알아야 한다

노선과 철도역의 위치는 사업과정에서 언제든 바뀔 수 있기 때문에 진행과 정을 분명히 이해하고 있어야 한다. 또한 철도 노선에는 변하기 힘든 축대가 있기 때문에 그 축대를 찾아 조정 가능한 범위를 산정해두면 계획단계 초기 에도 지역을 어느 정도 선정할 수 있다.

역세권 투자의 핵심은 정거장의 위치와 출입구를 아는 것이다. 부동산의 위치는 정거장 출입구에서 가능하면 250m 이내가 좋고 적어도 500m 이내 를 염두에 두되 차량 진입과 같은 개별적인 상황도 고려해야 한다. 용도별로 보면 출입구를 기준으로 상업시설은 100m, 업무시설은 250m, 주거시설은 500m, 토지는 1km를 넘지 않아야 한다.

더블역세권이나 트리플역세권이라고 무조건 좋은 것이 아니다. 서울 주요 지역이나 강남권을 지나가는 제대로 된 노선 하나라도 있는 것이 중요하다. 역 주변에 산지가 있거나 개발제한구역이나 혐오시설, 군부대, 학교 등이 있다면 개발이 제한된다. 이러한 지역은 역세권의 영향이 미치는 범위가 작을 수밖

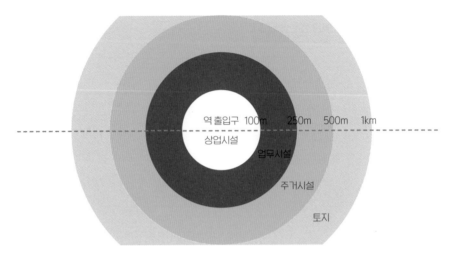

부동산 용도에 따른 역세권 범위

역 출입구　100m　250m　500m　1km
상업시설
업무시설
주거시설
토지

에 없다. 지역 거점 업무지구인 상업지역에 있는 역, 중심 업무지구인 상업지역까지 직접 연결된 노선에 있는 역, KTX 정차역 등의 경우 역 주변에 미치는 범위가 상대적으로 넓다. 이러한 역의 영향력에 따라 투자의 범위를 넓게 잡을지 좁게 잡을지를 생각해야 한다.

보편적으로 선호하는 역은 노선 거리만 감안하면 강남역, 삼성역, 잠실역을 종착역으로 보았을 때 환승을 포함해서 최대 1시간을 넘지 않아야 한다.

철도 예정역 출입구 동선을 찾아야 한다

도시철도 정거장 설계지침에서는 정거장의 입지조건, 주변 역세권, 승객 접근의 용이성, 피난대책, 도로 여건, 승객 동선의 단순화 등을 고려해 출입구 설치 개소를 정해야 한다고 나와 있다. 철도설계지침에서는 출퇴근 시간

승하차 인원을 감안해 최소 2개소 이상 설치하며 계단 폭은 3m 이상으로 계획하도록 되어 있다.

출입구 개소＝계단 필요 폭×도로형태별 가중치÷3

도로형태별 가중치는 주변 여건을 감안해 계단 필요 폭에 오거리 2.5, 사거리 2, 삼거리 1.5, 일자형 1 등을 곱해 출입구 수를 결정한다. 환승역과 같이 승객 동선이 복잡하거나 도로 폭이 협소한 경우, 역사 지하심도가 깊은 경우 등 주변 여건상 불가피하게 출입구 개소를 증감하고자 하는 경우에는 지자체 및 주민과의 협의를 통해 결정해야 된다고 정하고 있다.

역 출입구는 사거리일 경우 8방향, 삼거리일 경우 6방향으로 설치하고 일반적 도로라면 4방향을 원칙으로 하고 있다. 그러나 사거리라고 해서 출입구가 8개 나는 것이 아니고 여러 상황을 고려한 출입구 개수에 관한 규정이 있기 때문에 위치뿐만 아니라 출입구 방향도 고려해서 투자해야 한다.

무엇보다 상업시설이나 상가건물은 출입구에 의해 동선의 변화가 생길 수 있기 때문에 투자 시 출입구 계획에 대한 이해가 분명해야 한다. 최근 역 출입구를 많이 두지 않는다는 추세를 감안해본다면 그 영향은 더 클 수 있다.

출입구 결정은 실시설계가 본격적으로 진행되는 과정에서 역사 건축설계 발주와 연관이 깊다. 토목상의 구조설계와 건축물 설계의 인터페이스 과정에서 출입구가 우선적으로 논의된다. 이후 사업시행자와 지자체 관계자, 주민 의견 등을 통해 일부 조정되기도 한다. 추가적인 출입구 설치 비용은 지지체 부담이 될 수 있기 때문에 적극적인 민원도 중요할 수 있다.

출입구 예시

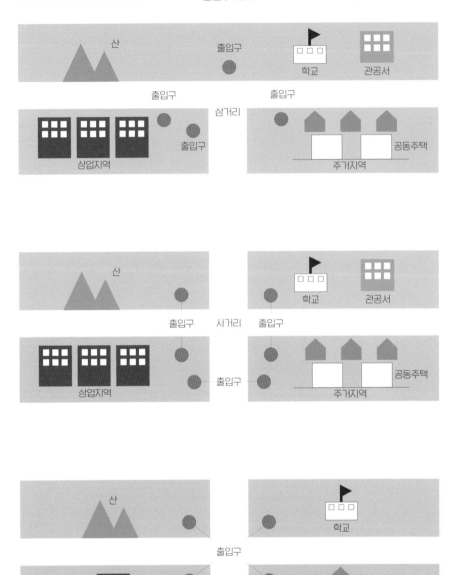

철도 용지보상 어떻게 대응할 것인가?

역세권 주변에 토지를 보유하고 있다면 보상에 편입되는 것보다 그대로 보유하고 있는 것이 장기적으로 좋다. 그러나 철도가 부동산을 관통하거나 근접하게 지나간다면 오히려 편입되는 것이 좋다. 철도안전법상 노상의 경우 철도 노반 끝단에서 30m 이내에는 건축 인허가 과정에서 협의가 필요하기 때문이다. 또한 고성토 구간이나 방음벽이 설치되는 과정에서 마을과 분리되거나 시야 확보가 곤란해지고 열차가 운행될 때마다 소음과 진동이 발생해 가치가 떨어질 수 있다.

지하철은 밑으로 지나가기 때문에 구분지상권이 설정되면 건축에 제한을 받게 되거나, 지상권 설정으로 인해 부동산 가격이 하락할 가능성도 있다. 지하철을 제외한 일반철도의 편입용지는 정거장 전후 부분과 터널 갱구 부분이 가장 넓게 선정된다. 정거장의 시설 규모에 따라 노선의 개수와 승강장 홈의 개수가 정해지면서 부지 규모도 커지게 된다. 또한 터널은 대부분 산악지역에 생기기 때문에 진출입 부근에는 큰 절토사면이 형성되며 큰 부지가 필요하다. 이처럼 어떠한 이유로든 철도사업과 관련해 용지의 편입이 예상된다면 설계에서부터 대처해야 한다. 노선의 우회를 요청하거나 전체 보상이 가능한 설계가 될 수 있도록 시행사에 요구할 수 있다.

정리하자면, 만약 내가 가진 용지가 역 출입구 또는 광장부 주변이라면 계속 보유하고, 노선 가운데에 걸쳐 일부만 보상된다면 전체에 대한 보상을 요구하는 것이 좋다. 지하 터널에 의한 구분지상권이 설정될 것으로 보이면 보상이 되도록 설계에 반영해달라고 요구하는 것이 현실적인 대안이다.

지하철역은 순환선인 2호선을 제외하고 각 노선의 첫 번째 역에 '10번'을 부여한다. 뒤이어 오는 역은 숫자가 하나씩 늘어난다. 장래 앞으로 노선이 연장될 경우를 고려한 선택이다. 그리고 부여받은 숫자 앞에 노선의 번호를 붙인다. 예를 들어 서울 지하철 4호선 상계역은 4호선의 시작을 알리는 역으로 410번이다. 이후 당고개역이 추가되며 409번을 부여받았다. 한편 한국철도공사에서 관리하는 일반철도사업은 번호 앞에 K를 붙인다. 경의중앙선에서 중앙선 방향은 'K1'으로, 경의선 방향은 'K3'로 번호가 시작한다. 이에 따라 용산역은 K110번, 양평역은 K135번이며 공덕역은 K312번, 운정역은 K329번을 사용한다. 한 번 역 번호를 붙이면 관리나 비용 문제로 번호를 유지하기 때문에 경의중앙선이 일원화되었지만 역 번호는 그대로 유지하고 있다. 참고로 서울교통공사에서 관리하는 지하철은 우측 통행을, 일반철도로 운행되는 지하철은 일반철도처럼 좌측 통행으로 운행된다.

지하철 출입구 번호도 나름의 법칙이 있다. 서울 지하철은 앞 번호의 역을 바라보는 시점에서 오른쪽부터 출입구 번호를 매긴다. 예를 들어 4호선 상계역은 410번이므로 409번인 당고개역을 바라보는 시점의 가장 앞쪽 오른쪽이 1번 출입구가 된다. 그다음은 1번 출입구부터 환승역의 호선 구분 없이 시계 방향으로 번호를 부여한다. 부산 지하철은 지그재그 식으로 번호를 부여한다. 통상 관행적으로 번호를 붙이는데 결정된 다음에는 혼선을 피하기 위해 추가되는 출입구는 끝번으로 연결한다.

역세권 복합용도개발 지구단위계획제도 개선

2021년 1월 19일 국토교통부가 역세권 복합용도개발에 대한 개선대책을 발표했다. 서울시 철도 역사의 약 33%(300여 개 중 100여 개)가 일반주거지역 인근에 위치해 현재도 허용 용적률(서울시 제2종일반주거지역: 200%, 제3종일반주거지역: 250%)의 2배까지 완화할 수 있지만 역세권 복합용도개발 지구단위계획구역 지정대상에 일반주거지역을 포함해 준주거지역으로 변경한다면 용적률을 최대 700%까지 완화한다는 내용이다.

지구단위계획 중 교통이 편리한 역세권에 주거·상업 등의 기능을 결합한 복합용도개발이 가능하나, 준주거·준공업·상업지역에만 지정할 수 있어 적극적인 주택공급이 가능한 역세권의 일반주거지역은 이를 적용할 수 없는 문제가 있다. 일반주거지역은 현행 법령상 지구단위계획으로 용적률을 최대 400~500%까지만 완화할 수 있어 역세권 고밀개발에 한계가 있다는 것이다.

용적률 700% 상향의 의미는 상징적이다. 기존에도 지구단위계획을 통해 400~500%까지는 상향될 수 있었던 만큼, 실제 지구단위계획으로 용도상향을 시켜줄지가 핵심이다. 지구단위계획을 통한 준주거지역 선정은 경계라인 선정부터 검토되어야 하는데, 사업구역에 들어왔다고 이를 전부 통합적으로 개발하기는 사실상 불가능하다. 대상지라고 하더라도 개발이익을 환수나 공공개발 문제로 지구단위계획 수립과정에서 각종 여론과 민원이 들끓을 게 뻔하다. 특정 지역 발표 자체만으로도 토지가치가 엄청나게 상승할 수밖에 없기 때문이다. 물론 개발이익에 대한 공공이익분을 가져간다 하더라도, 구역 안에 들어갔다는 자체가 큰 의미를 가지고 있기에 인근 부동산 시장이 요동칠 것이다.

결국 서울시와 25개 지자체의 결정 사안이다. 2021년 4월에 있을 서울시장 보궐선거에 따라 협조적으로 풀릴 수도 있고, 의도적으로 풀리지 않을 수도 있다. 단순히 700%라는 숫자보다는 갈 일이 멀 수 있다는 전제하에 접근해야 한다. 다만 부동산 시장은 기대심리만으로 상승할 수 있기에, 100여 곳에 대한 사전점검이 필요하다.

만약 당신이 서울시 결정권자라면 어느 지역을 우선적으로 선정하겠는가?

서울시가 독단적으로 셜성하기보나는 지자체의 의견을 수렴할 것이다. 하나의 지자체일 수도 있고, 역의 경계가 자치구에 붙어있다면 2개의 지자체가 함께 요구할 수도 있다. 준주거지역은 주거적 기능과 근린상권 기능이 복합된 지역이다. 이제 적합한 역이 우선으로 선정될 수 있고, 기존의 지구단위계획을 수립했거나 수립 예정인 곳이 우선될 수 있다. 그다음으로는 개발계획이 진행되고 있는 곳, 특히 GTX와 같이 대형 호재가 있는 역에 미래비전을 제시하며 수립할 수 있다. 그중 반경 350m 내 일반주거지역이 밀집되어 있는 곳이 주요 타깃이 될 수 있다. 또한 지하철 승하차 인원이 많은 역도 대상이다. 특히 2호선에 주목할 필요가 있다.

- 역세권 주택 및 공공임대주택 건립관련 운영기준은 기반시설 용량 및 경관의 부담이 상대적으로 적은 역세권에서 주택공급 및 공공임대주택 건립을 위한 사업계획의 수립·운영에 필요한 사항을 규정함을 목적으로 한다.
- 이 기준은 역세권 안에서 공공임대주택 건립계획을 포함한 다음의 사업방법으로 사업계획(지구단위계획 또는 정비계획을 말한다)을 수립하는 경우에 적용한다.
- '역세권'이란 지하철, 국철 및 경전철 등의 역(승강장 기준으로 개통이 예정된 역을 포함한다)의 각 승강장 경계로부터 500m 이내의 일단의 지역을 말한다. 1차 역세권은 역 승강장 경계로부터 250m 이내의 범위로 한다. 단 주택공급 활성화를 위해 2022년 12월 한시적으로 1차 역세권은 역 승강장 경계로부터 350m 이내의 범위로 한다. 2차 역세권은 역 승강장 경계로부터 250m에서 500m 이내의 범위로 한다.
- 사업대상지는 역세권 안 주거지역을 원칙으로 하며, 다음 지역은 양호한 저층 주거지 보호 등을 위해 제외하여야 한다. 1차 역세권이 과반 이상 포함되어야 하며, 도시정비형 재개발사업의 경우 1차 역세권에 사업대상지 전체가 포함되어야 한다. 대상지 면적은 3,000제곱미터 이상 다. 공동주택의 규모는 공공임대주택을 포함한 주택수는 100세대 이상
- 사업대상지의 노후도 기준 등은 다음과 같다. 지구단위계획구역의 경우은 20년 이상 경과한 건축물이 사업대상지 내 전체 건축물 수의 1/2 이상으로 적용한다. 정비계획의 경우 노후·불량 건축물의 수가 대상지역 건축물 총수의 60% 이상이어야 한다. 노후도 30년 이상 경과 건축물 비율 30% 이상, 과소필지 150㎡ 미만 필지비율 40% 이상, 또는 저밀이용 2층 이하 건축물 비율 50% 이상이어야 한다.

공공 임대주택 건립 용적률	35	35	25	115	115	100	50
	공공임대주택 건립에 따라 완화된 용적률(허용−기준)의 1/2 이상						
상한 용적률	300	300	법정 2배 (500) 이하	500	500	500	법정 2배 (800) 이하

현재 용도지역	제2종일반주거지역		제3종일반주거지역	제2종일반주거지역		제3종·일반주거지역 (1991년 5월 11일 이후)	준주거지역 (1991년 5월 10일 이전)
	7층 이하	일반		7층 이하	일반		
변경 후 용도지역	제3종일반주거지역			준주거지역			
기준 용적률	200	200	250	200	200	250	400
(패키지) 허용 용적률	270	270	300	430	430	450	500

사업대상지 개념도

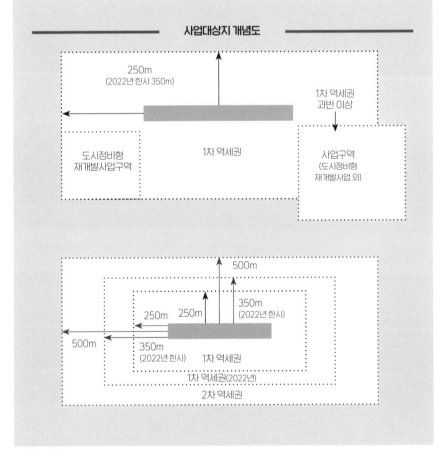

부동산 투자,
앞으로 10년을 내다봐야 성공한다

부동산 투자는 쉽게 해야 한다

너무 따지고 재다 보면 내 것이 될 수 없다. 투자 여력이 있다면 부동산 시장이나 정책을 지속적으로 관찰 후, 관심지역이나 선호지역을 정해야 한다. 또한 용도(아파트, 상가, 토지)의 방향도 정해야 한다. 본인이 가능한 투자금액(당장 쓸 수 있는 현금과 잔금을 치르기 전까지 준비가 가능한 금액)에서 대출 가능한 범위(40~70%)를 고려해, 전체 금액대를 대략 선정해둔다. 용도에 따라 지금 당장 목표로 해야 하는 물건(아파트, 분양권 등)과 3~6개월 안에 출현하는 급매물이나 작업이 필요한 물건(상가건물, 토지 등)을 고려하면 된다.

투자할 때는 단순하게 접근해야 한다. 상가건물을 예로 들어보자. 처음엔 지역을 선정한다. 관심지역으로 한 곳을 선택했다면 그다음은 대출 시 이자를 계산한다. 10억 원의 대출이자를 월 250만 원(연 3%)으로 잡았을 때 25억 원짜리 건물은, 625만 원의 이자가 나간다. 그럼 이제 임차인에게 받을 수 있는 월 임대료를 확인해 월수입을 계산한다. 1층에는 중개사무소와 식당, 2층에는 휴게소, 3층과 4층에는 사무소, 지하에는 다방이 있는 건물일 때 주변 시세를 보고 월 625만 원 이상의 수입이 되는지 계산한다. 부동산을 계약하기 전에 임대료는 확인해주는 게 좋다. 미래가치를 고려했더라도 수익이 마이너스가 되어서는 안 된다. 무조건 덥석 잡으려고 하지 말고 '이 지역에 이 물건만 있으랴.' 하는 마음으로 신중하게 결정한다. 하지만 매수 의향을 구체적으로 밝힐 필요는 있다. 다만 가격 조정을 위해 기다릴 수 있는 상황인지를 판단해두자.

부동산의 가격은 단기적인 부분과 중장기적인 부분까지 고려해 한계선을 체크해야 한다. 지금 당장 반짝일 수는 있지만 북극성처럼 밝은 빛을 내려면 많은 변화가 필요하다. 부동산은 주식처럼 오늘 사고 내일 팔 수 있는 재화가 아니다. 단기여도 최소 1~2년은 봐야 하는데 그때 상황이 어떻게 흘러갈지는 아무도 확신할 수 없다. 그래서 매도 타임은 짧아도 5~10년을 볼 줄 알고 판단하는 게 옳은 방법이라고 생각한다.

도시가 자리 잡으려면 최소한 10년은 걸린다. 예를 들어 북위례는 아직도 공사 중이다. 따라서 부동산 시장은 전체를 봐야 한다. 교통 호재가 있으면 인근 신도시에는 단기적으로 영향을 줄 수 있다. 전세 시장의 상황이나 신규 공급에 따라 일시적으로 가격이 빠질 수도 있고, 좋지 않은 곳이나 신축아파트의 매력이 떨어지면 일부 하락도 가능하다.

3기 신도시 교산지구를 예로 들어보자. 교산지구는 하남시에 속하므로 우선 하남시의 현황을 해석해야 한다. 인근에 미사, 풍산, 감일 등이 보인다. 교산지구는 파급력이 살짝 낮은 미사지구급으로 앞으로 3만 2천 세대를 공급할 계획이다. 인근 신도시를 살펴보면 신장지구 1만 세대, 풍산지구 6천 세대, 위례지구 4만 3천 세대, 미사지구 3만 6천 세대, 감일지구 1만 3천 세대, 강일지구 1만 세대, 고덕강일지구 1만 1천 세대 등 여러 신도시가 주변에 모여 있다. 세대당 2.5명으로 계산했을 때 교산지구로 8만 명 정도가 전입을 해야 된다는 이야기인데, 하남시 인근이거나 신도시나 신축아파트를 선호하는 젊은 층이 많이 유입될 것으로 예상한다. 또한 아파트 전월세나 기존 단독, 다세대에서 오거나 분양을 받기 위해 전혀 다른 지역에서 올 수도 있다.

절대가격은 전체 시장가격에 영향을 받는다. 쉽게 말해 강남 아파트가 가격을 지켜주면 주변 아파트 가격도 다 잡아줄 것이고, 오르면 긍정적인 영향을 주고, 떨어지면 그 또한 영향을 받는다. 가격은 그대로 유지된다고 가정하고 이 중에서도 좋은 입지를 가진 아파트와 그렇지 못한 곳이 있다.

광교신도시를 보면 이해가 쉽다. 광교중앙역 힐스테이트를 봐라. 그 느낌으로 신도시에 접근해야 한다. 개발지구이기 때문에 일반인들이 볼 수 있는 데는 한계가 있다. 기존 토지소유자나 사업시행자에게는 여러 기회가 있을지 몰라도, 대부분의 개인은 아파트 분양 외에는 답이 없다. 조금 늦었지만 지하철 접근성이 유리한 단지를 선점하기 위한 분양 전략부터 다양한 시도가 필요하다. 사업지구 인근의 토지에 투자하는 것도 한 방법이다. 찾으면 분명 답이 나오기 마련이다.

부동산은 인구수의 변화에 영향을 받는다

대한민국의 인구수는 2021년 1월 기준 약 5,182만 명으로 9개의 도에 8개의 특별·광역시 등 17개 지역으로 나뉜다. 서울 967만 명, 경기 1,343만 명, 인천 294만 명 등 수도권 인구만 2,604만 명으로 전체 인구의 50%를 차지한다. 경남 334만 명, 부산 339만 명, 울산 114만 명, 경북 264만 명, 대구 242만 명 등 부산 등을 포함한 경상도 인구는 1,293만 명으로 전체의 25%를 차지

대한민국 인구수

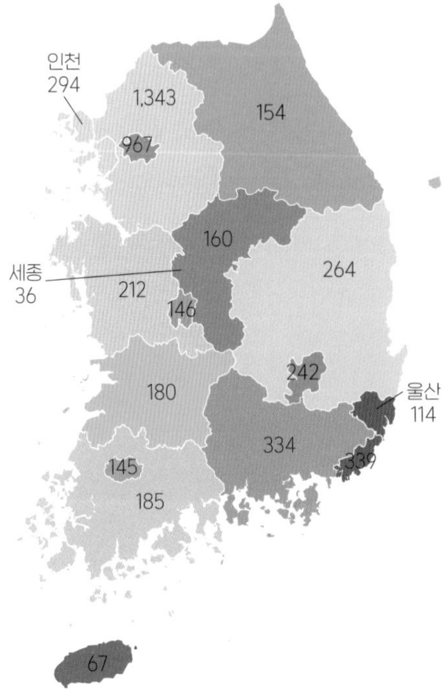

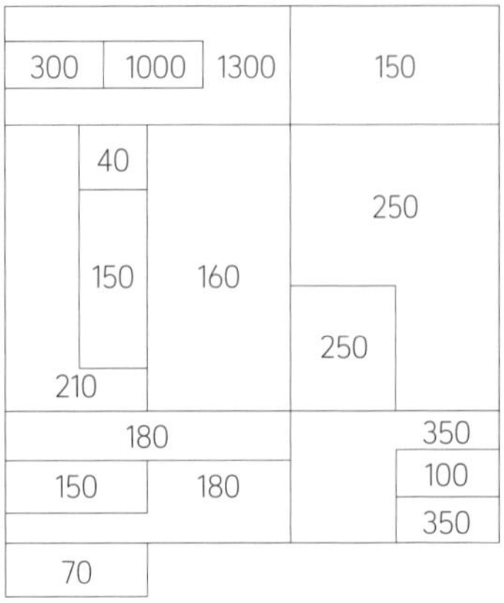

※ 오른쪽 도표는 인구수를 기억하기 좋게 개략화한 것이다. 도표를 통째로 외우도록 하자(전체 인구수는 5,200으로 봄).

한다. 경기 북부지역 10개 시군의 인구가 350만 명에 근접해 경기도를 북, 남으로 나누자는 법안이 국회에서 논의 중이다.

대한민국의 합계출산율은 0.918명(2019년 기준, 가임 여성 1명당)으로 1970년 통계 작성 이후 최저치며, OECD 기준 유일한 0명대로 기록되었다고 한다.

고령인구 비율은 15.7%(2020년 기준)로 2025년에는 약 20%까지 올라간다는 연구 결과도 나왔다. 고령인구는 만 65세 이상 인구를 말하며, 전체 인구에서 7% 이상이면 고령화사회, 14% 이상이면 고령사회, 20% 이상이면 초고령사회로 분류된다. 현재 우리나라는 고령사회지만 곧 초고령사회가 온다는 이야기다. 이에 대한 정부나 지자체의 적극적인 준비가 필요하다.

합계출산율이나 고령화사회 등의 사회현상이 주택 수요나 부동산 시장의 하락을 의미하지는 않는다고 본다. 그러나 핵가족화와 거주환경에 대한 질적 요구가 늘어남에 따라 지역별 부동산 가격 차이와 신축아파트 선호 현상 등이 뚜렷해질 수 있다.

신도시를 이해하라

3기 신도시가 돛을 올렸다. 한국토지주택공사는 공식 홈페이지(www.3기신도시.kr)를 개설하고 토지보상을 시작하는 등 본격적인 사업을 진행 중이다.

1기 신도시 현황

1기 신도시	분당	일산	산본	중동	평촌
면적(km²)	19.6	15.7	5.1	4.2	5.5
수용인구(천 명)	39.0	27.6	16.8	16.8	16.6
주택건설(천 호)	97.6	69	42	42	41.4

2기 신도시 현황

2기 신도시	판교	동탄1	동탄2	한강	운정
면적(km²)	8.9	9.0	24.0	11.7	16.6
수용인구(천 명)	88	126	286	167	217
주택건설(천 호)	29.3	41.5	116.5	61.3	88.2

3기 신도시 현황

3기 신도시	광교	양주	위례	고덕	검단
면적(km²)	11.3	11.2	6.8	13.4	11.2
수용인구(천 명)	78	163	110	140	184
주택건설(천 호)	31.3	63.4	44.8	57.2	74.7

1기 신도시는 1990년 전후로 집값 안정과 주택난 해결을 위해 서울 근교에 건설한 도시다. 중동신도시는 인구밀도가 가장 높으며, 일산신도시는 인구밀도도 낮고 녹지비율이 높다는 점을 기억해두자.

2기 신도시는 2005년 전후로 서울 집값의 급등을 막기 위해 수도권에 10곳, 충청권에 2곳을 결정했다. 대부분은 서울과 멀어 접근성이 떨어지고, 교통 인프라도 미흡하다는 지적을 많이 받아왔다. 한때는 미분양의 무덤이라고 불리기도 했지만 현재는 신도시로서의 위력을 보여주고 있다.

신도시는 짧게는 10년, 길게는 20년까지도 봐야 한다. 사업계획 및 토지보상에 3~5년, 부지조성 및 공사에 5~10년, 후속 마무리에는 1~3년 등의 시간이 필요하다. 신도시나 각종 개발사업 등에서 다음 네 가지는 기억해두자.

- 도시 면적: 수용인구 대비 면적이 클수록 더욱 쾌적하다.
- 주택건설 및 수용인구: 규모에 따른 인지도와 도시 네임밸류가 다르다.
- 서울 접근성: 강남역 기준, 직선거리와 교통거리를 알아두자(가격에 영향).
- 사업시행자와 아파트 브랜드: 선호도와 주택 구매력에 큰 영향을 준다.

신도시의 규모는 수용인구와 연관성이 깊다. 도시 규모는 면적보다 세대수를 기준으로 구분해야 한다. 다음과 같이 구분해보자.

- 4만 세대 이상: 대규모(10만 도시)
- 2만 세대 이상: 중규모(5만 도시)
- 1만 세대 이상: 중소규모(2.5만 도시)
- 5천 세대 이상: 소규모(1.3만 도시)

규모를 짐작할 때 세대당 인구는 평균 2.5명으로 계산하고, 평수는 앞의 두 자리에 0.3을 곱하면 된다.

예: 2,713,716m^2×0.3 = 82만 평 (27.1×0.3, 뒷자리가 27 이상이면 +1)

세대수가 적을수록 상대적으로 인지도나 정주환경 등이 열악할 수 있다. 소규모 신도시보다는 일정 규모(1만 세대) 이상의 도시에 관심을 가져야 한다.

사업시행자는 대부분 한국토지주택공사가 맡고 있으며, 수도권은 경기도시공사와 각 지자체 도시공사가 나눠서 사업을 시행한다. 아파트는 사업시행자가 재개발, 재건축 조합이거나 서울 또는 핵심지역이라면 메이저 브랜드가 많이 들어온다. 공공개발의 경우 한국토지주택공사보다는 경기도시공사나 지자체 도시공사 사업에서 브랜드 아파트가 많이 들어온다.

서울 접근성은 강남역을 기준으로 직선거리가 얼마나 되는지를 봐야 한다. 신도시는 대부분 아직 지하철이 없기 때문에 진행되고 있는 사업과의 연관성이나 향후 계획을 고려해야 한다.

2040 서울플랜

서울시에는 25개의 구가 있고, 경기도에는 31개의 시·군이 있다. 서울시는 도시기본계획의 일환으로 2030 서울플랜을 제시한 바 있다. 그리고 그에 이어 장기적인 프로젝트로 2040 서울플랜을 준비하며 서울의 미래상을 제시하고 있다. 그렇다면 도대체 2040 서울플랜은 무엇이며, 도시기본계획이란 무엇인가?

「국토의 계획 및 이용에 관한 법률」에는 기본적인 공간구조와 장기발전 방향을 제시하는 도시·군 기본계획을 수립해야 된다고 나와 있다. 서울시는 지금까지 10년 단위로 총 4차례 서울 도시기본계획을 수립했다. 2040 서울플랜은 4차 산업혁명, 기후 변화와 같은 국제적 도시 이슈와 지역 격차, 주택문제 등 서울의 주요 현안에 유연하게 대응하기 위한 전략과 행정계획을 수립하는 데 목적이 있다. 장기적인 관점으로 도시를 고민하고 있다는 점에서 긍정적으로 보고 있으며, 살기 좋은 도시가 되길 희망해본다.

'2040 서울플랜'은 도시기본계획에 해당한다. 도시계획이란 용도지역·지구·구역에 관한 계획, 도시기반시설 및 도시개발사업에 관한 계획, 지구단위계획 등을 일관된 체계로 종합해 단계적으로 집행할 수 있도록 한 계획을 말한다. 「국토의 계획 및 이용에 관한 법률」을 비롯한 각종 법에서 정한 규제사항이 주를 이룬다. 용도지역과 관련한 법의 내용을 참고해 토지를 어떻게 효율적으로 관리·개발할지를 결정하며, 단계별로 구분이 가능하다. 광역도시계획은 광역계획권의 장기 발전방향을 제시하는 도시기본계획의 상위계획이다. 서울특별시, 인천광역시, 경기도의 전체 행정구역을 대상으로 하며, 세부사항은 「광역도시계획수립지침」에서 정하고 있다.

도시기본계획은 관할구역에 대해 20년 단위로 기본적인 공간구조와 장기발전방향을 제시하는 종합적인 계획이다. 도시관리계획 수립에 지침이 되는 계획을 말하며, 정책 방향을 정하는 장기계획을 말한다. 도시기본계획을 안다고 대단한 정보가 생기는 것은 아니지만, 지역을 선정할 때 각종 개발계획을 보는 시야를 넓혀주는 교과서나 나침반 정도로 생각하면 좋을 듯하다.

기본적으로 도시기본계획 중 토지이용계획에 나와 있는 도시 기본구상도, 시가화 예정용지 배분도, 단계별 개발계획도 등을 살펴보며 지역을 선정하고, 도시계획, 부동산 포털 사이트와 기타 여러 정보 등을 종합해보면 된다.

2040 서울플랜을 통해 서울시가 밀고 있는 사업이 무엇이며, 자치구마다 어떠한 이슈가 있다는 정도로 이해하면 된다. 2040 서울플랜의 주요 목표는 서울을 5개 권역으로 구분해 핵심 상권을 중심으로 사업을 진행하겠다는 것이다. 과연 앞으로 사업이 꾸준하게 진행될지는 모르겠지만, 삼성역 중심의 역세권 복합개발, 한양도성 살리기와 광화문 광장 살리기, 여의도 복합개발 허용 등이 눈에 띄는 대목이다. 생활권 계획은 25개 자치구별로 비교적 상세하게 나와 있다.

도시계획의 종합체계도에서 제일 필요한 자료는 도시관리계획이다. 도시관리계획은 토지의 개발과 정비 및 보전을 위해 수립하는 토지이용, 교통, 환경, 경관, 안전, 산업, 정보통신, 안보, 문화 등에 관한 구체적인 계획을 말한다. 통상 5년마다 수립하지만 토지이용과 도시계획시설에 대한 구체적인 자료가 언급되어 있기 때문에 이해당사자에게 사업별로 고시, 공고, 공람 정도에만 그치고 관련 자료는 오픈하지 않는다. 서울은 일부 산자락이나 토지이용 가치가 떨어지는 곳, 사적 이익에 해당되는 재개발·재건축 등을 제외하고는 토지이용에 큰 변화가 어렵다. 하지만 수도권이나 지방은 상황이 조금 다르다. 이에 부동산 투자 시 도시기본계획 자료를 바탕으로 하는 다섯 가지 체크사항을 알려주고자 한다.

첫째, 본인이 거주하거나 관심 있는 지역의 자료를 숙지해 적정한 때를 준비한다. 자기만의 관심지역을 체크해가며, 여러 노력을 통해 지역을 선정해 투자하는 것이 가장 좋다. 도시기본계획과 현지답사, 부동산중개소를 통해 진행상황을 꾸준히 확인하자. 보통 사람들은 아무리 좋은 정보가 있어도 이 것저것 투자할 수 없는 게 현실이다. 흔히 있는 사람들만 '줍줍'하거나 '그들

만의 리그를 펼친다'고 하지 않는가? 여기저기서 부동산은 계단식 우상향으로 가격이 올라간다고 하는데, 애초에 그 계단을 타지 못한다면 세상이 재미없지 않을까?

둘째, 광역교통계획 및 지자체 도시계획도로를 살펴본다. 이를 참고하면 향후 어디에 어떤 도로가 뚫릴지 미리 파악해볼 수 있다. 도로 같은 교통시설의 신설과 확장은 땅값 상승의 직접적인 재료가 된다. 지금은 이름 없는 논밭이라도 향후 도로가 뚫리면 가치가 달라진다는 말이다. 이런 정보는 서울시 사이트에 나와 있고, 수도권도 지자체 홈페이지에 도시계획 관련 자료가 게시되어 있으며 누구나 열람할 수 있다. 시중의 일부 지도판매상은 전국의 도시기본계획도를 5만, 2만 5천, 5천분의 1 지도에 지형도를 합성해 판매한다 (중개사무소에 비치된 것처럼). 지도의 구체적인 내용은 도시관리계획에서 도시계획시설로 결정한다.

셋째, 시가화 예정용지나 역세권 개발부지 같은 종상향, 개발 가능한 토지를 노린다. 현지 부동산중개소에서는 도시기본계획에 반영된 시가화 예정용지의 위치를 비교적 정확하게 파악하고 있는 경우가 많다. 해당 지자체가 계획수립을 위한 사전절차로 측량 등을 실시하는데, 이때 대부분 위치가 노출되게 마련이다. 임야가 주거지로 용도 변경되거나 주거지가 상업지로 바뀌면 땅의 가치가 치솟는 것은 당연지사다. 따라서 단기적인 시세차익보다는 중장기적 관점으로 투자 타이밍을 맞춘다면 성공할 가능성이 크다. 개발사업에 의해 수용되더라도 초기 투자자는 큰 수익을 얻을 수 있다. (물론 막차로 탔을 때 자칫 잘못하다간 큰코다칠 수 있으니 조심하자.)

넷째, 지자체장, 고위공직자, 지역유지 소유의 최근 매입 토지를 확인한다. 지자체 개발계획안 모두 100% 신뢰할 수 있는 정보는 아니다. 5년마다 개발계획을 수정하고 중앙정부 협의 절차와 자체예산 집행여부에 따라 개발계획이 무산되거나 연기되기도 한다. 그러나 도시계획을 입안하기 전에 주민 공람공고나 지가조사를 하기 때문에 이 시점에서 발 빠른 정보를 얻는다면 첫 차행 투자의 묘미를 얻을 수 있다. 여기서 이미 선수는 그 정보를 알고 있다. 지역에서는 특히 더욱 그럴 수 있다. 소문만 듣지 말고 선수가 최근 매입한 토지가 있다면 그 앞의 자투리땅이라도 사보자.

다섯째, 개발예정용지가 있다면 예정지보다 주변 토지를 매입한다. 국가 정책사업 개발예정지는 계획이 확정되면 감정평가액에 따라 시가 이하의 가격에 수용될 위험요소를 안고 있기 때문이다. 개발예정지 주변이라고 해서 무턱대고 매입하는 것도 금물인데, 대규모 개발예정지의 경우 주변 땅이 개발행위 제한지역이나 완충녹지, 공원용지 등으로 묶일 가능성이 있기 때문이다. 이 경우 대개 개발예정지 경계선으로부터 일정한 거리를 두되, 1km 안팎의 도로변 임야나 논밭을 노리는 게 좋다. 후광효과로 개발 수요가 많아져 땅값이 오를 가능성이 비교적 크기 때문이다. 이때 개발예정지 뒤편보다는 입구 쪽 토지에 투자하는 게 좋다. 그 이유는 입구 쪽이 주 동선이라서 향후 개발 수요가 두터운 편이기 때문이다. 대곡역세권 개발을 예로 들 수 있다.

성공적인 역세권 투자를 위한
부동산 기본지식

부동산 임장을 가기 전에 확인해야 할 주안점

임장을 하러 갈 때는 무엇을 집중적으로 파악해야 할까? 먼저 임장의 포인트를 짚어보자.

- 교통(특히 전철)에 대한 운행과 통행량
- 역 주변의 전체적인 모습과 예상 변화
- 용도지역의 분포와 지역특성, 생활수준
- 메인 브랜드 부동산과 부동산 시장에 대한 동향
- 개별물건에 대한 관찰

대부분 미리 학습이 가능한 내용이다. 현장에서는 그것들을 눈으로 익힌다. 이를 위해 노선도와 평면, 각종 계획 등의 자료를 스크랩해가야 한다. 현장에서 그 자료들을 펼쳐놓고 머릿속에 전체적 상황을 학습할 것이다. 이처럼 70%는 사전에 작업이 가능하며, 30%는 현장에서 느껴야 한다.

그렇다면 그러한 자료들을 어떻게 구할 것인가? '네이버'에 물어봐라. 만약 자료가 너무 많아서 무엇이 팩트인지, 뭘 봐야 하는지 모르겠다면 우선 지자체 도시계획부터 살펴봐야 한다. 부동산에서 알아야 할 최소한의 내용이 담겨 있다. 토지이용계획 중심으로 지자체가 추구하는 주요 계획을 체크하면 된다. 이를 근거로 네이버에서 그 내용과 관련된 기사나 자료를 스크랩하고 현장에서 그 느낌을 찾으면 된다.

우선 도시기본계획 및 관리계획, 재개발, 토지이용 등을 확인하고 이를 통해 지역을 선정한 후 물건 검색 및 현장 확인이 필요하다. 용도지역은 부동산 투자에서 기본 중의 기본이다. 아파트를 보기에 앞서, 부동산에서 알아야 할 최소한의 것은 충분히 배워둬야 한다. 그럼 이제 부동산 초보자에게 도움이 될 만한 몇 가지 팁을 소개하겠다.

먼저 부동산 사이트를 잘 활용해 아파트 및 상가 등의 동향을 파악해야 한다. 좋은 사이트가 아주 많다. 네이버 부동산을 비롯해 아실, 호갱노노, 지인, 밸류맵, 리브온 등을 통해 부동산 매매 정보를 손쉽게 확인할 수 있다. 시세나 실거래가, 주간·월간 변동률 등의 자료들을 보기 좋게 제공하고 있기 때문에 얼마든지 쉽게 정리가 가능하다.

그럼 부동산 임장은 어떻게 가는 게 좋을까? 부동산 임장은 그냥 떠나는 것이 아니라 어느 정도 궤도에 올랐을 때 할 수 있다. 먼저 함께할 멤버를 찾아라. 임장을 떠난다는 일이 막연할 수도 있다. 혼자 하면 재미도 없다. 분명 임장에 관심을 갖고 있는 사람들이 주변에 많다. 지역 단톡방도 잘 활용해라. 하지만 톡방의 내용만으로는 부족하므로 자신이 직접 자료를 정리해보고, 현장에서 실제로 정보와 물건을 매칭하는 작업이 끝나야 비로소 본인 것이 된다. 중개사무소 방문도 무턱대고 가서는 안 된다. 배우려면 배우려는 자세를 가지고 찾아가야 하고, 투자를 하려면 목적을 분명히 밝혀야 이야기가 쉽게 나온다. 사전에 유선으로 예약하는 것은 기본 자세로, 그냥 찾아가서 물어보면 대충 답해줄 뿐이다. 그다음은 스마트폰의 활용이다. 위치기반 서비스로 지도상에서 본인의 위치를 수시로 저장한다. 해당 지역의 전체적인 뷰를 몇 장 찍어두면 더욱 좋다. 역세권 임장은 역에서부터 직접 걸어봐야 하는데, 지도상의 거리와 실제 거리감은 다를 수 있다. 가까워 보이지만 멀 수도 있고 멀어 보이지만 가까울 수도 있다. 그냥 걷지 말고 주변을 살펴보되 퇴근길처럼 일정한 속도를 유지해서 걷는 게 포인트다.

부동산은 실전이다. 금융에 대한 준비가 선행되어야 한다. 공부하는 임장은 재미가 없지만 금융을 이해하고 실전을 위한 임장은 저절로 머릿속에 쏙쏙 들어오게 되어 있다. 이제 작은 것부터 시작해보자.

도시기본계획 중 토지이용계획의 내용

계획의 기조에는 계획의 개요(배경, 목적, 내용), 도시의 특성(연혁, 세력권, 발전전망), 계획의 지표(도시개발 목표, 지표 설정) 등이 나와 있다.

부문별 계획에는 △공간구조 및 생활권 설정 → 생활권, 인구 배분 △토지이용계획 → 현황, 지표, 방향 △도심 및 주거환경계획 → 시가지, 역세권 △기반시설 → 교통, 통신, 공공시설 △환경 및 경관 계획 → 경관, 공원 △사회 문화 → 경제, 교육, 복지 △재정 계획 → 현황분석, 단계별 투자 등이 나와 있다.

용도지역이란 토지의 이용 및 건축물의 용도, 건폐율, 용적률, 높이 등을 제한함으로써 토지를 경제적, 효율적으로 이용하고 공공복리의 증진을 도모하기 위해 서로 중복되지 않게 도시관리계획으로 결정하는 지역을 말한다. 종래 비도시지역에서 난개발 논란을 야기했던 준도시지역과 준농림지역을 관리지역으로 명칭을 변경하고 관리지역을 보전용도와 개발용도로 세분 지정해 용도별로 토지이용에 차 등을 두었다. 계획관리지역은 자연녹지, 보전관리지역은 보전녹지, 생산관리지역은 생산녹지 수준으로 토지이용 사항을 규정하고 있다.

용도지구는 토지의 이용 및 건축물의 용도, 건폐율, 용적률, 높이 등에 대한 용도지역의 제한을 강화, 완화해 적용함으로써 용도지역의 기능을 증진시키고 미관, 안전 등을 도모하기 위해 도시관리계획으로 결정하는 지역을 말한다. 예로 경관지구(자연, 시가지), 미관지구(중심지, 역사문화), 고도지구(최고, 최저) 등이 있다.

용도구역은 토지의 이용 및 건축물의 용도, 건폐율, 용적율, 높이 등에 관한 용도지역 및 용도지구의 제한을 강화, 완화해 따로 정함으로써 시가지의 무질서한 확산방지와 계획적, 단계적인 토지이용을 도모하고, 토지이용의 종합적인 관리를 위해 도시관리계획으로 결정한다.

지구단위계획은 도시계획수립 대상지역안의 일부에 대해 토지이용을 합리화하고 기능을 증진시키며 미관을 개선하고 양호한 환경을 확보하며, 해당지역을 체계적, 계획적으로 관리하기 위해 수립하는 도시관리계획을 말한다.

부동산 세금을 주시하자

부동산 세금은 늘 헷갈린다. 최근 부동산 대책이 쏟아지면서 세금 관련 사항도 자주 변경되고 매입시기와 개인별 상황에 따라 조건이 달라지기 때문에 주기적으로 공부해야 한다. 부동산은 크게 취득, 보유, 양도 시에 세금이 부과된다. 2021년을 기준으로 부동산 관련 세금을 살펴보자.

취득세

다주택자 1주택 비과세 요건이 강화되었다. 2021년 양도분부터 다주택자는 최종 1주택이 된 날로부터 2년이 경과해야 비과세 요건이 충족된다. 최종 1주택 개념을 도입해, 다주택자가 1주택자가 된 후 2년이 지나야 해당 1주택의 양도세 비과세 매각이 가능하다.

구분	주택수	조정	비조정
개인	1주택	주택가액에 따라 1~3%	
	2주택	8%	1~3%
	3주택	12%	8%
	4주택 이상	12%	12%
법인		12%	

※ 일시적 2주택은 1주택 세율 적용(1~3%)

보유세

재산세는 특정 재산에 매겨지는 세금으로 매년 2회(7월, 9월) 납부한다. 종합부동산세는 고가주택 혹은 다주택자들을 대상으로, 매년 1회(12월)에 납부한다. 2020년 부동산 가격 상승분과 2021년 공정시장가액 반영률이 95%(2022년 100%)로 인상됨에 따라 대부분 지역의 공시지가가 인상될 예정이다. 주택임대소득세는 주택을 임대(전월세)함에 따라 납부하는 세금으로 등록 여부와 무관하게 주택 수로 결정되며, 매년 1회(5월) 납부해야 한다.

양도세

1세대 1주택 비과세는 1세대가 국내에서 1주택을 보유하는 경우로 보유기간(조정지역은 거주) 2년 이상인 경우 적용된다. 실거래가 9억 원을 초과하는 고가주택은 초과분에 대해 과세된다. 실거주라면 1주택, 2주택 비과세를 잘 챙겨봐야 한다. 기존 주택 취득 후 1년 후에 2번째 주택을 취득해야 인정됨을 유의해야 한다.

2021년에는 단기보유 주택과 분양권 양도세율 및 다주택자의 조정대상지

기간	2년 이상	3년 이상	4년 이상	5년 이상	6년 이상	7년 이상	8년 이상	9년 이상	10년 이상
보유	–	12	16	20	24	28	32	36	40
거주	8	12	16	20	24	28	32	36	40

※ 공제액: 양도차익×(보유기간별 공제율＋거주기간별 공제율)

역 중과세율이 인상된다. 분양권도 양도세 중과대상 주택 수에 포함된다. 분양권 보유자가 주택을 매각할 때 분양권도 주택으로 간주해 양도세율이 적용된다. 장기보유특별공제 요건도 변경되어 실거주 2년 이상 최대 80% 공제에서, 2021년부터 보유기간과 거주기간이 각각 계산된다.

역세권 토지 및 보상 전략

보통 역세권 토지투자를 위해 투자 목적을 정하고 장래계획이 있거나 주변의 변화가 많은 땅을 구입한다. 그러나 역세권 토지는 환금성이 떨어져 자칫하다가는 돈이 묶일 수 있기 때문에 가급적 여윳돈으로 투자하는 게 좋다. 피해야 할 대표적인 규제로는 군사시설보호구역, 문화재보호구역, 상수원보호구역 등이 있다. 이 지역들은 건축허가를 받기가 어려울뿐더러 협의조차도 힘들어 개발에 상당한 시일이 소요될 수 있다.

매입 목적은 분명할수록 좋다. 주말 영농을 위한 것인지, 임대수익을 위해 주택을 올릴 것인지, 오피스텔이나 상가를 분양할 것인지 등에 따라 토지 선정 기준이 달라지고 인허가 관련 조건들이 달라지기 때문이다. 무엇을 하든 입지가 좋은 지역, 변화가 예상되는 곳에 토지를 매입해야 좋다. "국책사업은 썩어도 준치"라는 말도 있듯이 국가나 지자체 주도 사업을 권하고 싶다.

지방 토지는 현장답사가 필수다. 매매사례가 많지 않기 때문에 옆집에 누가 얼마에 팔았다는 소문이 나면 그 이하로는 안 파는 경향이 있고, 자꾸 찾아가서 막걸리 한두 잔 먹다 보면 싼 금액에도 파는 경우도 있다. 그래서 지방 토지는 발품을 많이 판다면 그만큼의 가치는 볼 수 있다. 토지공부상 내용과 사용현황이 일치하는지도 확인해야 한다. 공부에는 논으로 표시되어 있는데 실제로 건물이 있을 수도 있다. 이를 확인하기 위해서 토지이용계획확인원 등을 활용하면 되는데, 지목보다 용도지역을 우선 검토해야 한다.

토지투자는 역세권만 한 게 없다. 철도사업은 대부분 국책사업 또는 국가지원사업으로 진행되기에 일단 공사에 착수하면 추진 속도가 빠르고 잡음이 적은 편이다. 따라서 지자체사업이나 민간사업보다는 리스크를 최소화하면서 높은 지가상승을 기대할 수 있다. 지자체사업의 경우 계획에 대한 청사진은 화려하나, 실제로 별도의 사업을 할 만한 충분한 예산 확보가 어렵기 때문에 언제든지 연기되거나 중단되기 일쑤다.

토지보상이란 공익사업으로 인해 토지가 수용될 경우 그 대가로 현금이나 채권, 권리 등을 받는 것을 말한다. 그 토지와 인근 유사토지의 가격 등을 참고해 산정하게 되고, 잔여지가 생겨 그 사용이 곤란할 때는 매수청구를 통해 전부를 청구할 수도 있다. 건물의 경우 건물의 구조, 이용상태, 내구연한 등을 감안해 건축물 평가기준을 준용해 종합적으로 평가하게 된다.

공익사업에 의한 보상의 기준은 지장물보상, 영농보상, 휴업보상 등에 따라 세분화한 기준이 정해져 있으며, 별도로 이주대책대상자를 선정하는 방법도 정해져 있다. 또한 보상평가와 관련한 감정평가사 선정에 있어 일정요건을 갖추면 소유자의 추천도 가능하다. 보상평가 권리구제 절차는 협의 감정평가, 손실보상협의, 수용재결 신청, 이의재결 신청, 행정소송 등의 순으로

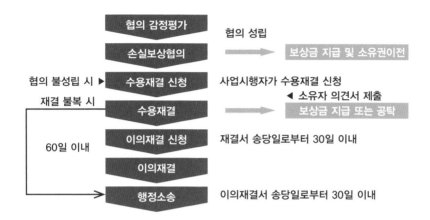

보상평가 권리구제 절차

협의 감정평가

손실보상협의 → 협의 성립 → 보상금 지급 및 소유권이전

협의 불성립 시 ▶ 수용재결 신청 → 사업시행자가 수용재결 신청

재결 불복 시 ◀ 소유자 의견서 제출

수용재결 → 보상금 지급 또는 공탁

60일 이내

이의재결 신청 → 재결서 송당일로부터 30일 이내

이의재결

행정소송 → 이의재결서 송당일로부터 30일 이내

진행되는데, 개인이 대응하기에는 한계가 있어 대부분 법무법인에 위임해 진행한다. 토지보상금 외에 이주대책으로 인한 이주자택지, 생활대책용지 등을 얻는다. 추가적인 수익도 기대할 수 있다. 양도세와 취득세 감면사항도 사전에 검토해 연계투자 방안을 수립해두자.

역세권 부동산 경매

역세권 부동산 경매 검색은 의외로 쉽다. 우선 기본적으로 현재 운행되고 있는 역인지, 장래 신설역인지에 따라 검색 방법이 다르다. 운행되고 있는 역이라면 대부분의 사이트에서 역세권 경매 게시판을 만들어 정보를 제공해준다. 보통 지역과 노선별, 역명 등으로 구분되며 반경 100m, 반경 500m, 반경 1km 등으로도 구분해 검색할 수 있다. 예정역에 대한 정보는 사이트에서 별도로 제공하지 않기 때문에 무엇보다도 정확한 위치를 알아내는 것이 중요하며, 계획, 설계, 착공 등 진행상황도 알아야 한다. 역세권 부동산 경매는 부동산 경기 침체기에도 수요적인 측면에서 인기가 많은 편이다.

신설 역세권에 관한 투자는 소위 핫한 지역과 투자하기 좋은 지역의 수익률이 다를 수 있다. 서울 및 수도권 중심은 많은 발전과 변화가 예상되지만 개인이 투자하기에는 금액이 크다. 반면에 수도권 외곽이나 지방은 역 하나만 들어서도 가격상승률이 수십 배에 달하는 경우도 있다.

권리분석은 말소기준권리를 찾아내어 등기부상 먼저 등기되어 있는 것이 무엇인지를 찾아내는 데서 시작한다. 말소기준권리란 매수인이 대금납부를 하면 말소기준등기를 포함한 모든 권리가 소멸되는 것을 뜻한다. 말소기준권리를 기준으로 가처분, 지상권, 가등기, 임차권 등의 날짜가 빠르면 선순위 권리, 말소기준 이후면 후순위 권리로 이해하면 된다. 선순위는 매수인이 인수해야 되고 후순위는 대금납부 시 말소시킬 수 있다.

부동산 경매에서는 대항력과 우선변제권이 큰 변수로 작용한다. 쉽게 말하자면 대항력은 경매 매수인에게 보증금을 받을 때까지 버틸 수 있는 힘이고, 우선변제권은 다른 채권자보다 돈을 먼저 받을 수 있는 권리다. 대항력은 전입신고를 하고 다음 날 0시 부로 생기기 때문에, 전입신고와 확정일자를 동시에 받았더라도 그날 은행에서 근저당권을 설정했다면 임차인은 대항력도 없게 되고 우선변제권의 순위도 밀리게 된다. 우선변제권은 임차인이 전입신고를 하고 확정일자를 득한 경우 채권적 지위에 불과했던 임차권이 물권화되는 권리로서, 물권과 동등하게 권리효력 발생일의 전후를 따져 경매 낙찰대금에서 우선적으로 배당을 받을 수 있다. 소액임차인을 우선 보호하는 최우선변제권도 존재하는데, 경매개시결정등기 전에 전입신고가 되어야 하고, 배당요구 종기 전에 배당요구를 신청해야 한다.

부동산 경매 절차

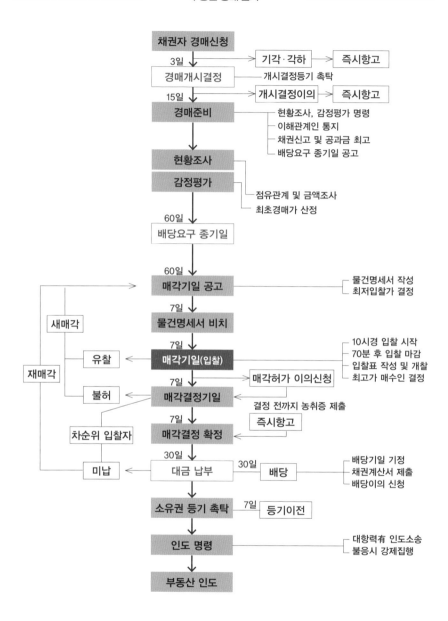

채권자 경매신청
3일 → 기각·각하 → 즉시항고
경매개시결정 — 개시결정등기 촉탁
15일 → 개시결정이의 → 즉시항고
경매준비
├ 현황조사, 감정평가 명령
├ 이해관계인 통지
├ 채권신고 및 공과금 최고
└ 배당요구 종기일 공고
현황조사
감정평가
├ 점유관계 및 금액조사
└ 최초경매가 산정
60일
배당요구 종기일
60일
매각기일 공고
├ 물건명세서 작성
└ 최저입찰가 결정
7일
물건명세서 비치
7일
매각기일(입찰)
├ 10시경 입찰 시작
├ 70분 후 입찰 마감
├ 입찰표 작성 및 개찰
└ 최고가 매수인 결정
유찰
7일 → 매각허가 이의신청
불허
매각결정기일
결정 전까지 농취증 제출
새매각
재매각
차순위 입찰자
7일 → 즉시항고
매각결정 확정
30일
미납
대금 납부 30일 배당
├ 배당기일 기정
├ 채권계산서 제출
└ 배당이의 신청
소유권 등기 촉탁 7일 등기이전
인도 명령
├ 대항력有 인도소송
└ 불응시 강제집행
부동산 인도

※ 경매 과정별 기간은 일반적인 경우이며, 법원과 상황에 따라 다소 차이가 있다.

경매 투자자들은 유료사이트 중심으로 자료를 검토하고 임장을 통해 시세를 분석한 후 입찰에 응한다. 사이트 예상배당표는 배당이 중복해서 책정되거나 교부청구액 등이 고려되지 않으며, 말소기준보다 빠른 선순위임차인이 있다면 '인수'라고 표현하기 때문에 참고만 해야 한다. 여러 임차인이 사는 다가구주택이나 상가 등은 담보설정일 기준에 따른 소액임차인의 배당이 달라질 수도 있고 실제 배당 결과와도 차이가 나기 때문이다. 무늬만 선순위인 임차인도 적지 않게 있기 때문에 채권은행에 연락해보거나 다른 채권자 또는 이해관계인을 설득해 사건 원본을 볼 수 있다면 우위에 있을 수 있다.

부동산, 철도 관련 추천 사이트

철도사업과 부동산, 도시 관련 분야를 18년간 경험하면서 실제 겪었던 이야기를 바탕으로 블로그 운영 중이다. 10년이면 강산이 변한다고 했던가? 부동산을 처음 접했을 때의 환경은 지금과 너무 다르다. 어떤 환경이 바뀐 것일까? 먼저 스마트폰의 발달로 모든 생활이 애플리케이션 기반으로 변화했다. 부동산 분야에서 아직 PC 기반인 업체도 있지만, 애플리케이션 전용인 업체들도 적지 않다. 이제 DB를 빼고는 부동산, 특히 아파트 매매, 전세가, 분양권 등을 설명할 수가 없다. 마치 주식 거래하듯 주별, 월별, 분기별로 서울, 수도권, 광역 도시, 지방 도시별로 구분해서 순위가 나오고 주택 공급과 수요, 재개발 등으로 인한 공급 가능성 물량까지 수치화하면서 이에 맞는 투자를 권하고 있는 실정이다. 정부 정책이 나오면 어김없이 그에 따른 해법을 찾아내고 수치화한다. 그럼 이제 일반인들이 잘 알지 못하는 사이트들을 소개하며 어떠한 기능이 있는지 살펴보고자 한다.

기본적으로 부동산, 철도 관련 공식 정보는 국토교통부에 올라온다. 하루에도 여러 개의 부동산 정책 또는 관련 사업들에 대한 보도자료, 공고, 고시, 철도사업 내용과 고시문, 노선도, 추진현황 및 전략환경영향평가서 공람 및 주민설명회 개최 공고도 공지하고 있다. 이런 다양한 정보들을 바탕으로 사업에 대한 전반적인 이해가 가능하다. 선수는 국토교통부 홈페이지만 봐도 돈이 보인다. 통계청, 부동산114, 법원등기소 등의 기본적인 사이트를 제외하고 관련 사이트를 추천해본다.

한국은행 경제통계시스템(ecos.bok.or.kr)

통계청하고는 또 다른 사이트다. 이 사이트는 경제 분야에 초점이 맞춰져 있다. 소비자 물가지수, 증권, 부동산 등 좀 더 세부적인 수치에 강하고 다양한 통계 그래프를 활용할 수 있다. 엑셀 변환과 차트 변환도 쉽다.

국가교통 DB(www.ktdb.go.kr)

승용차에 비해 대중교통은 얼마나 시간이 더 걸리는지 데이터로 보여주는 사이트다. 한국교통연구원에서 만든 사이트로 교통에 특화된 데이터를 제공해준다.

소상공인 상권정보(sg.sbiz.or.kr)

중소벤처기업부 소속인 소상공인시장진흥공단에서 만든 상권 정보 사이트다. 데이터의 업그레이드나 개인이 원하는 맞춤형 정보에는 한계가 있지만 초기 사업이나 수치 데이터가 공식적으로 필요할 때, 개략적인 상권분석 등에 유용해 보인다.

서울 열린데이터 광장(data.seoul.go.kr)

서울 100대 통계를 비롯한 각종 데이터를 제공한다. 인구를 비롯한 가족, 복지, 산업, 교통, 교육 등 각종 분야의 데이터를 제공해 서울의 각종 지표와 변화 등을 볼 수 있다.

서울시 부동산 정보광장(land.seoul.go.kr)

서울시의 부동산 거래현황에 대한 정보를 한눈에 볼 수 있다. 각종 DB들은 다운로드할 수 있으며 통합자료실 소식지에 매월 정기적으로 각종 동향과 정보들을 제공해주고 있다.

도시계획포털(urban.seoul.go.kr)

서울시에 진행되고 있는 도시계획 정보를 한 번에 볼 수 있다. '재개발·재건축 클린업 시스템'이 정비사업에 한정되어 있다면, 이 사이트는 개발사업 위주라는 특징이 있다. 일반인들이 볼 수 있는 상당한 자료가 있어, 도시를 이해하기 좋은 사이트다.

재개발·재건축 클린업시스템(cleanup.seoul.go.kr)

재개발 정보를 제공한다. 서울에 한정되어 있지만 일반 기사 자료가 아닌 공식 자료와 조감도, 진행상황 등을 구체적으로 볼 수 있는 좋은 사이트다. 출처도 분명하기에 자주 이용하면 좋을 듯하다.

경기 부동산 포털(gris.gg.go.kr)

수도권에서 진행되고 있는 개발사업, 연속지적도, 토지이용계획 등을 한눈에 볼 수 있는 사이트다. 개별 지도 선택과 중첩 지도 선택을 이용해 쉽게 비교할 수 있다.

국가철도공단(www.kr.or.kr)

국토교통부의 위임을 받아 기본 및 실시설계의 발주를 진행한다. 철도사업의 개요와 노선 설명 자료를 공개하기 때문에 시간을 조금 들여서 찾아본다면 많은 자료를 얻을 수 있다.

철도산업정보센터(www.kric.go.kr)

철도산업정보센터는 철도와 관련된 여러 정보와 자료, 역사와 통계 등이 구비되어 있는 사이트다. 철도 입찰공고를 비롯한 최근 뉴스와 해외 철도정보까지 철도 관련 특화된 사이트 중에서는 가장 우수하다.

미래철도 DB(www.frdb.wo.to)

개인이 운영하는 사이트다. 전국의 철도정보 데이터가 한자리에 모여 있다. 꾸준하게 데이터를 관리하는 것도 엄청난 노력과 에너지가 든다. 노선도와 진행상황, 의견을 사이트와 카페를 통해서 공유하고 있다.

지인(aptgin.com), 아실(ail.kr), 호갱노노(hogangnono.com)

각종 DB를 지역별로 수치화했다. 또한 빅데이터를 바탕으로 한눈에 보기 좋게 도표화해서 제공한다. 아파트 수요 등을 감안한 분석을 한다. 신고가, 변동, 인구, 거래량 등 다양한 요소에 맞는 콘텐츠를 제공하고 있다.

밸류맵(www.valueupmap.com), 디스코(disco.re)

지도에서 한눈에 보기 좋게 보여준다. 실거래가를 바탕으로 하기에 신뢰도가 비교적 높다. 토지, 다가구, 상업용, 아파트 등으로 구분해서 볼 수 있기 때문에 지역분석 시 쉽게 이해할 수 있다. 특정 지역의 주택을 최근 거래된 것을 확인할 수 있고 특정 지번의 가격과 토지면적당 가격을 쉽게 볼 수 있어 이해하기 좋다.

하우빌드(map.howbuild.com)

부지를 매입해 주택을 신축해볼 계획이라면 추천하고 싶은 사이트다. 위치만 지정하면 현황과 비용이 산정된다.

하우빌드를 이용한 신축 비용 예상 조회

성남에 있는 상가주택을 예로 예상 비용을 조회해보겠다.

대지면적: 86평
건물 바닥면적: 49평(건폐율 57%)
건물 연면적: 136평(용적률 159%)
평당공사비: 약 600만 원(주택 기준)
건축비: 136평×600만 원 = 약 8억 원
부지매입비: 86평×900만 원 = 약 8억 원(평당 900만 원 내외 예상)

이주자 택지 조합원 분양가를 기준으로 볼 때 조성원가의 80~90% 기준으로 보면 된다. 조합원이 택지를 분양받아 건축을 진행했다면 약 16억 원 정도 비용이 들었을 것으로 추정된다. 현재가는 24억 원으로, 8억 원의 기대이익이 예상된다.

아파트 메이저 브랜드와 프리미엄 브랜드

'래미안(來美安)'은 미래지향적이고 아름답고 편안한 아파트를 의미한다. 현대가 선보인 하이브랜드 '디에이치(THE H)'는 현대의 이미지를 알리는 'H'와 단 하나의 의미를 상징하는 정관사 'THE'를 사용함으로써 아파트의 가치를 살렸다.

이렇듯 아파트 브랜드는 부동산 시장에 적지 않은 영향을 주고 있다. 래미안, 자이, 캐슬, 힐스테이트, e편한세상, 푸르지오, 아이파크, 더샵(래자캐힐, 이푸아샵) 등의 메이저 브랜드와 르엘, 디에이치, 아크로, 써밋(르디아써) 등의 하이브랜드는 상식적으로 알아두자. 시공사는 삼성, GS, 롯데, 현대, 대림, 대우, 현대(산업개발), 포스코 등이며 하이브랜드는 롯데, 현대, 대림, 대우 등에서 사용하고 있다. 대우건설과 호반건설은 '써밋'이라는 브랜드를 같이 쓰고 있어서 혼동되지만 '푸르지오써밋'이나 '호반써밋'으로 구분할 수 있다. 최근 한화건설이 브랜드를 '꿈에그린'에서 '포레나'로 변경하고 나서 인지도가 많이 올라가는 모습을 보이기도 했다. 신도시 아파트 단지를 보면 특정 브랜드만 보고도 지역의 네임밸류를 평가할 수 있다.

10대 건설사 주택브랜드 현황

시공사	일반 브랜드	프리미엄 브랜드
삼성물산	래미안	–
GS건설	자이	–
롯데건설	캐슬	르엘
현대건설	힐스테이트	디에이치
대림산업(건설)	e편한세상	아크로
대우건설	푸르지오	(푸르지오)써밋
현대산업개발	아이파크	–
포스코건설	더샵	–
호반건설	베르디움	(호반)써밋
한화건설	꿈에그린→포레나	FORENA

열차 운행 상황부터
짚어보자

하루에 열차가 몇 대 올까요?

열차 운전시격(배차 간격)은 열차와 열차 사이의 시간 간격을 의미한다. 철도에서 첨두(출퇴근 시), 비첨두(평상시)라고 표현하기도 한다. 시간대별로 차이가 있지만 2, 4호선은 출퇴근 시 3분 간격, 평상시 5분 간격으로 운행되고 3, 5, 6, 7호선은 출퇴근 시 4~5분 간격, 평상시 6~7분 간격으로 운행된다. 그에 반해 경의중앙선, 경강선, 경춘선 등은 운행 간격이 길다. 열차 간격이 길수록 승객이 피로감을 느끼게 되어 열차의 속도와 함께 운전시격은 노선의 가치를 평가하는 중요한 요소다.

수도권에는 광역·도시철도 개념으로 철도, 지하철, 경전철을 포함해 22개(2020년 12월 기준)의 노선이 운행된다(물론 기준에 따라 달리 표현할 수도 있다). 22개의 노선을 보면 조금씩 특징이 있다. 1~4호선은 1편성에 10량이 다니고, 5~7호선은 8량, 8~9호선은 6량이다. 최근에 건설된 지하철도 6량을 기본 편성으로 가지고 있다. 그런데 경전철은 1편성에 2량밖에 되지 않는다. 유인운전과 무인운전, 국가사업과 지자체사업, 민간사업 등 각기 특성이 다르다. 노

노선별 편성·이용 현황

구분	차량	1편성	편성	일 승객 수	월 승차 인원	실제 이용객	이용률	연장	역수	승차 인원
1호선	10	1,600	255	816,000	24,480,000	1,381,025	169%	200.6	98	8,327
2호선	10	1,600	243	777,600	23,328,000	1,657,939	213%	48.8	43	18,084
3호선	10	1,600	198	633,600	19,008,000	728,905	115%	57.4	44	14,400
4호선	10	1,600	231	739,200	22,176,000	857,778	116%	71.5	48	15,400
5호선	8	1,280	210	537,600	16,128,000	674,721	126%	52.3	51	10,541
6호선	8	1,280	172	440,320	13,209,600	370,901	84%	35.1	38	11,587
7호선	8	1,280	208	532,480	15,974,400	779,974	146%	57.1	51	10,441
8호선	6	960	152	291,840	8,755,200	207,207	71%	17.7	17	17,167
9호선	6	960	229	439,680	13,190,400	424,463	97%	40.6	38	11,571
공항철도	6	960	104	199,680	5,990,400	11,433	6%	63.8	14	14,263
인천 1호선	8	1,280	154	394,240	11,827,200	185,112	47%	29.4	29	13,594
경의 중앙선	8	1,280	100	256,000	7,680,000	183,477	72%	128.1	55	4,655
경춘선	8	1,280	56	143,360	4,300,800	39,163	27%	90.0	25	5,734
분당선	6	960	169	324,480	9,734,400	393,043	121%	55.3	48	6,760
수인선	6	960	87	167,040	5,011,200	43,125	26%	19.9	14	11,931
신분당선	6	960	163	312,960	9,388,800	101,210	32%	31.3	13	24,074
경강선	4	640	59	75,520	2,265,600	29,081	39%	57.0	11	6,865

※ 연장 단위 km, 2호선은 본선 구간만 산정했다(차량 1편성 = 4~10량의 합).
※ 승강장 길이와 차량 수: 경강선 장래 6량 확대. 분당선과 신분당선은 8량 가능하다.
※ 일 승객 인원은 1량의 적정 인원은 160명을 기준으로 산정, 상하선을 고려해 2를 곱했다.
※ 월 승차 인원은 일수(30일)를 고려해 산정했다.
※ 중량전철 길이 약 20m, 폭 3.1m: 적정 인원 약 160명(좌석 54명 내외, 입석 2배수)
※ 경량전철 길이 약 14m, 폭 2.6m: 적정 인원 약 80명(좌석 24명 내외, 입석 2배수)

선의 가치를 단순히 노선연장이나 역 수로 구분할 수 없다. 개인적으로 하루에 수용 가능한 적정한 열차 대수와 실제 이용자가 가장 비슷한 노선을 제일 먼저 봐야 한다고 생각한다. 그를 위해 몇 가지 데이터를 살펴보았다. 일단 기준을 표와 같이 잡았다.

이를 기준으로 하루 동안 편성되는 운행횟수를 살펴보았다. 편성 수는 상하행을 감안해 2배 해주었다. 이에 대한 적정 1일 승객 수를 산출해보았다. 여기에 실제 이용되는 승객 수(승하차 기준 1회만 적용)를 적용했다.

결과를 종합해보면 역시 지하철 2호선이 편성 수나 실제 이용이 높음을 볼 수 있다. 여기에 의미 있는 값은 분당선이다. 노선 투자 대비 가성비가 좋다. 실제로 한국철도공사에서 흑자를 내는 노선은 1호선 일부와 분당선이라고 한다.

사람들은 어느 역에서 많이 내릴까요?

평상시 타고 다니는 수도권 광역전철은 노선도 기준 22개의 노선에 총 734개 역(환승역 포함)이 운행되고 있다. 환승역을 하나의 역으로 감안하면 총 634개 역(2021년 1월 기준)이 운행 중이다. 이 중 서울 전철 275개 역(환승역 중복 포함)을 기준으로 어느 역에서 1일 하차 인원이 많은지 살펴보았다. 하나의 역에서 하루 평균 2만 3천여 명이 하차하는데, 2호선(지선) 도림천, 3호선 지축, 4호선 남태령, 7호선 장암 등의 하차 인원은 1천여 명에 그쳤다. 반면에 2호선 강남, 잠실, 홍대입구 역은 10만여 명에 육박했다. 결국 여러 역이 모이는 자리가 중요하다. 모이는 자리가 아니어도 모이는 자리에 빠르게 갈 수 있는 것도 나쁘지 않다. 쉽게 말해 지하철 2호선은 지선을 제외하면 거의 절반의 역에 중규모 이상의 수요를 가진 역임을 볼 수 있다. 2호선을 챙겨봐야 하는 이유다.

그럼 모이는 자리에 빠르게 간다는 건 무슨 이야기일까? 예를 들어보자. 대한민국의 수도 서울을 상징하는 역으로 서울역이 아닌 강남역을 이야기하는 사람이 많다. 업무, 상업, 주거, 학군 등 모든 기능이 우수해 네임밸류가 높

수도권 광역전철 1일 하차 인원

구분	역수	대규모 수요(일 5만 명 이상)	중규모 수요(일 3만 명 이상)
1호선	8	서울역, 시청, 종로3가 (3)	종각, 동대문 (2)
2호선	51	시청, 을지로입구, 건대입구, 잠실, 삼성, 역삼, 강남, 교대, 사당, 서울대입구, 신림, 구로디지털단지, 신도림, 합정, 홍대입구 (15)	을지로3가, 동대문역사문화공원, 성수, 강변, 선릉, 대림, 신촌 (7)
3호선	33	종로3가, 고속터미널, 교대 (3)	연신내, 을지로3가, 압구정, 충무로, 신사, 남부터미널, 양재 (7)
4호선	26	서울역, 사당 (2)	노원, 창동, 수유, 혜화, 동대문, 동대문역사문화공원, 충무로, 명동, 회현 (9)
5호선	51	종로3가 (1)	공덕, 광화문, 동대문역사문화공원, 천호 (4)
6호선	37	합정 (1)	공덕 (1)
7호선	51	건대입구, 고속터미널 (2)	노원, 대림, 가산디지털단지 (3)
8호선	17	잠실 (1)	천호 (1)
합계	275	18(중복 제외)	26(중복 제외)

순위	역명	호선	하차 인원	순위	역명	호선	하차 인원
1	강남	2	103,000	16	시청	1, 2	51,000
2	잠실(송파구청)	2, 8	103,000	17	합정	2, 6	51,000
3	홍대입구	2	87,000	18	을지로입구	2	51,000
4	서울역	1, 4	78,000	19	신촌	2	49,000
5	고속터미널	3, 7	78,000	20	선릉	2	49,000
6	사당	2, 4	75,000	21	노원	4, 7	49,000
7	신림	2	69,000	22	동대문역사문화공원	2,4,5	47,000
8	건대입구	2, 7	67,000	23	강변(동서울터미널)	2	45,000
9	구로디지털단지	2	64,000	24	양재(서초구청)	3	44,000
10	종로3가	1,3,5	63,000	25	혜화	4	44,000
11	삼성(무역센터)	2	62,000	26	종각	1	43,000
12	신도림	2	59,000	27	천호(풍납토성)	5, 7	43,000
13	역삼	2	53,000	28	명동	4	42,000

| 14 | 서울대입구 | 2 | 52,000 | 29 | 동대문 | 1, 4 | 42,000 |
| 15 | 교대(법원) | 2, 3 | 52,000 | 30 | 대림(구로구청) | 2 | 42,000 |

자료: 서울교통공사 (2019년 일평균 여객 수요, 1~8호선 하차 인원)
※ 서울교통공사가 관리하는 역을 기준으로 데이터 조사했다(일부 노선 제외).
※ 서울(일부 수도권) 지하철역 기준, 환승역은 모든 노선의 하차 인원을 포함해 산출했다.
※ 9호선, 신분당선, 수인분당선 등의 데이터는 별도 관리되어 본 자료에서는 제외했다.

은 지역이기 때문이다. 2호선 강남역은 1일 하차 인원만 놓고 보면 오랜 기간 1등 자리를 유지해왔다. 신분당선 하차 인원을 제외해도 하루 10만 명 이상이 하차한다는 이야기다. 승차 인원까지 따지면 하루 이용객은 20만 명이 넘는다. '모이는 자리에 빠르게 간다'는 것은 이 강남역을 지하철 도착지로 목적이 거주든, 투자든 최대 1시간 내 도착할 수 있어야 한다는 말이다. GTX 사업이 획기적인 이유는 이러한 시간싸움에서 우위에 있기 때문이다. 투자대상을 정했다면 충분히 감안해야 한다. 부동산은 본인이 좋고 편안한 곳보다 다수가 선호하는 지역이 장기적으로 가격을 지켜주기 때문이다.

우리 역에 열차가 얼마나 자주 올까요?

하나의 전철 노선이라고 모든 역에 정차하지 않는다. 열차 운행은 수요와 경제성을 감안했기 때문이다. 쉽게 말해 종점으로 갈수록 승객이 적어지기 때문에 모든 열차를 종점까지 운행하는 것이 아니다. 승객 이용을 감안해 출퇴근 시간에는 탄력적으로 운행한다. 이에 노선별 열차 운행횟수와 운행률을 감안해 가급적 열차 운행이 적은 구간은 수요가 적다는 것을 인지하고 부동산 투자에 이를 적용해야 한다. 한 방향을 기준(왕복 운행횟수와 혼동해서는 안 된다)으로 적어도 100회 이상은 운행해야 승객의 불편함이 덜하다.

노선별 열차 운행횟수와 운행률

노선	○○행	운행횟수(률)	노선	○○행	운행횟수(률)	노선	○○행	운행횟수(률)
1호선	소요산	36(14%)	2호선	순환	243(100%)	6호선	순환	172(100%)
	동두천	55(22%)	3호선	대화	121(62%)	7호선	장암	79(38%)
	양주	85(33%)		구파발	196(100%)		도봉산	208(100%)
	의정부	112(44%)		수서	197(100%)		온수	208(100%)
	창동	120(47%)		오금	168(85%)		부평구청	113(54%)
	광운대	186(73%)	4호선	당고개	231(100%)	8호선	전구간	151(100%)
	청량리	241(95%)		서울역	231(100%)	9호선	(급행)	229(100%)
	동묘	255(100%)		사당	229(99%)		(완행)	115(51%)
	서울역	256(100%)		산본	129(56%)	수인분당선	청량리	9(5%)
	구로	253(99%)		안산	127(55%)		왕십리	168(100%)
	인천	121(47%)		오이도	110(48%)		죽전	168(100%)
	병점	118(46%)	5호선	애오개	210(100%)		고색	96(57%)
	서동탄	108(42%)		(강동)	210(100%)		인천	45(27%)
	천안	52(20%)		하남풍산	104(50%)			
	신창	26(10%)		마천	104(50%)			

※ 2020년 3월 기준, 철도 통계자료 및 실제 운행에 따른 결과 정리했다(코로나 이전, 운행 기준).
※ 평일 모든 열차가 정차하는 역(운행률 100%)을 기준으로 상대적인 운행률을 수치화했다.
※ 행선 기준이 아닌, 실제 그 역에 정차하는지를 운행률로 산정했다.
※ 운행횟수는 한 방향의 횟수이며, 막차/회차 운행 등은 제외했다(5호선은 하남선 추가 반영).
※ 조사시점과 방식에 따라 다소 차이가 있을 수 있다.

사람들이 어느 역에서 많이 내리는지 주요 지하철 노선마다 살펴보자.

1호선은 연계노선 경부선, 경인선, 경원선 등이 있다. 크게 청량리와 광운대, 의정부, 양주를 끊어서 봐야 한다. 소요산 기준으로 청량리는 7배, 광운대 5배, 의정부 3배, 양주 2배로 차이가 나기에 투자대상은 광운대역까지로 한정하는 게 좋다. 그다음은 의정부까지 봐도 열차 운행에서 차이가 없다. 구로를 기준으로 경부선과 경인선이 갈라진다. 가급적이면 구로역까지만 투자대상으로 보자. 인천 구간은 끝까지 동일한 노선으로 운행된다. 수원(천안) 방면은 조금 다르다. 병점역까지는 투자할 만하다.

2호선은 순환이다. 시간당 20대가 간다는 뜻은 3분당 1대가 온다는 이야기다. 그것도 10량을 달고 말이다. 양적으로나 질적으로나 최상의 컨디션이다. 2호선에는 까치산과 신설동으로 연결된 2개의 지선이 있다.

3호선 대화행은 구파발에서 일단 한 번 끊어야 한다. 초기 지하철이 구파발까지 운행하면서 차량은 지축 차량기지에 정박했다. 외곽으로 한 번 교행하는 것보다 시내를 중심으로 일정 구간을 2회 왕복하는 것이 전체 교통에서 보면 효과적이다. 구파발 이후 대화까지 구간의 승객들에게는 상대적인 불편함이 따를 수밖에 없다. 단순하게 보면 62%가량 차이를 보인다. 오금~수서 구간은 17%로 대화행에 비하면 큰 차이가 없다.

4호선 당고개 방면은 동일하다. 정부 정책상 급행 차량을 5대 두었지만, 큰 의미는 없어 보인다. 지하철을 시간에 맞춰 탄다는 것은 그만큼 운행을 덜한다는 의미로 가치가 떨어짐을 말한다. 시간을 보지 않고 타는 지하철이 가치가 높다. 오이도행은 사당에서만 끊자. 산본, 안산, 오이도 방면에는 크게 차이가 없다. 당고개에서 진접으로 넘어가는 진접선이 완공되면 열차 운행이 달라질 것이다.

5호선은 알뜰 노선이다. 광화문과 여의도, 마곡까지 이어지는 2대, 3대 업무지구를 관통하고 김포공항까지 이어져 수요가 제법 있는 노선이다. 마천, 하남 미사 방면을 보면 일단 본선은 하남 미사로 봐야 한다. 상일동에는 고덕 차량기지가 있기 때문이다. 마천행과 1:1 비율이다.

6호선은 8호선과 비교할 수 있다. 8호선은 노선연장이 짧기라도 하지만 6호선은 이리저리 애매하다. 그 흔한 업무지구 하나 거치지 않는다. 구리 연장이 검토되고 있지만 당장은 쉽지 않아 보인다.

7호선은 강북을 직통해서 강남까지 연결하는 다이렉트 노선이다. 장암 방면을 보면 장암의 운행횟수는 도봉산의 2.6배다. 향후 의정부와 양주까지 노선이 이어진다 해도, 도봉산행과 구분되어 2배까지 차이가 날 것이다. 도봉산에 투자해야 하는 이유다. 부평구청행도 온수를 집중해야 한다. 석남 연장이 곧 개통되고, 향후 청라까지 연장된다 해도 온수행 비율은 유지될 것이다.

8호선은 노선연장이 짧기 때문에 전 구간 동일하다. 곧 별내선 연장선이 기다리고 있다. 별내, 다산 진건, 구리, 정자 등의 역에서 승객들이 기다리고 있다. 향후 모란에서 판교까지 이어진다면 팔팔한 노선으로 거듭날 수 있다.

9호선은 노선 색깔 그대로 골드라인이다. 황금 노선이라도 칭해도 손색이 없다. 다만 9호선만의 특징이 있다. 급행과 완행이 비율이 거의 1:1 수준이라 급행역과 완행역의 차이가 너무 크다.

역마다 유출입 특성이 다르다

수도권 철도망이 복잡하게 얽혀 있어도 서울 외곽이나 수도권은 통상 출근 시간에 승차 인원이 많고 퇴근 시간에 하차 인원이 많다. 전체 데이터(9호선, 한국철도공사 등 일부 수요 제외)를 놓고 보면 아침 승객의 승차 시간은 출근하는 거리에 따라 7~9시까지 고루 분포되었지만, 통상적인 9시 출근을 감안하면 8~9시에 하차가 가장 많다. 반대로 저녁 6~7시에 승차가 몰리는 반면, 하차는 다양한 시간으로 나눠지는 것을 볼 수 있다.

역세권별 유출입 특성을 보면 통상적으로 역세권의 승하차 인원은 유사하다. 다만 출근 시간에 승차 인원이 많은 역이 있고, 어떤 역은 하차 인원이 많

구분	역 이름	빈도	개수	대표역
유형 A	을지로입구, 시청, 을지로4가, 역삼, 을지로3가, 삼성, 선릉, 한양대, 동대문역사문화공원, 교대, 서초, 성수, 강남, 신설동	28%	14	삼성, 선릉, 역삼, 을지로입구
유형 B	잠실나루, 서울대입구, 낙성대, 강변, 구의, 신대방, 봉천, 양천구청, 신림, 용답, 신답, 신정네거리, 아현, 구로디지털단지, 신당, 사당, 잠실, 용두, 왕십리(성동구청), 당산, 상왕십리, 대림, 신도림	46%	23	신림, 서울대입구, 강변, 신도림
유형 C	신천, 홍대입구, 종합운동장, 신촌, 건대입구, 합정	12%	6	홍대입구, 건대입구, 신촌, 신천
유형 D	방배, 이대, 영등포구청, 문래, 뚝섬, 충정로, 도림천	14%	7	방배, 영등포구청, 문래, 뚝섬

은 역이 있다. 쉽게 생각하면 업무지구가 밀집된 역은 출근 시간에 하차 인원이 많을 것이고, 퇴근 시간에는 지하철을 다시 타고 집으로 가기 위한 승차 인원이 많을 것이다. 이러한 내용을 다룬 논문 '지하철 2호선 역세권별 유출입 특성과 역세권 토지이용에 관한 연구(김용민 외 3인, 한국지역개발학회지, 2017)'를 참고해 지하철역별 유출입 특성을 재정리해보았다.

시간대로 분석해보면 출퇴근 시간에 통행량이 최고점에 달하는 '늘어지는 M' 자가 대부분의 역에서 발생한다. 역세권별 유출입 특성을 살펴보자. 여기서 유입은 특정 지역으로 들어오는 인원, 즉 지하철 하차 인원을 뜻하며 유출은 특정 지역에서 나가는 인원으로 지하철 승차 인원을 뜻한다.

1. 유형 A: 가용 개발밀도가 낮다. 즉 개발할 여력이 부족하다.

오전 러시아워(유입 우위): 출근 시간에 지하철역으로 내린다(=지역으로 유입된다).

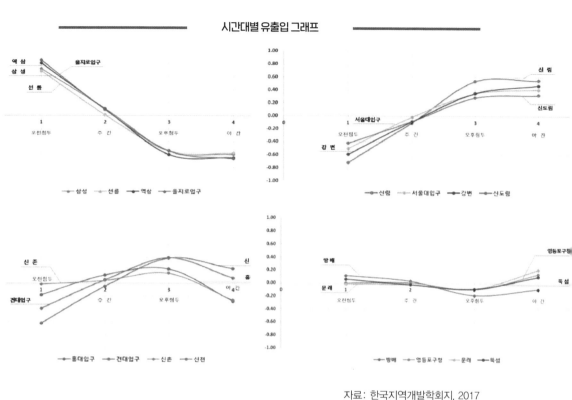

시간대별 유출입 그래프

자료: 한국지역개발학회지, 2017

2. 유형 B: 주거개발 밀도는 높은 반면, 상업지는 개발 여력이 A보다 높다.

오전 러시아워(유출 우위): 출근 시간에 지하철 역에서 탄다(=지역에서 유출된다).

3. 유형 C: 전체적으로 다른 역보다는 개발 여력이 있다.

오전 러시아워(유출 우위): 출근 시간에 주로 타지만, 내리는 양도 많다. 주거 지역이 우위지만, 상업·업무지구로 많이 내리기도 한다.

4. 유형 D: 모두 여력이 많다.

오전 러시아워(유입=유출): 전체적으로 타거나 내리는 인원에 큰 차이가 없다.

지하철 2호선은 일부 지선을 제외하고 모든 역에서 동일하게 하루 약 80만 명[10량×160평(적정 인원)×243편성×2(상하선 왕복)]을 나를 수 있는 노선이다. 역마다 차이를 보이긴 하나 어떤 역이든 지하철을 누릴 수 있는 총량은 동일하기 때문에, 역세권 주변환경만 개선의 여지가 있다면 언제든지 좋아질 수 있어 보인다. 유형 D에 속하는 방배, 이대, 영등포구청, 문래, 뚝섬, 충정로, 도림천 역의 경우 개발 여력이 충분히 있기 때문에, 주변환경 변화에 따른 많은 관심이 필요하다.

역세권이 보이는
철도 기본지식

열차의 종류에 대해 알아보자

KTX는 속도가 최고 300km/h까지 가능하지만 정거장 정차시간 등에 따라 실제로 서울에서 부산까지 가는 표정속도는 160km/h에 불과하다. 열차의 속도는 표정속도와 평균속도로 구분하는데, 표정속도는 정거장에서 정차한 시간까지 포함하고 평균속도는 정거장에서 정차한 시간을 제외하고 순수 노선을 운행한 거리를 시간으로 나눈 속도를 말한다. 예로 지하철 1호선 (서울역~청량리) 구간의 표정속도는 30km/h이며 2호선, 8호선 구간은 34km/h, 4호선 구간은 36km/h, 9호선 급행은 47km/h 정도에 불과하다. 새로이 개통된 경강선(성남~여주)은 62km/h로 다른 노선에 비해 빠른 편이다. 이렇듯 열차가 최고속도를 내려면 성능도 중요하겠지만 평면상의 곡선반경, 종단상의 기울기 구배, 정거장 간 거리 및 정차 여부 등에 따라 차이가 난다.

고속철도는 시속 200km 이상의 고속으로 주행하는 철도를 말하며, 바퀴를 사용해 레일 위를 주행하는 바퀴식과 반발력을 사용해 열차를 부상시켜 주행하는 자기부상식이 있다.

단선 레일(좌)과 복선 레일(우)

바퀴식은 국내 고속철도에서 330km/h로 달릴 수 있도록 설계되었다. 경부고속열차(프랑스 제작)는 1편성당 동력차 2량, 동력객차 2량, 객차 16량 등 총 20량으로 구성되었다. 차량 전체 길이는 388m이고 중량은 700톤에 달한다. 국내 로템에서 개발한 KTX-산천은 1편성당 동력차 2량, 객차 8량 등 총 10량으로 구성되었으며 필요시 1편성 20량으로 운행한다.

자기부상식은 일본에서 2015년 최고속도 600km/h를 기록하기도 했고 중국은 2002년 상하이 국제공항까지 약 30km 구간을 개통해 430km/h의 속도까지 운행할 수 있다.

철도의 차량은 크기와 성능에 따라 크게 중량전철(중전철), 중형전철, 경량전철(경전철) 등으로 구분한다. 이 중에서 경전철은 상대적으로 건설비와 수송용량이 낮은 궤도 구간에 6~10량씩 이동하는 중량전철에 비해 2~3량으로 움직이는 차량이나 시스템을 의미한다. 용인, 의정부, 김해 경전철이 대표적이고 2017년 개통한 우이신설선과 2019년 개통한 김포 경전철 등이 있다.

단선과 복선의 차이를 알아보자

단선과 복선은 말 그대로 하나의 선으로 두 열차가 다니느냐, 아니면 별도의 독립된 선으로 다니느냐의 차이다. 상하선을 같이 쓴다면 단선철도, 하선과 상선이 각각 있다면 복선철도다. 예전에는 수도권을 제외하고 전국적으로 단선철도가 많았으나 2020년을 기준으로 복선화율은 65%까지 근접해졌다. 최근 15년간 25% 이상 급상승한 수치다.

단선과 복선의 차이는 무척 크다. 일단 단선으로 열차가 운행된다는 것은 서로 충돌하지 않기 위해서 정거장 구간에서 한 열차가 멈추거나 중간에 별도의 측선을 두어 상대 열차가 지나가길 기다려야 한다. 대표적으로 이천~충주선, 춘천~속초선, 7호선 양주선 등이 해당된다. 열차 운행 간격이 길어질 수 있기 때문에 승객의 입장에서 다소 불편할 수밖에 없고, 그만큼 노선의 가치도 떨어질 수밖에 없다.

유인운전 vs. 무인운전, 고상홈 vs. 저상홈

대한민국 철도 차량의 다수는 유인운전이 기본이다. 이에 반해 무인운전은 말 그대로 별도의 기관사 없이 시스템으로 열차를 운행하는 것을 일컫는다. 신분당선은 국내 최초의 중전철 노선이다. 무인운전은 대부분 경전철에서 적용하지만, 기술의 발달과 최첨단 시스템이 구축되면서 이제는 중전철로 옮겨가는 추세다. 운행 및 차량 상황은 무선통신 열차제어 방식으로 종합관제센터에서 원격으로 자동 조정된다.

경전철은 수송용량이 낮은 구간에 2~3량으로 움직이는 차량이나 시스템을 의미를 말한다. 무인운전은 경전철을 비롯해 시스템으로 운영이 가능한

고상홈(좌)과 저상홈(우)

노선에 적용할 수 있다. 대량 수송을 목적으로 안전이 중요시되는 사업에는
유인으로 운행되겠지만, 인건비 등을 감안해보면 대세는 무인운전이다.

철도에서는 승강장을 고상홈과 저상홈으로 구분한다. 고상홈은 서울 지하
철처럼 차량을 탈 때 바닥 높이가 같아 바로 들어가는 경우고 저상홈은 KTX
처럼 차량 안에 설치된 계단을 밟고 올라가는 경우다.

고상홈은 승강장의 높이가 레일 위를 기준으로 1.1m 정도인 데 반해 저상
홈은 0.5m 정도다. 승강장의 높이를 바꿀 수는 없기에 기존 역에 새로운 종류
의 열차를 운행시키려면 큰 예산이 소요되는 대대적인 공사가 필요하다. 또

한 열차는 차량의 길이가 20m 내외(중전철과 경전철은 차이가 있음)기 때문에 6량을 1편성으로 이동한다면 승강장 길이가 최소 120m 이상은 되어야 한다. 그예로 서울 지하철 1호선과 4호선은 10량을 1편성으로 삼았기 때문에 승강장 길이가 200m 이상이어야 한다. 결국 승강장의 높이와 길이 차이로 인해 새로운 열차가 들어오려면 별도의 승강장도 함께 지어야 하는 것이다.

국내 최초 중전철 무인운전 시스템

무인운전 시스템은 기관사 없이 열차를 운행한다. 모든 운행 및 차량 상황은 양방향 무선통신 열차제어(CBTC) 방식을 기반으로 종합관제센터에서 원격으로 자동 조정·제어된다. 강력한 예비기능 확보 및 자동 진로변경 기능 등을 통해 고장 발생으로 인한 운행지연을 최소화할 수 있는 최첨단 시스템이다.

무인운전 시스템 원리: 양방향 무선통신

종합관제센터(OCC)	시스템관리 (ATS)	차상장치(VOBC)
차량 기동 확인, 열차 위치, 차량과 설비 주요장치의 상태 및 고장 정보 송수신	←→ ⋯⋯⋯ ←→ 열차 제어센터 (VCC)	차량 기동 명령, 열차 진로 설정, 각종 제어정보(정차시간, 차량, 설비) 송수신 승강장 스크린도어(PSD)

무인운전 사례

_____ 중전철 _____

국가	도시	노선
대한민국	서울~경기	신분당선(DX LINE)*
프랑스	파리	Line 1, 14

싱가포르	싱가포르	North-East Line, Circle Line
독일	뉘른베르크	Line U2, U3
아랍에미리트	두바이	Metro(Green, Red)
스페인	바르셀로나	L9, L10, L11
중국	홍콩	Diseneyland Resort Line
브라질	상파울로	Line 4(Yellow)

* 신분당선: 전 세계 5번째, 아시아 2번째 무인중전철 운영 노선

철도에서 구분지상권이란?

「민법」 제289조의2(구분지상권)
지하 또는 지상의 공간은 상하의 범위를 정하여 건물 기타 공작물을 소유하기 위한
지상권의 목적으로 할 수 있다. 이 경우 설정행위로써 지상권의 행사를 위하여 토지
의 사용을 제한할 수 있다.

**「공익사업을 위한 토지 등의 취득 및 보상에 관한 법률 시행규칙」 제31조(토지의
지하·지상공간의 사용에 대한 평가)**
토지의 지하 또는 지상공간을 사실상 영구적으로 사용하는 경우 당해 공간에 대한
사용료는 제22조의 규정에 의하여 산정한 당해 토지의 가격에 당해 공간을 사용함
으로 인하여 토지의 이용이 저해되는 정도에 따른 적정한 비율을 곱하여 산정한 금
액으로 평가한다.

**「도시철도법」 제9조(지하부분에 대한 보상 등), 「도시철도법 시행령」 제10조(지하
부분 사용에 대한 보상기준)**
도시철도건설자가 도시철도건설사업을 위하여 타인 토지의 지하부분을 사용하려는
경우에는 그 토지의 이용 가치, 지하의 깊이 및 토지 이용을 방해하는 정도 등을 고

려하여 보상한다. 토지의 지하부분 사용에 대한 보상대상은 도시철도시설의 건설 및 보호를 위하여 사용되는 토지의 지하부분으로 한다.

「국가철도공단 용지규정」 제21조(지하부분 구분지상권 보상)

공단의 사업에 의거 편입되는 지하부분에 대한 보상금은 토지보상법시행규칙 제31조 규정을 준용하여 입체 이용저해율에 의거 산정한다.

- 한계심도: 토지소유자의 통상적 이용행위가 예상되지 않으며, 지하시설물 설치로 인하여 일반적인 토지이용에 지장이 없는 것으로 판단되는 깊이는 지표면으로부터 다음에 정한 거리(한계심도)로 한다. 1. 고층시가지 40m 2. 중층시가지 35m 3. 저층시가지·주택지 30m 4. 농지·임지 20m

- 최저보상: 지하부분의 필지별 최저보상비가 100만 원에 미달되는 때는 100만 원을 지급한다. 다만 이 경우 해당 토지의 감정평가액이 50만 원에 미달되는 경우의 최저보상비는 50만 원으로 한다.

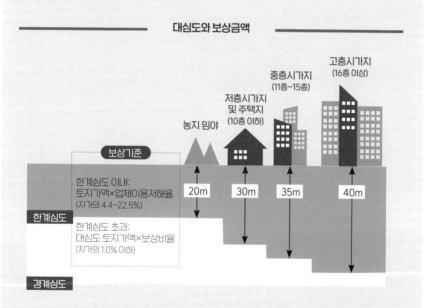

대심도와 보상금액

STATION
INFLUENCE AREA

CHAPTER 2

교통 호재를 알면 오르는 부동산이 보인다

3기 신도시와 연장노선

접근성이 탁월한 교산지구

사업면적: 6,491,155m²(하남시 교산동, 덕풍동, 상사창동 일원)

사업기간: 2019~2028년

사업시행: 한국토지주택공사

주택계획: 3만 2천 세대(계획인구: 8만 명)

교산은 창릉, 왕숙, 계양, 대장보다 강남 접근성이 탁월해 많은 점수를 줄수 있다. 하남 미사나 송파 위례의 후단 세력으로 가치가 있다. 또 하나의 핵심은 3호선 오금행 이후 연장 이슈다. 이런저런 이야기가 많지만 연장하지 않을 이유가 없다.

교산지구는 창의적인 랜드마크 건축을 통해 독특한 도시 이미지를 구축하고자 한다. 대지 안의 조경과 건폐율, 용적률, 높이제한 배제 등 도시건축 통합계획으로 창의적인 도시경관을 조성할 예정이다. 더불어 신도시의 방향을 친환경, 교통, 육아환경, 일자리, 거주환경 등으로 설정했다. 지하철 신설역

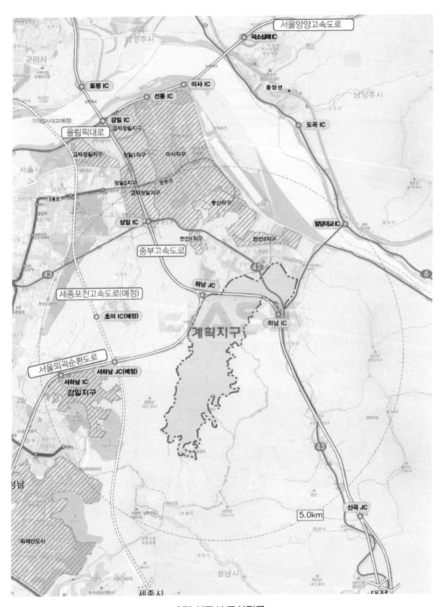

3기 신도시 교산지구

중심으로 사업, 문화, 생활 SOC(사회간접자본)가 집적된 역세권 복합용지를 계획하고 중부고속도로 단절구역을 연결하는 인공 도시공원과 미래형 복합용지를 개발할 계획이다. 중부고속도로 하남 드림휴게소(하남 만남의광장휴게소)를 중심으로 주요 시설을 배치하고 있기 때문에 포인트를 잘 잡아야 한다. 신도시 지정과 함께 3호선 또는 하남 도시철도와의 연장도 예정되어 있다.

교산지구는 북쪽으로 남양주, 동쪽으로 양평, 남쪽으로는 광주와 접해 있고 도시 가운데로 덕풍천이 흐르지만, 중부고속도로와 주요 국도가 도시를 단절하고 있다. 고속도로를 넘어야 하남시청이 보인다. 고속도로 JC는 도시를 단절시키기 때문에 좋지 않으나 고속도로가 있어 인근에 IC는 꼭 필요하다. 물류가 대세인 시대에 서울 인근 IC 부근 토지는 귀하기 때문에 하남 IC 3km 이내를 추천한다.

그러나 전체적으로 골짜기 지형인 점이 아쉽다. 숨어 있는 도시를 연상케 할 정도로 북측을 제외하곤 사방이 막혔다. 비록 도로나 지하철 등으로 연결된다고 한들, 풍수적으로나 다른 여건들을 볼 때 다른 평가가 나올 수도 있다. 산자락 사이로 지나가는 송전선로(고압전선)에도 주의해야 한다. 도심이 형성될 때 송전선로의 지하 이설은 당연시되지만 꼭 그렇게 된다고 볼 수는 없다. 그 예로, 시흥 장현지구에는 아파트가 즐비하지만 송전선은 아직도 그대로 있다.

일산신도시를 위협하는 창릉지구

사업면적: 8,126,948㎡(고양시 덕양구 원흥동, 동산동, 용두동 일원)

사업기간: 2019~2028년

사업시행: 한국토지주택공사

주택계획: 3만 8천 세대(계획인구: 9만 2천 명)

　창릉신도시는 좌측으로 일산신도시와 식사지구가 보이고, 창릉지구 중심으로 북에는 삼송지구와 지축지구가, 남으로는 향동지구와 덕은지구가 자리잡고 있다. 약 250만 평에 약 4만 세대를 공급하는 대단지 개발이 진행되고있다. 창릉지구를 중심으로 원흥, 삼송, 지축, 향동, 덕은 등이 서로 연결되어하나의 큰 크러스트가 완성될 것으로 보인다. 이는 서울과의 접근성과 상징성 등에서 일산신도시를 충분히 위협할 것이다.

　창릉지구가 위치한 고양시는 서울 중심(광화문) 업무지구의 배후지역으로수도권 서북의 핵심 역할을 하는 인구 105만 명의 광역급 도시다. 그중 창릉지구 사업구역 250만 평의 대부분은 현재 개발제한구역으로 약 50%가 농지에 해당되고, 임야와 대지, 잡종지(군부대)로 이용되고 있다.

　그럼 이제 사업구역 인근의 주요 개발지구를 살펴보자. 기존 도심인 화정, 능곡, 행신지구를 비롯해 신도시격에 해당되는 5개의 지구가 창릉을 둘러싸고 있다. 이들 지구의 계획인구는 삼송 6만 6천 명, 원흥 2만 3천 명, 지축 2만 3천 명, 향동 2만 3천 명, 덕은 1만 3천 명으로 총 14만 8천 명이다. 창릉을 포함해 신도시만 총 24만 명에 달하는 거대 크러스트 도시로 완성될 수 있다.

　다음 그림은 창릉신도시의 교통계획이다. 창릉신도시에 GTX-A 노선이관통하고 있으니 정차하지 못할 이유가 없다. 그럼 창릉역은 가능할까? 창릉지구는 용과 이무기의 기로에 서 있다. 머리가 여러 개 달린 용 같기도 하고뱀 같기도 하다. 그런데 하필 GTX-A 노선이 그 목을 치고 간다. 창릉의 미래는 GTX 역 정차에 따라 용이 될 수도 이무기가 될 수도 있다. 개인적으로 창

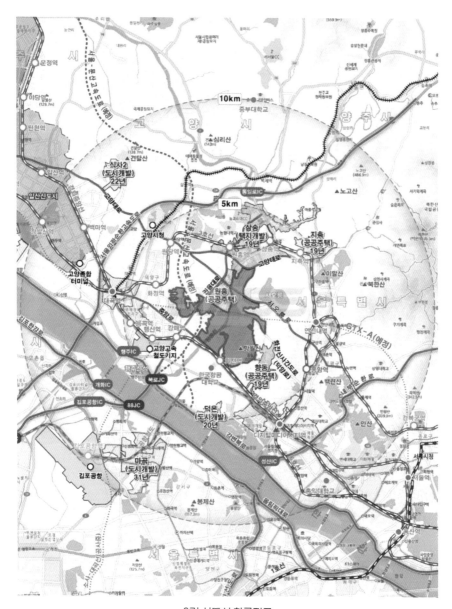

3기 신도시 창릉지구

릉은 용이 될 수 있다고 본다.

창릉지구 좌측으로 서울~문산 고속도로가 지나가고 있다. 사업지구 남측 도로 건너편에는 항공대학교의 수색비행장이 있으며, 창릉지구 안에는 군부대가 있다. 기계화보병 30사단, 일명 필승부대로 알려진 본 군부대는 국방개혁에 따라 기갑여단으로 축소되어 다른 군부대에 통합될 예정이다.

고양시 인구는 현재 105만 명을 넘었다. 창릉지구에 아파트가 공급된다면 인근 아파트 단지와 일산신도시 및 고양시 전역, 서울 서북부 지역에서 많은 인구가 유입될 수 있다. 향후 10년간 120만 명까지 늘어날 수도 있지만, 2030년 이후 국가의 전체 인구가 정체되고 2040년 이후 본격적으로 감소화 추세에 접어들면 고양시 인구 또한 서서히 감소할 것이다.

고양시는 약 10년간 4만 세대가량 공급이 이어질 전망이다. 창릉지구 4만 세대도 계획되어 있어 약 20만 명에 이르는 인구가 고양시로 들어와야 한다. 멸실주택을 제외하더라도 공급량이 상당하기 때문에, 고양시 구도심의 열악한 주거환경을 갖춘 오래된 아파트들은 시간이 지날수록 수요자의 관심에서 멀어질 수밖에 없다.

공생도시 왕숙1지구

사업면적: 8,889,780m²(남양주시 진접읍, 진건읍 일원)

사업기간: 2019~2028년

사업시행: 한국토지주택공사

주택계획: 5만 3천 세대(계획인구: 13만 3천 명)

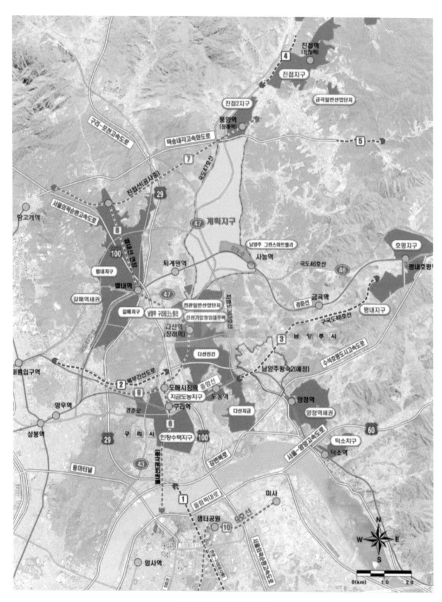

3기 신도시 왕숙1지구

국토교통부는 왕숙지구의 교통대책으로 집에서 도보 10분 이내에 대중교통을 이용할 수 있도록 GTX-B역과 S-BRT 등을 신설하고, 퍼스널 모빌리티(킥보드, 전기자전거, 초소형전기차와 같은 개인이동수단)와 연계한 지구 내 첨단산업단지와 벤처타운을 마련해 출퇴근 시간을 최소화하고 있다. 남양주시는 진접지구에 이어 왕숙지구가 신도시로 지정되었음에도 GTX-B 노선 외엔 뚜렷한 교통대책이 없어 시민들의 교통불편이 급증할 것이란 우려와 함께 지하철이 추가로 연결되어야 한다는 입장이다.

남양주 왕숙지구 공간계획의 주제는 자족기능을 갖추고 주변 도시와 교류하며 성장하는 '공생도시'다. 친환경문화, 사회경제, 비즈니스 복합 개념을 포괄하는 근린생활권에 공원녹지로 연결된다. GTX-B와 S-BRT 정류장 등 교통 핵심거점을 특화구역으로 설정해 교통과 자족, 주거, 공원 등 휴식공간이 어우러지는 특화설계를 제안했다.

왕숙1지구는 별내, 다산, 진접, 호평 등 주요 신도시 가운데 자리 잡고 있다. 왕숙1지구의 토지이용계획을 보면 역세권 중심의 상업지역과 주요 교통축을 바탕으로 주거시설과 공공시설이 배치된다. 대부분의 도시계획에서 보이는 일반적인 형태로, 여기에 녹지축과 경관 등을 고려하고 업무지원 시설이나 자족시설 등을 배치해 상업, 업무, 주거 기능을 복합적으로 이용하고자 한다.

왕숙1지구 북측에는 진접지구, 좌측에는 별내지구, 우측에는 평내호평지구, 남측에는 다산지구가 포진되어 있다. 또한 도시 남측에는 경춘선 사릉역이 위치했으며, 북측에는 4호선 연장선인 진접선 풍양역이 계획되어 있고, 향후 GTX-B 왕숙역도 지나갈 예정이다.

남양주시는 아파트 공급으로 인한 세대수 증가로 인구가 꾸준히 늘어나 전체 인구수가 70만 명을 향하고 있다. 앞으로 10년 후에도 매년 7천~1만 가구 이상 공급될 예정이다. 남양주시 인구만으로는 조금 벅찬 모습도 느껴지지만 교통 호재가 관건일 듯하다. 2026~2027년 기존 신도시의 마무리와 왕숙지구 초기 분양에 1만 4천 세대가 집중되고 있다.

인근에 345kV, 153kV 송전선로가 지나가고 있으나 위치가 조정될 것으로 보인다. 아직 신도시 내 공장지역이 많기 때문에 실제 현장에는 비닐하우스가 많다. 그리고 위로는 금곡산업단지, 아래로는 진관산업단지와 인접해 있다.

서울로의 접근이 유리한 왕숙2지구

사업면적: 2,447,495m²(남양주시 일패동, 이패동 일원)

사업기간: 2019~2028년

사업시행: 한국토지주택공사

주택계획: 1만 3천 세대(계획인구: 3만 2천 명)

왕숙1지구가 워낙 커서 왕숙2지구는 상대적으로 규모가 약해 보인다. 그러나 서울 접근성이 1지구에 비해 유리하기 때문에, 중앙선의 활용도와 신도시의 힘에 따라 도시의 가치가 완전히 다를 수 있다. 왕숙1지구에 경춘선, GTX-B, 9호선 연장이 예정되어 있다면 왕숙2지구에는 경의중앙선과 9호선 연장이 예정되어 있다. 왕숙1, 2지구 주변에도 진접지구, 별내지구, 다산진건지구, 다산지금지구, 인창수택지구, 양정역세권, 호평지구 등 신도시가 즐비하다.

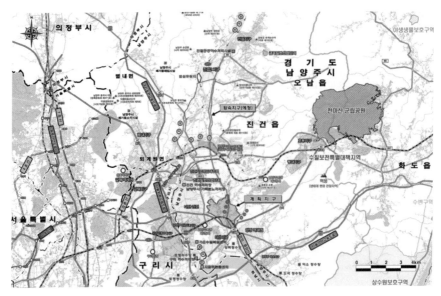

3기 신도시 왕숙2지구

　남양주시 인구는 최근 10년간 수직상승 해 70만 명에 육박한다. 여기에 왕숙지구의 다른 사업지를 더하면 조만간 90만 명까지 이를 수 있다. 소위 100만 도시에 근접해진 것이다.

　왕숙이 이 모든 도시의 중심으로 우뚝 설지 변방으로 자리 잡을지는 지켜봐야 하지만, 결국 도시는 힘이다. 좋은 아파트와 학군, 인프라 구축, 일자리 등이 필요하다. 왕숙이 이 많은 과제를 풀어낼 수 있을지가 관건이다. 또한 왕숙 주변에는 많은 일자리가 필요하다. 베드타운 이미지를 벗어나야 하기 때문에 산업단지 내 대기업, 중견기업의 유치와 투자가 선행되어야 한다.

　왕숙2지구는 경의중앙선에 대한 이해가 필요하다. 경의중앙선을 타고 가장 많은 곳을 갈 수 있는 2호선(왕십리역)에 간다고 가정해보자. 현재 왕숙역(가칭)이 없으므로, 양정역을 기준으로 왕십리까지는 30분이 소요된다. 왕십리역에서 환승해서 목적지까지 가면 된다. 1시간 정도가 걸릴 것 같지만 문제는 열차 운행 횟수다. 출퇴근 시 10분, 평상시 15분으로 다소 아쉽기는 하다. '역 도보시간+대기시간+왕십리역 도달시간+다음 목적지 시간' 등을 고려하면 1시간으로는 부족해 보인다. 역 도보권에 무게를 두어야 하는 이유다.

따라서 왕숙2지구의 가치는 왕숙1지구와 연동해, 경의중앙선 추가 역 설치와 지하철 9호선의 환승 여부, 양정 역세권 개발의 진행상황에 따라 달라진다. 인근에 있는 양정 역세권의 진행과정과 연계하되, 남양주시의 공급 물량에 대한 부담도 고려해야 한다.

김포공항과 인접한 계양지구

사업면적: 3,349,214m²(인천광역시 계양구 귤현동, 동양동, 박촌동 일원)

사업기간: 2019~2028년

사업시행: 한국토지주택공사

주택계획: 1만 7천 세대(계획인구: 3만 7천 명)

인천 계양 테크노밸리 공공주택지구에 대해 알아보자. 인근에 산업단지가 많아서인지 사업지구 이름 자체에 테크노밸리가 들어간다. 사업면적 100만 평에, 약 4만 명에 달하는 1만 7천 세대가 들어온다. 기존 구도심을 제외하고 태아의 모양처럼 지구가 형성되어 있다. 북서쪽으로는 검단신도시, 동쪽으로는 김포공항, 남쪽으로는 부천 구도심이 위치해 있다. 사업지구 인근 북쪽으로는 경인아라뱃길과 인천국제공항고속도로, 공항철도가 있으며 동쪽으로는 부천 대장지구, 서쪽으로는 인천 계양구와 계양산이, 남쪽으로는 경인

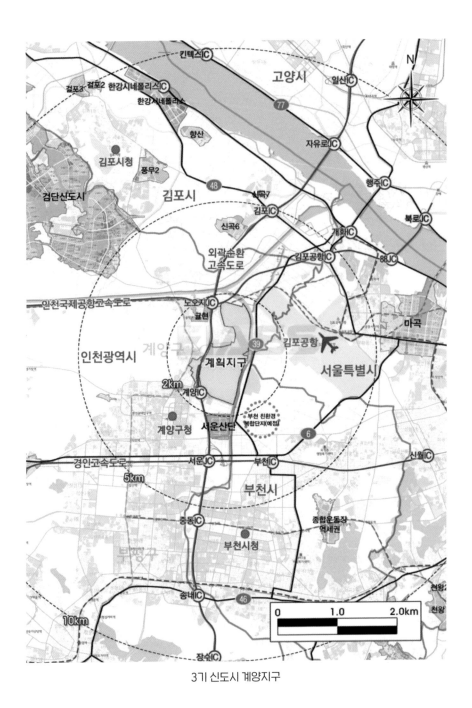

3기 신도시 계양지구

고속도로가 지나간다. 계양지구가 속하는 인천시 계양구의 인구는 33만 명으로, 서울 접근성이 꽤 좋다. 계양지구 등을 고려하면 40만 명까지 지속적으로 늘어날 듯하다.

본 사업은 귤현지구나 동양지구 같은 구도심을 피해 농지와 개발제한구역 부지에 계양지구의 밑그림이 그려졌다. 북쪽으로는 김포공항 고도제한을 고려해서 자족시설용지도 배치했다. 자족시설용지는 신도시나 개발지구의 자족기능을 높이기 위해 도입한 용지를 뜻한다. 업무시설과 상업시설 등을 통칭하는데, 여기서는 구체적인 내용이 확정되지 않아 표기되었다고 볼 수 있다.

김포공항 장애물 제한 표면구역		소음 영향도	
진입표면구역	양방향 수평거리 15km까지, 60~300m 제한	제1종 (95웨클 이상)	• 살기 매우 힘듦 • 아주 시끄러움 • 이주 대상
수평표면구역	반경 4km 이내, 58m 제한 (아파트 15층 높이)	제2종 (90~95웨클)	• 살기 힘듦 • 방음시설 설치지역
원추표면구역	반경 5.1km 이내, 113m 제한	제3종 (75~90웨클)	• 학교 방음시설 설치 의무

계양지구에서 고려해야 할 부분은 김포공항에 인접했다는 점이다. 「공항시설법」과 그 시행규칙에는 공항 활주로와 관련해 높이를 제한하겠다는 내용이 있다. 그래서 계양지구 중 수평표면구역에 해당되는 대부분의 건물은 15층 정도밖에 올리지 못한다. 공항 인근 지역을 투자대상으로 선정하는 건 주의해야 하는 부분이다.

그다음 신경 써야 할 것은 바로 항공소음 영향력이다. 항공기 소음을 측정할 때는 웨클(WECPNL)이란 단위를 쓰고 있다. 단순 소리를 나타는 데시벨(dB)로는 고주파 소음의 측정이 어렵기 때문이다. 「공항소음 방지 및 소음대책

지역 지원에 관한 법률」에 의하면 웨클에 따라 소음 영향도를 구분하고 있다.

공항 인근에 투자하려면 이러한 소음영향도도 살펴보는 게 좋다. 참고로 김포공항 기상대는 비행기 이착륙 때문에 실시간 날씨를 민감하게 관찰하고 있기도 하다.

인천은 인구 300만 명의 광역도시다. 서울의 위성도시로서 송도, 청라 국제도시를 비롯해 GTX 교통망 계획에 따른 이미지가 서서히 올라가고 있다. 서울에 인접한 계양구는 접경지대로서 서울 접근성에는 큰 무게감이 있다. 하지만 공항에 인접한 소음과 진동, 교통망의 부재는 과제거리다.

그렇다면 계양지구에서 눈여겨봐야 할 교통 관련 사항은 무엇일까? 경인고속도로 지하화, 지하철 2호선 연장, BRT 전용신호 여부 등이다. 계양지구의 대중교통편은 아무래도 당장은 불편하다. 이를 위해서 계양과 대장을 잇는 BRT 노선보다 지하철 연결이 시급하다. 청라~홍대선을 비롯해 북측의 인천공항철도 계양테크노역을 신설해야 한다. 더 나아가 자전거나 전동킥보드를 마련해 지하철 접근성을 키울 수도 있다.

계양지구는 인근 마곡 업무지구와 여의도까지 자가용 출퇴근이 가능하기 때문에 입지적으로 괜찮은 곳이다. 한국수출단지(부평), 오정단지(부천) 등이 가깝고 준공업지역이 많은 만큼, 산업단지 소속 직장인들의 거주지로 나쁘지 않다. 사업지구 북측의 자족시설과 새롭게 조성 중인 서운단지를 비롯해 인근에 여러 업무시설 등이 배치되기 때문에 출퇴근 수요는 어느 정도 갈음이 가능하다.

계양지구는 김포공항 활주로에 따른 고도제한과 소음이 주요 쟁점이다. 철도 노선도 풀어야 하는 과제가 많기 때문에 중장기적 관점에서 지켜봐야 한다. 마곡과 여의도 접근성은 상대적으로 좋고, 산업단지 인근이라 지역 자체 수요가 있기 때문에 좋은 주거환경으로 변화할 가능성이 크다. 다만 하수처리나 자원순환센터 같은 생활환경에 대한 대책도 지켜봐야 한다.

미래가치가 큰 대장지구

사업면적: 3,434,660m²(부천시 대장동, 오정동, 원종동, 삼정동 일원)

사업기간: 2020~2029년

사업시행: 한국토지주택공사

주택계획: 2만 세대(계획인구: 4만 7천 명)

대장지구 인근에는 계양지구와 김포공항이 위치한다. 계획지구 주변 산업단지가 즐비하다. 서울 강서구 인근으로 여의도, 영등포, 마곡지구 생활권이다. 주변을 보면 대부분 논밭으로 이루어져 있다. 김포공항 인근은 정주환경이 좋지 않아 제외하고 신발 모양처럼 생긴 본 사업지구만 결정되었다. 기존의 환경기초시설은 멀티 스포츠센터로 재생하고, 좌측 인근은 산업단지와 기업 허브시설로, 가운데 중앙공원 중심은 아파트 단지로 계획 중이다.

김포공항 인근, 보안 등의 이유로 개발제한구역으로 묶인 지 오래되어 아쉬움과 동시에 기대를 받고 있다. 김포공항 관련 소음과 진동, 하수처리장과 자원순환센터로 인한 오염, 악취 등에 관한 부정적 이미지, 대중교통(특히 지하철)에 대한 불편함을 어떻게 풀어갈 것인지가 앞으로의 가치를 결정한다. 이번 계획에서도 소음저감시설 및 상부 덮개 공사 등으로 이미지 개선에 힘쓰고 있는 모습이 보인다.

대장지구는 국도 39호선, 6호선이 통과한다. 횡축으로 경인고속도로와 봉

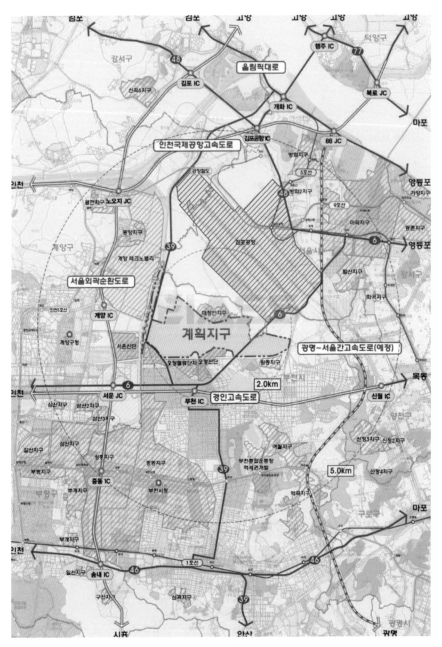

3기 신도시 대장지구

오대로가 지나가는데, 사업이 봉오대로 축으로 경계되었기 때문에 해당 도로에 대한 미래가치가 크다.

대장지구는 인천 계양지구와 묶어서 볼 수 있다. 다만 비행에 대한 부정적 인식은 아쉽다. 사업지구 인근 자원환경시설 등에 대한 주변 환경 변화가 시급한 건 사실이다. 그러나 인근의 산업단지는 전통적 산업군에도 불구하고 호재로 인식할 수 있다. 청라~신도림선을 감안해 봉오대로 축을 노려볼 만하다.

강남 접근성이 우수한 과천지구

사업면적: 1,555,496m²(과천시 과천동, 주암동, 막계동 일원)

사업기간: 2019~2028년

사업시행: 한국토지주택공사

주택계획: 7천 세대(계획인구: 1만 7천 명)

과천지구에서 강남역까지 반경 5km에 해당된다. 접근성은 다른 신도시에 비하면 매우 우수하다. 사업지구 경계에 서초구가 있다. 과천은 이미 준 서초구에 해당한다. 강남3구, 마용성, 판교, 과천으로 이어지는 누구나 꿈꾸는 동네로, 인근에 서초 우면과 서초지구, 과천 주암지구가 있다.

과천은 크게 4개 구역으로 나눌 수 있다. 먼저 주암지구는 임대주택(6천 세대), 과천지구는 공공분양과 임대주택(7천 세대), 기존 아파트 단지는 민간분양(1만 5천 세대), 그리고 과천지식정보타운은 공공분양과 임대주택(8천 세대)으로 이루어져 있다. 과천은 공공주택지구가 많고 임대주택도 많다. 적지 않은 지역이 개발제한구역으로 묶여 농지나 비닐하우스다 보니 택지개발사업 공

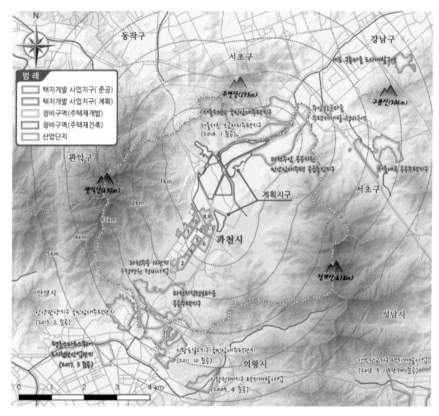

3기 신도시 과천지구

공분양에 앞서는 것이다.

　공공주택지구이지만 과천 제이드자이처럼 메이저 브랜드가 많다. 재건축 단지는 대부분 민간사업으로 결정되고 과천 자체가 입지나 네임밸류가 높은 지역이기 때문에 래미안, 자이, 써밋 등 메이저 브랜드가 들어올 수밖에 없다.

　과천시는 산자락 사이에 도시가 형성되어 있지만, 대부분 아파트 단지로 한때는 고위공직자들이 모여 살던 곳이다. 적은 인구에도 GTX-C 과천역을 끌고 올 수 있었던 이유다. 주변에는 과천대로, 경마공원역, 과천과학관, 양재천 등이 있으며 서초구, 관악구, 안양시, 의왕시, 성남시와 접해 있다.

현재 과천시 인구는 6만 명에 불과하지만 11만 명이 계획되었다. 신도시 개발을 감안하면 8만 명까지는 어렵지 않게 올라갈 수 있다. 과천지식정보타운이 아직 공사 중이고, 민간개발사업과 과천지구도 진행 중이라 역세권이나 상권이 자리 잡으려면 10년은 지나야 될 듯하다.

과천시에는 렛츠런파크, 국립과천과학관, 국립현대미술관, 서울랜드, 서울대공원 등 볼거리와 즐길거리가 많다. 그중 렛츠런파크는 한국마사회가 운영하는 경마장인데 소음과 악취로 민원이 자주 제기된다. 그러나 과천시로서는 지방세의 주 수입원인 마사회를 포기할 수 없는 실정이다. 마사회의 연매출은 8조 원에 달한다. 레저세, 지방교육세, 농어촌특별세 등으로 국가와 지자체에 10% 이상의 세금을 내고 있다.

신안산선의 복병, 장상지구

사업면적: 2,213,319m²(안산시 상록구 장상동, 장하동, 수암동 일원)

사업기간: 2019~2028년

 사업시행: 한국토지주택공사

주택계획: 1만 4천 세대(계획인구: 3만 1천 명)

장상지구를 소개하려면 신안산선을 빼놓을 수 없다. 3기 신도시와 신안산선은 2025년 준공 예정으로 겹치기에 장상지구는 적절한 시기에 탄력을 받을 것으로 예상한다. 장상지구 북쪽에는 광명과 목감, 서쪽에는 시흥 석수골, 동쪽에는 군포 대야미와 금정, 남쪽에는 안산 중심이 있다. 어떻게 보면 중심에 있기도 하고, 어떻게 보면 애매한 지역이기도 하다. 신안산선 노선도상에는 장래(장하)역이라고 표기하고 있으나, 본 사업이 장상지구로 명명된 만큼 향후 장상역으로 불릴 가능성이 크다. 잘하면 급행까지 편성될 가능성도 있다.

북측에는 외곽순환도로, 서측에는 서해안고속도로, 남측에는 영동고속도로, 동측에는 국도 42호선이 위치한 그야말로 도로에 갇힌 도시다. 그래도 면적이 적지 않고 폭이 1km 정도는 되기 때문에, 도심이 형성되어도 매우 답답한 느낌은 들지 않을 듯하다. 다만 도로변에 인접한 아파트 단지들은 조망, 소음 등에서 아쉬울 수도 있다.

인근에 특별한 업무시설이 많지 않기 때문에 서울이나 안산의 배후도시로서 인정받는 것이 매우 중요하다. 토지이용계획을 보면 역 주변이 대부분 상업지다. 지원시설을 적절하게 배치했으나, 지식산업센터 분양만 했다가는 좋지 못할 수도 있다. 메이저 회사가 들어온다면 장상지구의 네임밸류가 전체적으로 올라가기 때문에 안산시가 적극적으로 유치해볼 필요도 있다.

역의 가치를 매길 때 단순히 거리로만 판단하면 안 된다. 지하역이라고 해도 서해안고속도로 좌측은 의미가 적다. 안산JC 남측은 별도의 통합계획이 없다면 다른 사업처럼 느낄 수도 있다. 장상지구는 신안산선 때문에 덕을 본 사업지구로, 1만 4천 세대가 계획되었다. 새로 생기는 신설IC 부근을 체크하되, 안산JC 하단부는 생각하지 말자. 핵심은 장상역과 국도 42호선이다. 장상역 신설을 염두에 두고 국도 42호선에 접한 부지를 눈여겨봐야 한다. 사업지 주변에는 축사 같은 환경오염시설이 위치해 있어 묘한 냄새가 날 수 있다.

안산시는 최근 10년간 신규공급이 많지 않아 인구가 지속적으로 감소했다가 최근 조금씩 다시 증가하는 추세다. 시흥시는 장현지구 덕분에, 화성시는 동탄신도시의 영향으로 꽤 증가했다.

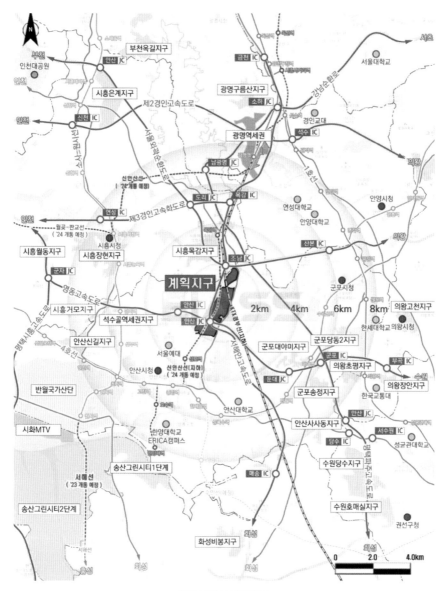

3기 신도시 장상지구

경제 중심 복합도시, 용인플랫폼시티

사업면적: 2,756,853m²(용인시 기흥구 보정동, 마북동, 신갈동 일원)

사업기간: 2020~2028년

사업시행: 경기도시공사, 용인도시공사

주택계획: 1만 1천 세대(계획인구: 2만 6천 명)

용인플랫폼시티는 3기 신도시 사업에는 포함되지 않았지만, 파급력이 크기 때문에 정리해보았다. 플랫폼은 보통 역사의 승강장을 의미하지만 '용인플랫폼시티'에서는 많은 사람이 이용하거나 다양한 목적으로 사용되는 네트워크가 갖춰진 기반을 의미한다. 그 이름에 걸맞게 용인플랫폼시티는 주거용지 외에 첨단산업용지, 상업용지, 공원·녹지 등을 포함한 도시기반용지와 핵심시설 등이 들어서는 복합용지를 계획했다.

GTX 용인역과 분당선 구성역이 교차하는 더블역세권 일대를 복합용지로 분류해 수도권 남부 교통의 핵심거점이 될 복합환승센터를 조성할 예정이다. 복합용지에는 호텔, 컨벤션센터, 문화시설, 복합쇼핑몰을 갖춘 용인플렉스를 조성해 MICE 산업을 육성하고자 한다. 첨단지식산업용지엔 GC녹십자를 존치하고 중앙공원을 따라 IT, BT 중심의 첨단기업과 연구시설을 유치할 계획도 세웠다.

주거용지는 고속도로에서 충분히 떨어져 있다. 게다가 경부고속도로 구성IC를 설치하고, 풍덕천사거리~죽전사거리 구간을 우회하는 지하차도와 신수로·용구대로 지하차도를 건설해 통과 차량으로 인한 정체를 막고자 했다. 또한 경부고속도로 일부 구간을 복개하고 공원과 광장을 조성해 녹지공간으로 활용할 계획이다.

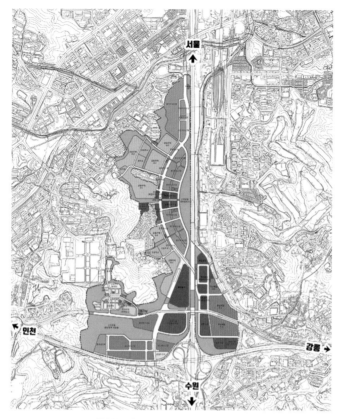

용인플랫폼시티 토지이용계획(안)

　이 일대는 GTX, 지하철, 고속도로가 교차하는 수도권 남부 최적의 교통 요
충지다. 이러한 계획이 차질없이 진행된다면, 용인플랫폼시티는 산학연이 어
우러져 첨단산업의 발전과 상업, 주거, 문화, 복지 등 다양한 활동의 기반이
되는 새로운 용인의 경제 중심 복합신도시로 우뚝 서게 될 것이다.

　용인시는 GTX 용인역, 구성역 중심과 용인시청 중심의 2개의 큰 축을 바
탕으로 인구수 120만 도시를 꿈꾸고 있다. 용인시는 안양, 오산·동탄, 김포,
의정부, 이천, 파주 문산, 화성 남양과 함께 8전략 거점도시로, 남부 동서 축의

발전 축을 기본으로 한다. 경부고속도로와 GTX 용인역(분당선 구성역)을 중심으로 중심 상업지를 배치했다. 지식산업단지를 경부 축에 접하게 배치했고, 현재 아파트 단지와 연계한 공동주택 부지를 계획했다. 구성역 남동측에는 주상복합 부지도 계획했다.

이 지역은 경부고속도로를 축으로 도시가 양분되어 있지만, 이번 사업으로 인해 포은대로(북), 신수로(서), 석성로(남), 용구대로(동) 등으로 이어지는 주간선도로와 구성을 넘어가는 보조간선도로, 녹지축을 보행해 건너갈 수 있는 광장 등으로 양분화된 도시가 연계될 것으로 보인다.

용인플랫폼시티의 핵심은 GTX 용인역과 GTX-A 노선, 특히 삼성역의 진행과정을 지켜봐야 한다. 1만 2천 세대 중소규모의 주택계획은 업무지역 성패에 따라 플랫폼시티 이미지에 영향을 줄 수 있다. 경부고속도로 복개공사, 공원, 광장 등의 계획에 따라 도시의 일원화가 큰 힘을 될 것이다.

3기 신도시 연장노선(안)
지하철 3호선 연장 하남도시철도와 교산지구

2020년 6월, 하남시청에서 열릴 예정이었던 철도 관련 주민설명회 및 전문가 토론회가 감일지구 주민들의 반대로 인해 진행되지 못했다. 감일지구 주민들은 3호선 연장안을 요구했고 하남 교산신도시 광역교통 개선대책인 서울 송파와 하남을 잇는 철도는 3호선 연장으로 가닥이 잡혔다. 3호선 예비타당성 용역과정에서 기존 3호선 연장 외에 잠실까지 직결하는 지하경천철, 잠실까지 이어지는 트램 등 여러 대안이 제안되었지만, 당초 계획대로 3호선 연장으로 사실상 결정되었다.

하남·송파 도시철도는 국가가 아니라 사업시행자인 한국토지주택공사와 지자체가 부담해야 하는 사업이었다. 이는 분양가에 반영되어 실질적으로는 하남 교산 입주예정자들이 부담하게 된다. 3호선으로 가면 국토교통부 입장에선 돈이 나갈 수도 있으니, 교산지구에서 알아서 해주길 바라고 있을 수 있었다. 국토교통부는 하남 교산 입주예정자 및 기존 하남시민의 교통편익, 공공기관 예타, 철도망계획 반영 등 후속 절차의 신속한 추진 가능성을 종합적으로 고려해 주민과 전문가 의견을 충분히 수렴한 후 결정한다고 발표하기도 했다. 국토교통부는 적극적으로 사업에 뛰어들 생각이 없었던 것으로 경기도청과 수용성(수원, 용인, 성남) 국회의원의 입김까지 정치적인 부분도 배제할 수 없었다.

당시 진행되었던 내용을 살펴보자.

노선 검토안 1안은 3호선 연장이다. '3호선 오금역-감일지구 통과-교산지구-하남시청역'까지 이어지는 노선이다. 광역철도사업으로 진행되면 국가가 예산의 70%까지 부담할 수 있다. 3호선 연장노선은 중량전철 10분, 공사비 1조 4천억 원, 연간 209억 원 손실 등 단점을 부각하고 있다.

2안은 하남도시철도(지하 경전철) 사업이다. '잠실역~송파나루역~오금역~(오류사거리)~감일역~교산1, 2, 3~하남시청역'으로 장점을 부각하며 대량수송이 가능하고 3호선 직결로 도심에 접근한다고 말하고 있다. 전문가가 검토했다는 식으로 표현하기 때문에 3호선을 연장하면 매년 209억 원에 이르는 적자가 날 수도 있으니까 경전철이 경제성도 높고 합리적인 사업이라고 말하고 있다. 통상 추진하는 대안의 장점은 부각시키며 단점은 약하게 표현한다. 운영비 손실과 장단점을 통해 도시철도(경전철)가 타당함을 강조하고 있다.

국토교통부는 철도 예산을 가급적 진행하지 않으면서 수용성 정치권의 눈

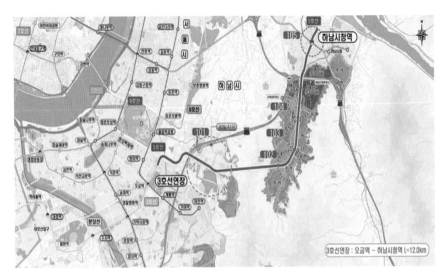

지하철 3호선 연장노선

치를 봐야 했다. 수용성 3호선 연장에도 수서차량기지 이전과 3호선 지선 관련 문제도 쉬운 부분은 아니다. 고민거리는 많지만 교산지구를 생각해보면 국토교통부가 나서서 3호선을 연장할 이유가 없어 보인다. 혹시나 3호선 수서차량기지를 하남으로 들고 가겠다는 의견이 나오면 서울시를 끼고, 전향적으로 검토해보지 않을까 하는 생각이다. 하남시는 주민을 볼모로 국토교통부를 압박하고 있다. 국토교통부는 전문성을 가장해 한발 빠지려는 의도가 보이며, 정치인은 본인이 유치했다는 치적을 통해 오랫동안 의원직을 유지하려는 '밀당'이 시작되고 있다. 밀당이 어떻게 되든 결론은 어느 정도 정해져 있다.

교산에 들어가지 못할 거라면 잠실역이나 송파나루역은 상대적으로 의미가 적다. 오히려 오금, 오륜사거리, 감일, 하남시청역, 중부고속도로 만남의 광장 주변 등을 살펴봐야 한다.

지하철 9호선 연장 왕숙 구간

3기 신도시 남양주 왕숙지구의 지하철 추가 연결은 4차 국가철도망 구축 계획에 담길 예정이다. 국토교통부는 남양주 왕숙지구의 지하철 노선이 추가 연결된다고 발표했고, 지역구의원(남양주 을)이 국토교통부 장관과의 긴급회동에서 지하철 9호선의 진접·왕숙지구 연결을 추진한다는 약속을 받았다고 밝히기도 하면서, 9호선 왕숙지구에 대한 이야기가 본격화되었다.

과연 언제쯤 진짜 다닐 수 있을지, 언제 될 것인지, 어디로 갈 것인지 기대가 크다. 실제로 왕숙지구까지 9호선이 연결되어 이용하려면 2035년까지 봐야 할 수도 있다. 남양주의 의지만으로는 이뤄질 수 없는 사업으로, 서울시 9호선 4단계 구간, 하남시 통과 구간과 다산신도시와 왕숙지구와 연계 검토가 필요하기 때문이다. 3기 신도시의 핵심과제로 경제살리기와 연계해서 진행될 것이다.

그러나 철도사업은 결코 쉽지 않다. 쟁점들을 감안하면 다소 먼 이야기가 될 수 있다. 지하철 9호선 4단계 사업을 다시 보자. 4단계 구간도 4.2km를 공사하는 데 빨라야 2028년이다. 같이 진행하면 되지 않겠느냐 하지만 현실은 그렇지 않다. 결정권자가 나서지 않는다면 순차적으로 진행될 가능성이 크다. 4단계 구간이 완료되어야 하남이든 왕숙이든 진행이 가능하다는 결론이 나온다.

간다면 어디로 갈 것인가? 본 사업은 서울시를 벗어나는 순간, 광역철도사업으로 구분된다. 광역철도사업은 최대 70%까지 국가재정 지원이 가능하다. 경춘선 왕숙1지구까지 노선을 연결해보면 4단계 구간을 제외하고 약 15km 정도 연장될 것으로 예상된다. 지하철 9호선 3단계 구간이 1km당 약 1,400억 원 정도의 사업비가 들어갔다고 전해진다. 노선이 전구간 지하화될지(일부 구간은 불가피하게 지상철이 될 것 같지만) 봐야겠으나 대략 2조 원가량의 사업비가 필요하다. 30%의 비중을 따져보면 6천억 원 이상을 지자체가 확보하면 된다. 이에 광역교통분담금을 활용하거나 민간사업으로 돌리는 등 여러 방법이 나온다. 문제는 이러한 과정에서 이해관계가 복잡해 협의가 쉽지 않다는 것이다. 남양주시는 돈을 적게 내고 진행하고 싶겠지만, 국토교통부 및 서울시, 하남시의 셈법은 다를 수 있다.

그렇다면 어떤 예상이 가능할까? 노선에 대한 예측은 기본적으로 도로를 따라 선형을 잡는다. 사유지 침범을 최소화해야 민원이나 용지보상 비용 등이 줄기 때문이다. 도로는 대부분 국가나 지자체 소유가 많다. 다음으로 선형의 축대는 여객 수요가 많아야 한다. 환승이 유리하고 상업지역같이 집결하는 위치여야 한다. 또한 지자체의 요구 및 개발계획을 봐야 한다. 노선은 직선이어야 하고 짧아야 한다. 사유지를 최소화하고 주요시설을 비껴가야 한다.

그리고 서울 지하철 9호선 4단계 구간을 지나야 한다. 이후 하남 미사 구간을 버릴 수 없으니 한강을 건넌다. 구리시와는 다소 거리가 있다. 다산 지금지구 남측을 통과하고 남양주시청에는 서야 한다. 지금지구 북측으로 갈 수도 있지만 왕숙2지구를 버릴 수도 없다. 그래서 우회해서 간다(중앙선 환승). 이후 다시 다산 진건지구로 돌아간다. 이후 왕숙1지구(경춘선, GTX-B 노선)로 연결된다. 왕숙1지구 북측까지 지켜갈지는 좀 더 지켜봐야 한다. 지하철 9호선 왕숙TF팀을 만들어 다자간 논의가 된다면 금상첨화지만 현실은 녹록지 않다. '4단계 종점~하남 미사~다산 지금~왕숙2지구~다산 진건~왕숙1지구' 노선이 예상된다.

부동산 시장은 다를 수 있다. 부동산 경기 상승장에서는 작은 호재에도 시장이 반응하기 때문이다. 결국 타이밍을 잘 잡거나 장기적인 안목에서 바라봐야 한다. 왕숙지구와 더불어 다산 지금지구, 진건지구도 혜택을 볼 수 있다. 9호선 역세권이 될 수 있는 아파트를 보면 한화 꿈에그린 아파트 6년 차 1,008세대 34평 7억 원, 다산 에일린의뜰 2년 차 759세대 34평 8억 원, 현재는 8호선 연장으로 인해 다산 진건지구와 비슷한 가격이지만, 9호선이 들어오면 서울 접근성도 좋은 지금지구가 부동산 가격을 주도할 수 있다.

청라~신도림선,계양·대장지구

대장지구에서 눈여겨봐야 할 노선은 원종~홍대선이다. 이 노선은 기본적으로 서울 지하철 2호선과 연결되기 때문에 목적지에 한 번만 환승해도 많은 지역을 갈 수 있다. 대곡~소사선의 아쉬움이 서울을 지나쳐 남북으로 종단하는 점이다. 아직 계획에 불과하지만 대장지구와 맞물려 청라까지 연결될 수도 있다. 봉오대로 하부로 통과할 가능성이 크기 때문에 잘 눈여겨봐야 한다.

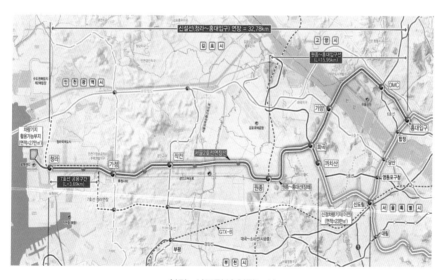

청라~신도림선 연장노선

부천시의 인구는 약 90만 명에 근접하다. 서울 경계에 있기 때문에 접근성은 좋으나 대중교통은 다소 불편하다. 주택수 30만 호 중 아파트는 14만 호로 아직 50%가 채 안 된다. 청라~홍대선은 아직 구상단계에 불과하다. 청라신도시가 자리를 잡고, 많은 인구가 유입되면 그만큼 힘을 받을 수 있다.

청라~신도림선 연장사업과 연관해서 보면 봉오대로가 중심 축이다. 이후 원종사거리로 연결될 수 있다. 화곡역에서는 노선이 혼용으로 운영될지, 병행해서 운영될지 지켜봐야 한다. 혼용이라 함은 지하철 5호선 강동역에서 갈라지는 것처럼, 청라에서 출발해 홍대입구행과 신도림행으로 나눠서 운행한다는 의미다. 병행한다는 의미는 본선은 홍대입구로 가고, 현재 2호선 지선처럼 화곡~신도림 구간은 셔틀로 가는 방법이다. 경우에 따라 노선 주변 부동산에 영향을 줄 수 있다.

위례~과천선, 과천지구

서울시에서 당초 제안한 노선은 16.5km에 이르는 과천~위례선이다. 이에 과천시가 추가로 과천종합청사역까지 연결하는 20km짜리 노선을 제안했다. 과천시에서 발표한 광역교통개선대책(안)에는 경마공원역에서 GTX 과천역까지 연계하는 노선을 검토한 것이다.

과천 과천지구는 강남 접근성이 우수하고 네임밸류가 높다. 7천 세대급으로 3기 신도시 중에는 규모가 작은 편이어서 다소 아쉬운 부분도 있다. 신도시는 질도 좋지만 양도 어느정도 필요하기 때문이다. 시간이 다소 걸릴 수는 있으나 과천~위례선 이슈를 타고 가야 한다.

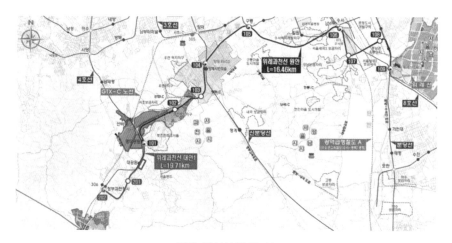

위례~과천선 연장노선

새로운 국토정책을 이끌어갈
제5차 국토종합계획

　　제5차 국토종합계획은 인구구조 변화, 4차 산업혁명, 기후 변화 등 국토정책에 중대한 영향을 미치는 새로운 메가트렌드와 균형 발전, 남북관계 변화 등 여건 변화에 대응할 수 있는 국토비전 전략을 제시하고 있다. 2019년 제5차 국토종합계획 시안을 마련하고, 2020년 12월 계획을 공표했다. 제5차 국토종합계획 수립배경은 제4차 국토종합계획 및 관련 지역계획의 만료시기가 도래했기 때문이다.

　　「국토의 계획 및 이용에 관한 법률」에 따르면 국토종합계획은 20년 단위로 수립하게 되어 있다. 2040년까지 내다보고 관련 부문 지역계획의 가이드라인으로 작동할 수 있도록 최상위 계획을 수립하는 것이다. 1인당 국민총소득 3만 불, 저성장 시대에 대한민국이 풀어가야 할 해법은 무엇인지 고민해봐야 한다. 먼저 국토종합계획을 더 자세히 살펴보자.

　　국토종합계획은 「대한민국헌법」과 「국토기본법」 제6조에 근거한 최상위 국가 공간계획으로서 국토 전역을 대상으로 장기적인 발전방향을 제시한다. 1972~1981년 제1차 국토종합개발계획, 1982~1991년 제2차 국토종

장래인구전망: 총인구 및 인구성장률

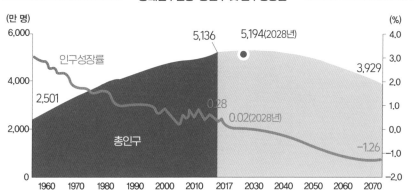

생산가능인구 연령구조 전망

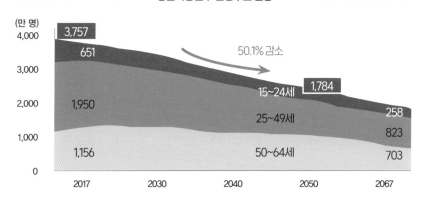

연령별 인구 구성비 전망

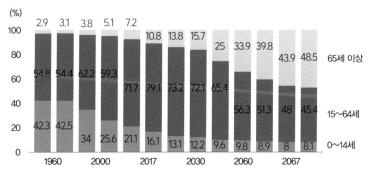

자료: 통계청

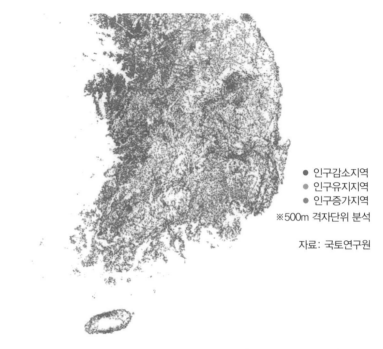

● 인구감소지역
● 인구유지지역
● 인구증가지역
※500m 격자단위 분석

자료: 국토연구원

합개발계획(1987~1991년 수정계획), 1992~2001년 제3차 국토종합개발계획, 2000~2020년 제4차 국토종합계획(2006~2020년, 2011~2020년 수정계획)에 이어 2020~2040년 제5차 국토종합계획이 실행될 예정이다.

저출산과 고령화로 인해 2040년에는 인구가 감소하는 거주지역이 전 국토의 52.9%에 이를 전망이다. 무거주·과소 지역은 현재보다 5%p 증가할 것으로 전망하며, 국토 공간에 천공(穿孔) 현상이 발생할 것으로 예상한다.

인구 전망을 보면 2030년 전후로 인구수가 서서히 감소하고 2040년 이후에는 본격적인 감소세로 돌아선다. 인구감소와 더불어 고령시대를 맞이하게 된다. 지방은 일부 광역시를 제외하고는 벌써부터 위기감이 돌고 있다. 경제성장률이 높았던 1980~1990년대 이후, 많은 건물이 신축되었는데 이제 그런

건물의 노후화가 심각해지고 있다. 10년 후에는 전 국토의 1/3이 노후시설물 (31년 이상 된 건물)로 구분된다. 삶의 만족도와 쾌적한 도시생활을 선호하고, 저출산 등의 이유로 미세먼지나 유해물질에 대한 인식이 사회문제로까지 대두되고 있다. 또한 지구온난화로 인한 지진, 태풍 등 기상 이변 현상이 자주 발생하면서 위기상황에 대한 안전문제까지 고민하게 되었다.

SNS의 발달과 애플리케이션 기반 소통이 모든 생활영역에 깊숙이 들어왔다. 이에 사물인터넷이 본격적으로 적용되면서 새로운 도시생활을 접하며 살게 된다. 제4차와 제5차 국토종합계획을 비교해보자. 먼저 포용, 상생 등 분권형 국토계획이 눈에 띈다.

주요 전략을 짚어보자. 제5차 국토종합계획에서는 혁신도시를 중심으로 지역 개편을 다시금 진행한다. 1일 생활권이 가능한 X축 철도망과 해안가를 중심으로 순환형 교통망 계획이 잡혀 있다. 미래 한반도를 위한 남북한 교통 인프라 연결사업 및 현대화사업도 주요 전략이다. 다만 남북 관련 사업은 국제 정세에 따라 실제로 진행되지 못하거나 더디게 진행될 수 있다.

각 지역별 현황과 문제점, 주요 이슈들을 제5차 국토종합계획과 연관해 살펴보자. 먼저 수도권이다. 서울특별시는 2030 서울도시기본계획, 2040 서울플랜, 3도심 7광역 12지역 중심의 생활권계획을 중심으로 미래 서울을 그리고 있다. 경기도는 주민등록 인구가 1,300만 명으로 서울보다 많다. 10년간은 더 증가할 추세로 보이는데, 1기 신도시를 비롯해 일부 도시는 베드타운 성격으로 한정된 역할만 하고 있어 교통이 불편한 30년 이상 노후된 소규모 단지의 아파트는 사회적 문제가 야기될 수도 있다. 경기도는 GTX가 핵심이다. 노선계획과 실제 운행에는 차이가 있겠지만, 기본적으로 30분 이내의 서울 접근성을 고려해 하나씩 진행될 것이다.

전략적 네트워크 교통체계 구축·관리 강화

- 국가간선망(7×9+6R)의 지속 추진으로 네트워크 국토 완성
- 도로, 철도망의 단절구간 연결 및 보완 강화
- 공항과 항만의 스마트화·그린화로 국제 경쟁력 확보

대도시권 광역·순환형 교통망 구축과 연계·환승 원활화

- GTX, 도시철도, 광역도로, 철도 등으로 대도시권 교통혼잡 개선
- 교통인프라의 입체화·복합화, 교통수단 간 환승·연계 효율화
  - MaaS*를 활용한 융합 교통체계 구축 및 이용자 편의 증진
  *Mobility as a Service: 자동차 공유 서비스, 타 교통수단 서비스와의 통합 등을 통해 목적지까지 중간에 끊김 없이 편리하고 빠른 서비스 제공

교통·물류거점과 지역발전 연계로 가치 극대화

- KTX, 공항, 항만 등 배후지역 개발, 다기능서비스 거점 육성
  - KTX, 공항 기반 경제권 및 복합도시 육성, 교통시설 지하화와 연계한 공간 조성

MaaS 개념도

통합 제공
- 최적 교통수단 추천
- 교통수단 예약
- 이용료 통합 결제

자동차 택시

자전거

기차

항공

항만

그다음은 인천광역시다. 인천은 구도시와 신도시의 괴리감이 발생할 수 있다. 송도, 청라, 영종, 검단, 계양 등 끊임없이 신도시가 개발되고 있는 데 반해 구도심의 개발은 한계가 있다. 따라서 신도시가 건설될수록 구도심의 문제는 더욱 부각되고 도시재생도 한정적일 확률이 높다. 현재 역세권 위주로 개발을 진행 중이며, GTX-B 노선을 비롯해 서울 지하철 7호선, 5호선 (한강선) 등을 잘 활용해야 한다.

초고령사회에 진입한 강원도를 분석해보자. 현재 기세로 보면 10년 후에는 총인구의 30%, 20년 후에는 40%가 노인인구일 것으로 전망된다. 고속도로와 원주~강릉 노선이 개통되었음에도 불구하고, 관광은 주말에 한정되었

고 실제 거주에는 한계가 있다. 일부 도시는 소멸 위기 수준이다. 원주, 춘천을 제외하고는 대부분의 도시 인구가 감소할 것으로 보인다. 강원도는 북한과의 경계 및 국립공원 등 때문에 토지이용규제가 많은 점도 문제라, 글로벌 관광지로 거듭나도록 관광자원 활용이 우선되어야 한다.

중부권 도시를 알아보자. 대전광역시는 총인구 150만 명으로 다른 도시에 비해 젊은 편이다. 세종시로 인구가 많이 빠져나갔지만, 여러 연구기관과 과학인프라를 중심으로 다시금 도약하고 있다. 인접한 세종, 청주와 함께 국가의 중심 역할을 하고 있다. 세종특별시는 인구 33만 명의 행정복합도시다. 아직 도시계획이 진행 중이라 앞으로도 인구는 더 유입될 것이다. 서울, 경기를 비롯해 인근 대전, 청주에서도 유입되기 때문에 50만 명 내외가 될 때까지 주변 지역의 진통이 예상된다. 그 옆에 위치한 충청북도는 강호축을 여는 오송역이 가장 눈에 띈다. 서울, 수도권, 광역시를 제외한 전국의 여러 도시가 인구감소에 따른 소멸 위기에 놓여 있다. 인구감소 시대에 충청남도의 공간구조를 눈여겨보면 천안, 아산 등과 같이 역세권을 중심으로 아파트 단지가 생기며 인구가 밀집되는 경향을 볼 수 있다.

이제 부산과 대구를 정리해보겠다. 먼저 부산광역시다. KTX 부전역 설치 등 복합환승역 개발과 경부선의 효율적인 열차 운행, 도심단절 해소를 위해 경부선 지하화 등 철도재생을 계획하고 있다. 한편 부산 위쪽에 위치한 대구광역시는 인구 250만 명의 도시로, 서울과 부산의 교두보 역할을 하고 있다. KTX 및 국제공항 등 고속교통망과 대구선, 도시철도 등 다양한 철도 노선과 자족시설을 중심으로 거점도시로 자리 잡고 있다. 그러나 고령화가 다른 광역시보다 빠르게 진행되고 인구감소가 지속되는 만큼 대비가 필요해 보인다.

전라도의 유일한 광역시인 광주광역시는 인구 150만 명으로 문화 중심의

콘텐츠와 광역교통망, 친환경자동차 기지로 거듭날 수 있다고 본다. 전라북도는 새만금 사업을 중심으로 농생명과학단지와 글로벌 도시로 나아가고 있다. 한반도 가장 남쪽에 위치한 전라남도는 전국 인구가 지속적으로 증가한 것에 반해 인구가 계속 줄어들었다. 전국 대부분의 섬이 전남에 모여 있기에, 글로벌 관광자원으로 활용할 수 있다는 장점이 있다. 우주항공과 남해안 섬 지역을 활용한 해양 관광자원도 미래가치가 풍부하다.

마지막으로 대한민국의 유일한 특별자치도인 제주특별자치도다. 최근 몇 년간 지속적으로 성장해왔으며 국제자유도시로서 세계적인 청정환경을 지속해가며 관광자원을 잘 활용한다면 성장은 따놓은 당상이다.

전국을 대상으로 투자지역을 선정할 때 유의해야 할 다섯 가지 포인트다. 위에서 다룬 각 지역별 현황과 특성을 연계해 실전에서 활용해보자.

1. KTX 국토의 X축 개발의 중심, 오송역을 우선적으로 볼 것

2. GTX 수도권 광역 중심, 3기 신도시와 연계해서 볼 것

3. 중앙선, 서해선/장항선의 급행역(거점역)을 볼 것

4. 남북교류 연계노선을 볼 것

5. 도시 트램 가능성을 볼 것

제1~3차
국가철도망 구축계획

2006~2015년 제1차 국가철도망 구축계획은 철도 경쟁력의 획기적 제고 비전으로 속도 경쟁력 대폭 향상, 접근성 개선, 안전성·친환경성·쾌적성 향상에 목표를 두었다. 중점과제로는 고속화된 철도망 전국 확충, 수송애로구간 시설 확충, 고속화된 철도 물류망 형성, 철도 중심 연계 교통체계 구축 등을 들 수 있다.

2011~2020년 제2차 국가철도망 구축계획은 철도망을 통해 국토를 통합·다핵·개방형 구조로 재편하고 전국 주요 거점도시를 1시간 30분대로 연결해, 하나의 도시권으로 통합하는 데 목표를 두었다. 중점과제로는 전국 주요 거점도시를 고속 KTX망으로 연결, 대도시권 30분대 광역·급행철도망 구축, 녹색 철도물류체계 구축, 편리한 철도 이용환경 조성 등을 들 수 있다.

제1, 2차 계획에 따라 고속철도는 경부 및 호남축 통행시간이 2시간대로 단축되었고, 일반철도는 복선·전철화로 수송력 및 운행속도가 증가하고 서비스도 개선되었다. 광역철도는 택지지구에 노선 신설 등으로 교통난을 해소하는 데 기여했다는 평가다.

제3차 국가철도망 구축계획 사업 현황(일부)

구분	노선명	사업구간	사업내용	연장(km)	사업비(억 원)
		운영효율성 제고사업			
고속	경부고속선	수색~서울~금천구청	복선전철	30.0	19,170
		평택~오송	2복선전철	47.5	29,419
일반	중앙선	용산~청량리~망우	2복선전철	17.3	13,280
	수서광주선	수서~광주	복선전철	19.2	8,935
	경전선	진주~광양	전철화	57.0	1,524
		광주송정~순천	단선전철	116.5	20,304
		보성~목포	단선전철	82.5	1,702
	장항선	신창~대야	복선전철	121.6	7,927
	동해선	포항~동해	전철화	178.7	2,410
		지역거점 간 고속 연결사업			
일반	어천 연결선	어천역~경부고속선	복선전철	2.4	1,540
	지제 연결선	서정리역~수도권고속선	복선전철	4.7	2,800
	남부내륙선	김천~거제	단선전철	181.6	47,440
	강원선	춘천~속초	단선전철	94.0	19,632
	평택부발선	평택~부발	단선전철	53.8	16,266
		대도시권 교통난 해소사업			
광역	수도권 광역급행철도	송도~청량리	복선전철	48.7	58,319
	수도권 광역급행철도	의정부~금정	복선전철	45.8	30,736
	신분당선	호매실~봉담	복선전철	7.1	6,728
	신분당선서북부 연장	동빙고~삼송	복선전철	21.7	12,119
	원종홍대선	원종~홍대입구	복선전철	16.3	21,664
	위례과천선	복정~경마공원	복선전철	15.2	12,245
	도봉산포천선	도봉산~포천	복선전철	29.0	18,076
	일산선 연장	대화~운정	복선전철	7.6	8,383
	서울 9호선 연장	강일~미사	복선전철	1.4	1,891
	충청권 광역철도 (2단계)	신탄진~조치원	2복선전철	22.5	5,081

2016~2025년 제3차 국가철도망 구축계획은 기존에 추진 중인 고속철도 사업의 적기 완공, 일반철도 고속화를 통해 고속·준고속 철도 서비스의 전국 확대가 목표다. 광역교통체계의 혁신을 위한 광역철도(급행노선 포함)를 구축해 주요 도시에 광역철도 서비스를 제공하고, 비전철과 전철이 혼재되어 있어 전철 운행이 불가능한 주요 간선을 전철화하는 사업을 추진하고자 했다. 산업단지·물류거점을 연결하는 대량수송 철도 물류 네트워크를 구축할 계획이다.

제3차 철도망 계획에 따라 총 70조 원(고속철도 8조 원, 일반철도 38조 원, 광역철도 24조 원)이 필요해 재원 구성을 위해 국비 43조 원, 지방비 3조 원, 민자 등 24조 원 등 다각적으로 검토되었다. 5년이 지난 현재 제3차 국가철도망 대다수 노선은 계획되거나 건설되고 있지만, 아직도 검토 중이거나 진행과정에서 많은 시간이 소요되고 있다. 그러니 계획에 있다고 무작정 투자해서는 안 된다. 철도건설과 관련된 정부 예산은 1년에 5조~6조 원 정도에 불과해 민자사업이 제대로 유치되지 않으면 사업의 진행 자체가 어려울 수 있기 때문이다.

제4차
국가철도망 구축계획

　2020년 6월 국토교통부는 "향후 10년 우리 철도의 나아갈 방향, 국민에게 듣는다"라는 제목의 국가철도망 구축계획 아이디어 공모를 실시했다. 이는 제4차 국가철도망 구축계획(2021~2030년) 수립의 일환으로 2021년 3~6월경에 최종 발표할 것으로 보인다.

　국가철도망 구축계획은 대한민국의 미래 철도망 구현을 위해 10년 단위, 5년 주기로 수립하는 철도 분야의 최상위 법정계획이다. 국가철도망의 비전과 목표, 중장기 철도건설 및 투자계획, 부문별 사업계획 등의 내용이 담겨 있다. 이미 2019년 하반기부터 2020년까지 시도에서 제출받은 건의노선을 검토하고 있으며, 이를 기본으로 정부가 추진하는 노선까지 포함할 예정이다.

　다음의 표는 지역별로 제출한 건의(안)을 바탕으로 눈여겨봐야 할 노선을 선정해본 것이다. 비고란의 ◎ 표시는 유력한 노선, ○ 표시는 가능성 높음, ☆ 표는 다크호스, ※ 표시는 이변, ③ 표시는 3기 신도시 예정지다.

제4차 국가철도망 구축계획 건의(안)

고속철도	사업명	건의시군	비고
1	SRT 파주 연장	파주	
2	광명개성선 고속철도	광명	
3	제2공항철도 (숭의~공항화물청사)	인천	☆

일반철도	사업명	건의시군	비고
1	여주~원주 복선화 및 수도권 전철 연장	여주	◎
2	수도권 내륙선	안성, 화성	
3	교외선 복선전철	양주, 고양, 의정부	○
4	경원선(연천~월정리) 복선전철	연천	○
5	포승 평택선 복선전철	평택	○
6	경강선(삼동~안성) 연장	용인	
7	동탄~부발선 철도건설	화성, 용인, 이천	
8	광주~양평 간 철도건설	양평	
9	용문~홍천간 철도건설	양평	
10	양주~포천~신철원 철도건설	포천	
11	조리금촌선 철도건설	고양, 파주	
12	동탄세교선 철도건설	오산	
13	병점~동탄 철도건설	화성, 용인, 이천	☆
14	신안산선 연장 서해선 직결화	평택	
15	경춘선~분당선 직결화	구리	
16	인천신항선(월곶~인천신항)	인천	○

광역철도	사업명	건의시군	비고
1	GTX-A 평택 연장	평택	○
2	GTX-C 평택 연장	평택	※
3	GTX-C 시흥 연장	시흥	
4	GTX-C 안산 연장	안산	☆
5	GTX-D 노선 (김포~하남)	인천,부천,김포,하남	◎③
6	GTX-D 인천공항 (인천국제공항~하남)	인천	
7	1호선 경원선(덕정역)~옥정 연결	양주, 고양, 의정부	

8	2호선 청라 연장 (청라~신도림)	인천	☆
9	3호선 일산선 연장(대화~운정)	고양	○
10	3호선 하남 연장	하남	◎③
11	4호선 진접선 포천 연장 (진접~포천)	포천	◎
12	5호선 김포 연장 (방화~한강신도시)	인천, 김포	○
13	5호선 연장 (하남~팔당)	양평	○
14	6호선 구리 남양주 연장	구리, 남양주	○
15	8호선 별내선 연장선 (별내~별가람)	남양주	◎
16	8호선 별내선 의정부 연장 (별가람~녹양)	의정부	
17	9호선 하남 연장 (강일~미사)	하남	◎
18	9호선 남양주 연장	남양주	◎③
19	9호선 구리 연장	구리	
20	분당선 연장 (기흥~오산)	오산, 용인, 화성	
21	분당선 지선 (망포~오목천)	수원	
22	신분당선 연장 (호매실~봉담)	화성	○
23	인천2호선 고양 연장 (독정~중산)	인천, 고양, 김포	☆
24	인천2호선 독산 연장 (대공원~독산)	인천, 광명, 시흥	☆
25	인천2호선 안양 연장 (대공원~안양)	안양	
26	제2경인선 철도건설 (청학~광명)	인천, 부천, 시흥	
27	원종~홍대선 대장지구 연장	부천	○③
28	위례~신사선 하남 연장	하남	
29	위례~삼동선 철도건설	성남, 광주	※
30	과천 위례선 철도건설	과천	◎③
31	김포 골드라인 연장	김포	
32	면목선 구리 연장	구리	
33	광명 목동선	광명	
34	고양선 철도건설 (새절~중산)	고양	◎③

새로운 광역교통망 구축, 광역교통 2030

　2019년 10월 31일 정부는 '광역교통 2030'을 발표했다. 앞으로 10년간 대도시권 광역교통의 정책 방향과 광역교통의 미래 모습을 제시하는 기본 구상으로, 광역거점 간 통행시간 30분대로 단축, 통행비용 최대 30% 절감, 환승시간 30% 감소 등의 3대 목표를 제시했다. 그리고 이를 달성하기 위해 세계적 수준의 급행 광역교통망 구축과 버스 환승 편의증진 및 공공성 강화 등 4대 중점 과제를 발표했다.

　특히 수도권 주요 거점을 광역급행철도로 빠르게 연결해 파리, 런던 등 세계적 도시 수준의 광역교통망을 완성할 계획이다. GTX-A 노선, 신안산선은 계획대로 차질없이 준공하고, GTX-B, GTX-C 노선은 조기 착공을 추진 중이다. 급행철도 수혜지역 확대를 위해 서부권 등에 신규노선도 검토할 계획이다. 4호선(과천선) 등 기존 광역철도 노선을 개량해 급행 운행을 실시하고, 인덕원~동탄 등 신설되는 노선도 급행으로 건설해 급행 운행비율을 현재 16%에서 35%까지 2배 이상 확대해나갈 예정이다.

　광역교통 2030은 어디서나 접근 가능한 대도시권 철도 네트워크를 구축하

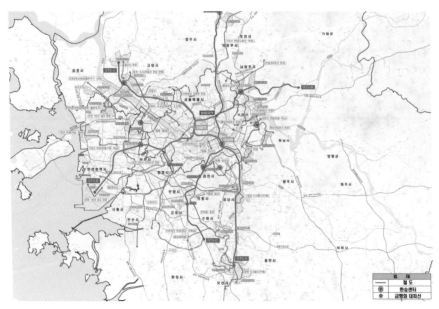

수도권 광역교통 구상도(철도망)

고자 한다. 유기적인 철도 네트워크 구축을 위해 수인분당선, 서해선 등 동서 남북축을 보강하고, 사상~하단선(부산·울산권), 광주 2호선(광주권) 등을 지속적으로 확충해 도시 내 이동성을 높일 계획이다.

광역철도 노선은 큰 차질 없이 진행될 듯하다. 광역시의 경우 수요를 고려해 기존 노선을 적절히 활용해야 하는데, 수도권은 2천만 명의 거대 수요가 있기 때문에 직장과 거주지를 적절하게 연결해줘야 한다. 환승이나 우회 노선보다는 직결과 급행을 우선 검토해야 한다.

광역교통 2030은 트램, 트램-트레인 등 신교통수단을 적극 도입하려 한다. 성남 트램 등 GTX 거점역의 연계 교통수단 및 대전 2호선 트램, 위례신도시 트램 등 지방 대도시와 신도시의 신규 대중교통수단으로 트램을 활용할 계획이다. 도시 내부에서는 트램으로, 외곽지역 이동 시에서는 일반철도로 빠르게 이동해 접근성과 속도 경쟁력을 동시에 갖춘 '트램-트레인'을 검토한다.

대전, 수원, 성남, 위례, 동탄 등의 트램 또한 주목해야 한다. 트램은 지상철인 만큼 차량과의 혼잡을 어떻게 극복할 것인지가 관건이다. 트램은 법상으로 철도에 속하는데, 만 65세 이상 노인은 철도를 무료로 이용할 수 있어서 노인 무임승차 문제도 대두될 수 있다. 개인적으로는 복지와 건강 차원에서 무임승차 제도가 필요하다는 생각이지만 출근시간 제한, 횟수 제한 등의 조치는 필요해 보인다.

광역교통 2030은 네트워크 강화를 통한 도로의 간선기능을 회복하고 주요 간선의 상습정체구간 해소를 위해 대심도 지하도로 신설을 검토하고 있다. 버스의 환승 편의증진 및 공공성 강화를 위해 광역버스를 대폭 확대하고 서비스도 향상할 예정이다. 남양주 왕숙, 인천 계양, 부천 대장 등 3기 신도시에 전용차로, 우선신호체계 적용 등 지하철 시스템을 버스에 도입한 S-BRT를 구축할 계획이다. 개인적으로는 지선끼리 연결하는 BRT는 별 매력이 없다. 서울로 통하는 S-BRT라 할지라도 전용선이 없는 이동은 현재의 M버스 수준에서 크게 벗어나지 못한다. 3기 신도시 건설로 인해, 일부 구역을 제외하고는 수도권의 1기 신도시와 구도심의 쇠퇴가 본격화될 수 있다.

광역교통 2030은 빠르고 편리한 연계, 환승 시스템을 구축하기 위해 환승센터 중심으로 운행체계를 재정비하려 한다. 먼저 환승센터를 도심형(삼성역 등), 회차형(청계산입구역 등), 철도연계형(킨텍스역 등)으로 구축해 광역버스 노선이 연계되도록 개편할 예정이다.

광역교통 2030이 차질 없이 추진되면, 2030년 대도시권의 광역교통 여건은 현재와 비교할 수 없을 정도로 개선될 것으로 기대된다. 그러나 기대와 함

수도권 광역교통 구상도(도로망)

께 우려도 있다. 실제로 역에 아파트 단지가 붙어 있는 경우가 아니라면 GTX 급행열차까지 이동해야 하는 시간만 20분이다. 내려서 직장까지 들어가는 데도 10분을 더 잡아야 한다. 출퇴근 이동수단은 무난해야 하고 경제적으로 도 큰 부담이 없어야 한다. 특정 수요층에게는 분명 대단히 매력적인 노선이 지만, 모두가 좋아하는 보편적인 대중교통과는 거리가 있을 수 있다.

광역교통 2030은 비전 제시 정도로, 예산규모나 구체적인 방안이 나오지 않았다. 정부가 의지를 보여준 것만큼은 분명해 SOC 예산, 특히 철도 예산은 분명히 당분간 늘어나고 지속화될 수 있다. 차기 총선과 대선을 현 정부가 그 대로 이어간다면 그 기조는 더욱 분명할 것이다. 이에 따른 준비도 분명히 해 야 한다. 여기서 '알곡과 쭉정이'를 솎아내는 기술이 필요하다.

대도시권광역교통위원회와 GTX 환승센터

대도시권광역교통위원회(약칭 대광위)는 광역교통계획을 총괄하고, 사업별 지자체 합의를 이끌어내며 효율적인 광역교통 행정체계를 구축할 계획으로 2018년 12월 「대도시권 광역교통 관리에 관한 특별법」 개정에 따라 설립되었다. 신도시 광역교통망 적기 확충, 환승·연계체계 강화, 대중교통 서비스향상 등을 위해 세워진 대광위를 보면 표현만 위원회고, 실질적으로는 국토교통부 여러 부서 중 하나다. 구색을 맞추려고 서포터즈 모집, 갈등위원회 신설 등을 도입하고 있지만 외부위원조차 잘 알려져 있지 않다. 위원들은 대부분 지자체 추천 공무원, 교수가 대부분이고, 국토부와 연이 닿는 사람들로 구성되어 있다. 일반 시민들나 민간단체 등의 참여는 보기가 힘들기에 결국 국토교통부가 하고 싶은 대로 하는데, '위원회'라는 좀 더 그럴싸한 조직을 만들어 홍보한다는 의미가 짙다. '위원회'와 국토교통부 '철도국'의 조직도를 보면 광역교통위원회가 철도와 도로의 여객 중심은 분명한데, 위원회의 역할이 결국 얼굴마담 정도이고, 실질적인 일들은 철도국에서 결정하게 된다. 예를 들면 GTX 환승센터 공모전 등을 통해 국민들에게 관심을 끄는 정도다. 공모에 선정되었다고 하더라도, 실제 설계에서는 전혀 다른 환승센터가 나올 수도 있다.

대광위에 철도 관련 문의를 해도 잘 알지 못한다. 철도국에 문의하면 알아도 이야기해주지 않는다. 그냥 재주껏, 눈치껏 알아야 한다. 한 교수는 "대광위가 광역교통 전반에 대한 명확한 계획권과 예산권이 없으면 실질적이고 일관성 있는 정책을 시행하기 곤란하다."라고 지적한 바 있다. 다른 교수는 "요금 정책이 결부되지 않은 연계 환승 정책은 반쪽짜리가 될 가능성이 크다. 승객들이 다소 번거롭더라도 환승을 하도록 유인하려면 그만큼 요금에서도 혜택이 주어져야만 하는데 대광위의 계획에는 빠져 있다."라고 말하기도 했다.

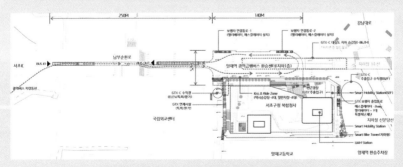

GTX 주요 거점역 환승센터 공모전 최우수작(양재역)

PART 2

대한민국 역세권 투자지도

수도권 광역급행철도(GTX)

대한민국 직장인의 평균 통근시간은 1시간이다(OECD 회원국 평균 통근시간 30분). 주요 업무지역이 강남권, 광화문권, 여의도권 등으로 형성된 것에 반해 주거지역은 서울 외곽과 수도권 신도시에 많이 밀집된 결과다. 젊은 세대 부부들의 아파트 선호 현상과 경제적 부담, 거주환경의 쾌적성 중시 등으로 외곽에 거주하기 때문에 출퇴근 거리와 시간은 길어질 수밖에 없었다.

수도권 광역급행철도(GTX; Great Train Express)가 완공되면 수도권 외곽 신도시에서 서울로의 접근성이 좋아진다. GTX가 동탄역까지 연결되면 성남역에서 10분, 용인역에서 16분, 동탄역에서 23분이면 삼성역까지 출퇴근이 가능하다. 운정역까지 연결되면 킨텍스역에서 서울역까지 기존 60분에서 20분으로 단축되고 삼성역도 25분이면 올 수 있다. GTX 거점역은 업무시설과 상업시설로 밀집되어 있어 역 주변의 수요가 많다. 따라서 통상 20km는 떨어져 있어야 효과적이라고 본다. 그렇기에 수요자의 입장에서는 GTX역까지 이동시간을 최소화해야 한다. 정부 차원에서 GTX 노선 간의 이동시간 최소화 및 일부 할인, 정기권 할인 등 정책적 지원이 마련되어야 한다.

GTX의 핵은 삼성역이다. 상업·업무밀집지역으로 현대자동차의 GB-C(Global Business Center) 개발 등이 산재해 있어, 누구나 오고 싶은 지역이기 때문이다. GTX-C 노선이 계획대로 진행된다면 금정역에서 삼성역까지 기존 50분에서 17분으로 단축될 수 있다. 실제 운행까지는 10년 이상 걸릴 수 있으므로 장기적인 관점에서 바라봐야 한다.

서울역과 청량리역은 삼성역과 의미가 다르다. 이 두 역 주변에는 업무단지가 밀집되어 있지 않다. 서울역 인근 업무단지 밀집지인 광화문과는 거리가 있기에 광화문역 추가 설치에 대한 논의가 나온다. 청량리역은 상업시설

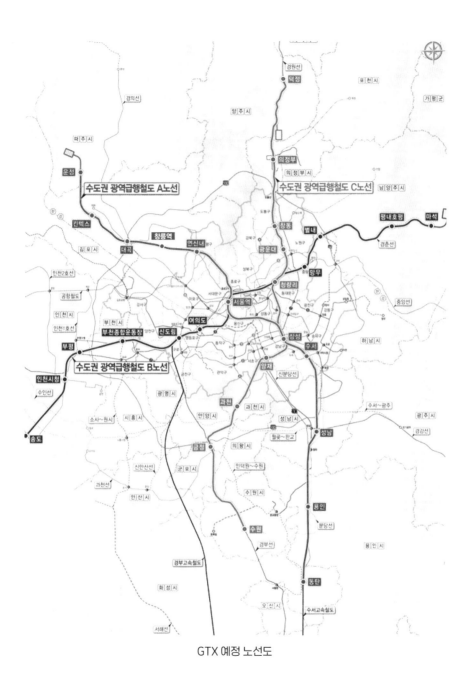

GTX 예정 노선도

155

이 있지만 규모나 대상이 삼성역과는 사뭇 다르다. 또 하나의 공통점은 철도 허브다. 이 역에서 KTX, ITX, 일반열차를 타고 전국을 갈 수 있다. 하지만 서울역과 청량리역까지 오지 않더라도 이용할 수 있는 대체 역들이 계속 늘어나고 있다. 용산역, 수서역 등과 더불어 인천발, 수원발 KTX가 생기면 역 주변 수요를 흡수할 수 있지만, 대안이 많아져 수요가 분산될 수 있다.

차량등급: EMU180~250급 ITX열차

표정속도: 100km 내외

차량편성: 1편성 8량(좌석과 입석을 포함한 6량 적정 인원 1,100명)

배차간격: 출퇴근 시 7분 30초, 평상시 10~15분 내외(운행횟수 120회 내외, 한 방향)

출입구에서 승강장까지 이동시간: 5분 내외(대심도 감안)

예상요금: 기본료 2,700원, 5km당 250원 부과

부동산 시장의 관점은 조금 다를 수 있다. 부동산 하면 '강남3구'가 먼저 나오듯 지역적 상징성을 나타낼 수 있기 때문이다. GTX-A 노선 역들은 부동산 가격이 100% 내외로 상당히 올랐다. 다음으로 GTX-C 노선을 봐야 한다. 삼성역 개발이 본격화되면서 사업속도가 빨라질 수 있기 때문이다. B, D 노선은 오랜 시간이 걸릴 수 있기 때문에 시간을 감안하되, 이슈를 선점하는 방향으로 접근해보자. 실제 운행되기까지 상당히 시일이 걸릴 수 있다.

GTX는 BTO사업으로 진행되고 있다. 이를 운영하는 토건 회사와 금융 회사는 전문가들이다. 공사비는 계속 올라가고 운영비는 적자라며 보존해달라고 요구할 수 있다. 정부는 경제성장률과 국내경기를 감안해 수용할 가능성

이 크다. 결국 애꿎은 시민만 비싼 요금을 지불하며 이용하는 상황이 올 수
도 있다.

수도권 광역전철 22

　1974년 지하철이 처음 등장했을 때 1호선의 길이는 10km가 되질 않았다.
그러나 43년이 지난 현재 1호선의 길이는 200km에 달하고 지하철 하루 이
용객은 400만 명이 넘는다. 2017년 5월 31일 서울 지하철 1~4호선 운영을
맡던 서울메트로와 5~8호선 운영을 맡던 서울도시철도공사가 서울교통공
사로 통합되었다. 서울교통공사는 자본금 21조 원 규모로 15만 명 이상의 인
력을 고용하는 국내 1위의 지방공기업으로서, 지하철 안전운행 강화, 재정 건
전화, 인력구조 정상화 등에 힘쓴다.

표정속도: 40km 내외

적정 인원: 10량 기준 1,600명, 6량 기준 960명

배차간격: 서울 기준 2, 3, 4호선 출퇴근 시 3분, 평상시 5분 내외

출입구에서 승강장까지 이동시간: 2~3분

　수도권 광역전철은 크게 지하철과 경전철로 나눌 수 있다. 수도권 지하철
은 1~8호선을 비롯해 9호선, 인천 1~2호선, 수인분당선, 경의중앙선, 공항
철도, 경춘선, 서해선, 신분당선, 경강선이 있다. 수도권 경전철로는 우이신설
선, 의정부, 김포 골드라인, 용인 에버라인이 있다. 수도권 지하철은 전 국민
의 50%가 이용할 수 있는 노선으로 출퇴근에서 가장 우선하는 교통수단으

로 자리하고 있다.

지하철도 노선마다 이용하는 인구수가 다르고 역마다 사용률에서도 차이가 난다. 특히 2호선은 서울 중심지 대부분을 거치는 노선으로 승객 수가 늘 10위 안에 든다. 이처럼 노선에 대해 이해해둬야 부동산을 매입할 때 역세권의 가치를 매길 수 있고 개발사업에 대한 미래가치를 파악할 수 있다.

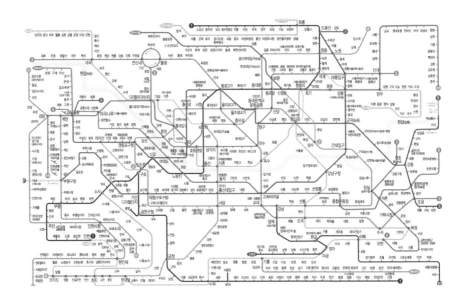

경전철, 단선, 일반열차, 트램 중 뭐라도 운행되면 좋은 것 아니냐고들 말한다. 안 다니는 것보다 백배 나을 수 있지만, 노선이 깔리고 역이 생겼다면 시간이 지나면서 역세권 주변이 바뀌고 이용객이 늘어야 진정한 의미가 있다.

그럼 22개의 노선 중에서 어떤 노선이 좋으며 그 이유는 무엇인가? 현실적으로 미래가치가 높은 노선의 조건을 네 가지로 정리해보면 다음과 같다.

1. 강남3구 또는 주요 업무지구(여의도, 광화문)를 지나가는 노선

2. 1일 편성 수가 100회(1선 기준, 상하선 200회) 이상 되는 노선

3. 1편성 차량이 6량 이상, 승강장은 8량 이상 확보된 노선

4. 정차역이 30개 역 이상, 장래 양 종점부로 확장 가능한 노선

아무리 좋은 역세권 입지를 가지고 있으면 무엇하는가? 태생이 '금수저' 노선이어야 한다. 진정한 골드라인이라면 지금 당장은 역세권의 가치가 떨어져도 언젠가는 빛을 보게 되어 있다.

수도권지하철은 총 22개의 노선에 총 734개 역(환승 포함)이다. 환승역을 1개의 역으로만 보면 634개의 역이 운행되고 있다. 그럼 대표적인 역은 어디인가? 쿼드러플 이상의 역은 총 5개(서울역, 청량리역, 김포공항역, 왕십리역, 공덕역)다. 트리플 역은 총 10개(신도림역, 홍대입구역, 동대문역사문화공원역, 고속터미널역, 종로3가역, 미디어시티역, 상봉역, 회기역, 신설동역, 초지역)다. 더블 역은 총 86개 역이다. 환승을 위해 대부분 이용해봤거나 들어는 봤을 것이다. 그러나 백마, 효자, 어룡, 세종대왕릉, 김유정 등 생소하거나 어색한 단일역도 많다. 626개 역 모두에 대해 별표를 매길 수 있을 정도로 역마다 미래가치와 발전 가능성이 다르다.

역세권은 먼저 노선을 잘 만나야 한다. 그다음은 관할 도시의 몫이다. 현명한 행정가라면 무턱대고 노선만 깔아놓는 것이 아니라, 시간이 걸리더라도 수요를 예측하고 장래를 고려해 역을 선정하고, 역을 선정했다면 역세권 주변에 대한 지구단위계획을 세워 효율적으로 관리해야 한다.

좋은 역세권이 되려면 단독주택과 공동주택만 밀집되어서는 힘들다. 적정한 용도지역이 섞여 있어야 한다. 아니면 개발 가능한 부지가 있거나 준공업지역, 혐오시설이 다른 곳으로 이전할 가능성이 큰 지역이 좋다. 이러한 부지

는 이해관계가 그리 복잡하지 않아 개발 가능성이 높다. 반대로 이해관계가 복잡하면 역세권 청년주택 하나만 지으려고 해도 말이 엄청 많아진다. 이 모든 것의 출발점은 좋은 노선이다.

22개의 노선 중 당신은 어떤 노선을 선택하겠는가?

대한민국 철도

철도는 1970년대까지 국가 중추교통수단으로 핵심역할을 수행해왔지만, 자동차 시대로 재편되면서 교통시장 내에서 분담률이 감소되었다. 1976년 이후 적자경영으로 고착화되다가 1996년 「국유철도의운영에관한특례법」 제정, 2004년 건설과 운영 조직을 분리하고, 2011년 수서발 KTX 철도운송에 민간경쟁 도입을 시도했으나 특혜로 인해 중단되었다. 철도산업에 국가의 투자는 증가했으나 비효율적 운영으로 철도부채가 급증하기도 했다.

국토교통부 철도 정책은 전국 주요 거점을 고속철도망으로 2시간대 이동을 가능케 해 지속적인 도시를 만들고, 광역철도 확충으로 대도시권 안팎을 막힘없이 연결하는 수도권 광역급행철도망을 구축해 통근시간을 단축하고자 한다. 안전한 철도 이용환경을 구축하기 위해 역사에 스크린도어를 설치하고, 곡선 승강장에 접이식 안전발판을 설치하기도 했다.

고속전철이 세상을 바꾸고 있다. 1일 생활권이다. 서울에 살지만, 오전 10시에 부산에서 회의를 진행할 수 있고, 자갈치시장 횟집에서 점심을 먹고 지역조사를 마친 후, 오후 7시에 서울에서 가족과 함께 저녁을 먹을 수 있다. KTX 운행이 전국으로 확대되었기 때문이다.

2016년 말에는 수도권 중심의 SRT 노선의 확대로 서울 강남권과 수도권 남부에서의 이동이 더욱 편리해졌다. 서울~부산 간 철도 여객 수송능력은 3.4배, 화물 수송능력 7.7배 증가했고 고속도로 이용객이 고속철도를 이용함으로써 교통혼잡이 다소 해소되었다. 혁신도시, 기업도시, 산업단지 등의 공공기관과 기업의 지방 이전으로 지방 경제 활성화에 고속철도가 한몫하고 있다.

KTX 경부선, 호남선 열차는 서울, 용산, 광명, 천안, 오송 역에 모두 정차하며 경부선은 대전, 김천구미, 동대구, 신경주, 울산, 부산 역에 정차하고 호남선은 공주, 익산, 정읍, 광주송정 역에 정차한다. 수서고속철도는 호남고속철도 개통과 더불어 고속철도 전용선 확보로 잠재수요를 창출하고 서울 강남권과 수도권 동남부 지역의 고속철도 서비스를 제공하고자 추진되었다. SRT(Super Rapid Train)라고 불리는 이 고속철도의 노선은 수서역, 동탄역, 지제역을 거친 전용노선에서 지제역 이후에 기존 KTX 노선에 합류해 동일하게 운행한다. 수서역에서 부산역까지 2시간 30분이 소요되며, 고속열차는 왕복 120회로 수서~부산 80회, 수서~광주(목포) 간 40회가 운행된다.

경부고속철도 2단계 169.5km 건설

사업기간: 2002~2019년

총 사업비: 7조 8,641억 원

2004년 4월: 경부고속철도 1단계 개통(1단계 총 사업비 12조 7천억 원)

2015년 8월: 경부고속철도 2단계 대전·대구 도심구간 개통

호남고속철도 1단계 249.1km 건설

사업기간: 2006~2018년

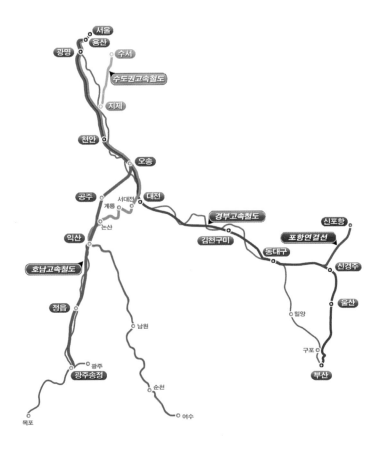

고속철도 약도

총 사업비: 10조 1,339억 원

2009년 11월: 노반 기본 및 실시설계 준공

2015년 4월: 호남고속철도(오송~광주송정 구간) 개통

수서~평택 간 61.1km 고속철도 건설

사업기간: 2008~2017년

총 사업비: 3조 583억 원

2011년 7월: 노반 기본 및 실시설계 준공

2016년 12월: 수서고속철도 개통

앞으로 서울에서 부산까지 최고 시속 400km로 1시간 30분 만에 달리는 차세대 고속열차가 등장할 예정이다. 국토교통부는 최고시속 300km로 달리는 고속철도를 구간별로 시속 350~400km로 더 고속화하는 방안을 추진하고 있다. 현재 최고속도 300km로 운행 중인 KTX와 SRT를 최고속도 400km 열차로 교체하고, 중간 정차역을 줄이거나 없애면 서울~부산은 최대 1시간, 용산~광주는 50분 단축될 수 있다.

수원발 KTX 직결사업으로 기존 노선을 활용해 하루 4회만 대전역까지 운행하던 노선을 경부선 서정리역에서 SRT 지제역까지 4.7km 연장하는 사업이 진행 중이다. KTX 연결망이 없는 인천시에 수인선 어천역에서 KTX선까지 3.5km(단선병렬)를 연결하는 사업도 공사에 들어갔다.

도시철도의 이해

서울 도시철도는 경전철이다. 우선 경전철과 지하철을 비교해보겠다. 경전철의 장점은 위성도시 구간에서 열차운행횟수가 많으며 승강장 내 승객 대기시간이 짧다는 점이다. 또한 해당 도시가 직접 관할해 수요에 최적화된 시스템 선정 비용을 최소화하는 자주적인 운영이 가능하다. 정시성 승하차 이동거리가 짧고, 노인 복지(무임승차) 역할도 하고 있다. 단점은 경계역에서 환승해야 하며, 새로운 노선이라 지역주민이 아니면 잘 모르고 대규모 수요증가 시 대응이 힘들다. 노선연장이 짧고, 역사 규모(역세권)도 적고, 총 통행량도 적다. 차량도 적고, 확장 가능성이나 인지도, 네임밸류도 낮게 느껴진다.

지하철은 경계역에서 환승이 불필요하고 기존 지하철이 구축한 브랜드 파워를 활용할 수 있으며, 향후 수요증가 대응이 유리하다. 단점은 중전철 시스템이라 건설비와 운영비가 많이 필요하고 열차의 수송력이 높은 대신 자주 운행할 수가 없어 승강장 대기시간이 길어질 수 있다는 점이다.

이처럼 경전철은 자주 다니는 것 외에 노선연장이나 역 주변의 발달이 제한적이다. 이슈의 대상으로도 잠시만 언급된다. 경전철의 노선연장을 살펴보면 10~20km 정도에 불과하다. 역 주변의 개발도 한계가 있어, 지하철 연장이 파급력 측면에서는 좋다. 일단 노선이 길어야 네임밸류에서 유리하다.

대부분의 승객은 목적지까지 환승 1번은 기본으로 생각하고 있다. 그런데 경전철을 타게 되는 순간 환승을 2번은 거쳐야 된다. 의정부, 용인 경전철을 비롯해 우이, 김포, 향후 신림선 경전철을 감안해보면 역세권의 가치가 기존 지하철과 상당히 떨어짐을 볼 수 있었다. 단순히 지하철 노선 하나 들어섰다고 가치가 확 올라가는 것은 아니기 때문에 부동산 시장은 폭넓게 봐야 한다. 무조건 더블, 트리플역세권이 중요한 게 아니라, 지역적 네임밸류가 우선되어야 노선적 가치가 힘을 발휘한다. 2호선(지선 제외)의 역이 어설픈 트리플 역보다 좋다는 이야기다.

도시철도사업 중 하나인 트램을 알아보자. 트램은 일반도로 위에 깔린 레일을 주행하는 노면전차다. 이미 유럽, 일본 등 여러 나라에서 활용되고 있다. 그러나 현재 대한민국에서는 사업적으로 이용되고 있지는 않다. 지난 몇 년 동안 친환경적 요소가 부각되면서 트램에 대한 수요가 다시금 고개를 들고 있지만 현실은 녹록지 않다. 일단 대한민국의 지형은 산지가 70% 가까이 되고, 도시면적과 인구, 아파트 중심의 주택 형태 등을 감안해보면 자가용이 교통의 주요 수단이다. 트램은 차량과의 경합이 생길 수밖에 없어서 시민의 이해가 필요하다. 또한 정시성을 확보하려면, 교차로에서 우선 신호를 줘야 트램이 매력적인 사업으로 여겨질 것이다. 단순 교통수단이라면 수요가 있는 정차역에 빨리 도달해야 한다. 자주 오지 않거나 빙글 돌아간다면 이용객이 적을 수밖에 없다. 트램은 교통과 관광, 두 마리 토끼를 잡아야 매력적인데 쉽지 않은 일이다. 그래도 복지적 관점에서 볼 때 이점이 있다. 유모차나 어린이, 노약자가 이용하기 편리하고 현재 도시철도사업에 속해 노인은 무임승차로 이용할 가능성도 있다.

찬반이 뜨거운 주제임에도 불구하고 현재 트램을 추진하고 있는 도시는 전국 20여 곳이다.

STATION
INFLUENCE AREA

CHAPTER 1

서울
옆세권을 노려라,
수도권
광역급행철도

수도권 광역급행철도 1
GTX-A 노선

GTX-A 노선은 80km가 넘는 긴 노선이다. 삼성역을 기준으로 삼성~동탄 선과 운정~삼성선으로 구분할 수 있다.

GTX-A 삼성~동탄 복선전철

노선연장: L=39.5km(전용 9.8km, 공용 29.7km, 정거장 5개소 신설)

사업기간: 2014~2025년

총 사업비: 1조 5,481억 원

GTX-A 운정~삼성 복선전철

노선연장: L=42.6km(정거장 5개소 신설, 차량기지 1개소 신설)

사업기간: 2018~2025년

총 사업비: 2조 7,012억 원

운영기간: GTX-A 노선 전 구간 30년간 운영

※ 창릉역 추가 신설(총 6개 신설)

삼성~동탄선은 수도권 동남부의 부족한 대중교통 시설을 보완하고, 원활한 교통을 위해 도로교통 수요를 효과적으로 분산하기 위한 광역철도망 구축 사업 중 하나다. 최초의 수도권 광역급행철도사업으로 수도권 외곽에서 서울 중심업무지구의 접근성이 좋아지게 된다. 광역급행철도는 쾌적한 주거생활과 도심에서의 업무생활을 연결하는 계기가 될 것이다. 이렇게 서울 접근성이 좋은 외곽지구를 '옆세권(서울 옆+역세권)'이라고 한다. 삼성~동탄선은 약 30km 구간을 수서고속철도(SRT) 노선과 병행해야 한다. 노선 구간의 75% 이상을 동일하게 이용하기 때문에 사업비는 적게 들겠지만, 공용 사용으로 인한 운행의 불편함은 감수해야 한다. 이 구간의 공사비는 국가 재정사업으로 전부 투입된다. 운정~삼성선은 경기도 파주시 연다산동에서 서울시 강남구 삼성동까지 연결되는 노선으로 BTO 방식으로 추진되고 있다.

GTX-A 노선은 당초 2023년 완공을 목표로 추진했지만, 계속 지연되었다. 표면적으로는 문화재와 민원 등의 문제를 내세우지만, GTX의 핵심인 삼성역 개발의 지연에 따라 서두르지 않는 모양새다. GBC(현대사옥) 빌딩을 포함한 복합환승센터 개발은 2027년에나 가능해 보인다.

GTX-A 노선은 서울 도심지를 대심도(지하 40~50m)로 뚫고 지나가기 쉽지 않기 때문에 애로사항이 많다. 급행철도는 속도를 내기 위한 곡선 반경이 크기 때문에 사유지 침범도 많다. 삼성~동탄선은 분당고속화도로와 경부고속도로 지하로 지나가기 때문에 수월했으나 대심도라 할지라도 서울 중심을 뚫고 간다는 것은 문제가 발생할 수 있다.

한편 GTX-A 노선이 진행된다면 GTX-C 노선도 진행될 가능성이 크다. GTX의 핵심역인 삼성역을 경유하면서 복합환승센터의 승강장을 미리 확보해 개발사업의 시너지를 높일 수 있기 때문이다. 열차 수요도 있을 것으로 판

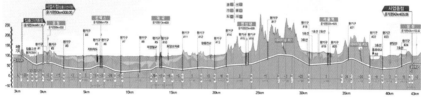

운정~삼성 복선전철 종평면도

단되어 민간개발사업자도 사업성 검토에 적극 나설 것으로 보인다.

이제 GTX-A 노선의 각 역과 역세권을 정리해보고 그 주위 주택의 미래가
치를 매겨보자.

파주의 강남, 운정역

운정역은 2019년 착공을 시작해 2027년 개통이 예상된다. 운정역에서 삼
성역까지는 25~30분 소요되며, GTX 운정역 복합환승센터를 계획하고 있
다. 최근 고양시 덕양구 강매동에서 파주시 문산읍 내포리를 연결하는 서울~
문산고속도로를 개통했다. 서울과 경기도 북서부를 잇는 고속도로의 개통으
로 파주 운정신도시의 접근성이 좋아졌다. 북고양 설문IC가 위치해 보다 편

시/구	동	단지명	거리 (m)	세대수	연식	2017년 (만 원)	2021년 (만 원)	평수	평단가 (만 원)	상승률 (%)
파주	목동	센트럴 푸르지오	640	1,956	4년	40,000	85,000	34	2,647	113
	동패	아이파크	640	3,042	2년	48,000	84,500	34	2,485	76
		우남퍼스트빌	780	600	16년	28,000	56,000	39	1,436	100

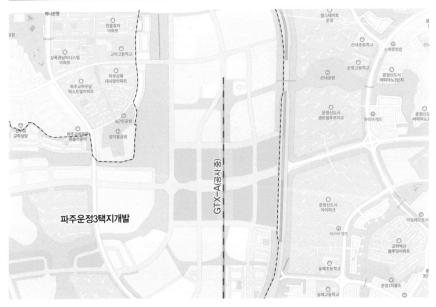

GTX-A 운정역

리하게 수도권 고속도로망 이용이 가능하다. 2021년에는 신도시~설문간 연결도로가 개통할 예정이다.

　운정역세권 신축 아파트는 34평형 기준으로 힐스테이트운정, 센트럴푸르지오운정, 운정신도시아이파크 등이 8~9억 원 선에서 거래되고 있다. 운정역세권 분양 아파트는 전매제한 3년이다. 중흥S클래스와 대방노블랜드, e편한세상운정어반프라임도 유사한 가격대를 이루고 있다. 운정역 도보 가능 아파트는 힐스테이트, 푸르지오, 우남퍼스트빌, 상록 데시앙아파트 정도로 보

파주 운정 3택지개발 부지는 크기에 비해 개발의 속도가 더디다. 주변 아파트 단지들은 역까지 도보권이긴 하나, 택지개발 부지에 비해 다소 거리가 멀다. 택지개발이 본격화되면 파주의 교통 중심은 경의중앙선 운정역에서 GTX 운정역으로 이동할 수밖에 없기 때문에, 택지개발 분양에 많은 관심이 필요하다.

면 된다. 운정역 인근에는 타운하우스인 헤르만하우스02가 있는데, 시세는 19억 원(2021년 1월) 정도다.

제2의 코엑스, 킨텍스역

킨텍스역 인근에는 고양 일산테크노밸리 사업이 진행 중이다. 경기도와 고양시 도시관리공사가 사업시행자로, 차세대 성장을 주도할 증강현실(AR), 가

시/구	동	단지명	거리(m)	세대수	연식	2017년(만 원)	2021년(만 원)	평수	평단가(만 원)	상승률(%)
일산서	대화	킨텍스 꿈에그린	180	1,100	3년차	53,000	139,000	35	3,971	162
	장항	원시티 M2블럭	300	959	2년차	58,000	120,000	35	3,429	107
		원시티 M3블럭	450	782	2년차	56,000	140,000	36	4,000	150

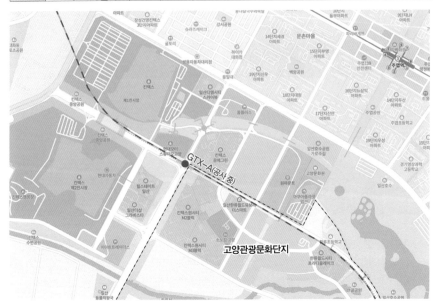

GTX-A 킨텍스역

상현실(VR)산업, ICT 기반 첨단융복합산업, 방송영상 콘텐츠산업을 유치하고 있다. 고양 테크노밸리 프로젝트는 CJ라이브시티, 미디어 테마파크, 아레나 공연장과 방송영상밸리(프로그램 제작사, 기획사) 등을 입주시킬 예정이다.

킨텍스3 전시장과 한류월드(K컬처밸리), 경기도 공공기관(경기관광공사, 경기문화재단, 경기도 평생교육진흥원) 이전 등도 호재로 보고 있다. 인근 고양 장항 공공주택지구는 약 1만 2천 가구가 공급 예정이다. 신축 아파트 힐스테이트 레이크뷰는 11억 원 선에서, 힐스테이트 오피스텔은 7억 3천만~8억 원 선에서,

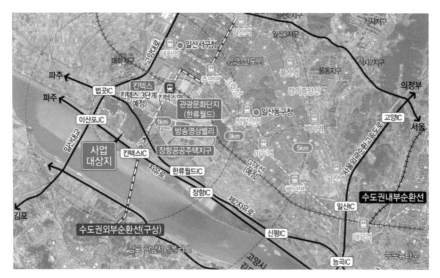

고양 일산테크노밸리

더샵그라비스타 오피스텔은 6억 9천만~7억 5천만 원 선에서 거래되고 있다. 일산 학원가를 중심으로 구축의 가격이 탄탄하게 형성되어 있다.

고양 일산테크노밸리 도시개발사업

사업면적:850,3582m²

사업기간:2019~2023년

사업시행: 경기도, 고양시, 경기도시공사, 고양도시공사

일산테크노밸리는 현재 대부분 농지다. 바로 인근에 킨텍스를 비롯해 장항 공공주택지구, 고양관광문화단지, 고양방송영상밸리, 한류월드 등이 계획되어 있다. 사업부지 중심에 있는 제2자유로는 약 500m 구간을 지하로 연결해 지상공간을 활용해 부지를 일원화할 계획이다. 테크노밸리는 지식기반 서비

스 업종을 기반으로 지역 특성에 맞는 출판, 방송, 창작예술, 여가서비스 산업 등의 유치를 기대하고 있다.

일산테크노밸리는 GTX 킨텍스역에서 약 1.5km 거리로, 도보로 이동하기 쉽지 않다. 별도의 철도계획은 없기 때문에 무엇보다도 접근성 향상을 위한 교통망 확충을 우선시해야 된다. 지식기반시설의 성공을 위해서는 지역을 상징할 수 있는 대기업 유치와 킨텍스 개발의 시너지를 살려야 한다.

고양 철도대명사, 대곡역

고양시 덕양구 대장동 일원이 복합환승센터를 중심으로 첨단지식산업의 중심이 될 전망이다. 고양시는 약 50만 평 이상의 부지에 신도시와 함께 마곡지구와 유사한 업무단지, 연구단지, 문화시설 등을 배치해 자족형 신도시를 만들 계획이다. 대곡역은 3호선과 경의중앙선이 만나는 곳으로 향후 서해선과 GTX-A 노선, 교외선 등이 예정되어 최대의 환승역으로 거듭나게 될 것이다. 현재 주변은 자연녹지지역이고 개발제한구역으로 묶여 있으나 신도시가 건설되면 북서부 최고의 입지가 될 수 있다.

GTX-A 노선의 중심의 있는 대곡역 복합환승센터는 주거, 업무, 숙박, 컨벤션 등의 편의시설을 갖춘 환승센터로 2023년에 착공해 2026년 준공을 목표로 하고 있다. 현재 지하철 3호선과 경의중앙선이 운행되며, 서해선이 연결되면 마곡역까지는 25분, 여의도역까지는 40분 정도면 이동할 수 있다. 이외에 교외선도 추가로 검토될 수 있다. 인근 능곡역은 능곡정비사업을 비롯해 능곡역 주변의 개발제한구역의 향후 개발 가능성을 엿볼 수 있다. 이에 근생용도로 변경 가능한 주택들도 투자대상으로 눈여겨보자.

시구	동	단지명	거리(m)	세대수	연식	2017년(만 원)	2021년(만 원)	평수	평단가(만 원)	상승률(%)
고양덕양	토당	대림2차	720	640	25년	31,000	55,000	32	1,719	77
		두산위브	720	643	1년	61,000	87,000	33	2,636	43
		내안애양우	730	296	16년	31,000	54,000	32	1,688	74

GTX-A 대곡역

서울의 끝이 아닌, 연신내역

연신내역 주변 아파트를 살펴보자. 래미안베라힐즈 12억 원, 힐스테이트녹번 13억 원, 북한산 힐스테이트7차 11억 원, 녹번역e편한세상캐슬 12억 원, 힐스테이트녹번역(2021년 4월) 12억 원 전후로 거래되고 있다. 대조1구역은 재개발 이슈로 많은 관심을 받고 있다. 힐스테이트 메디알레가 예정되어 있으며, 조합원 분양가는 84m² 기준 5억 원 선으로 프리미엄이 4억 원 이상 붙었다. 불광5구역(불광동 238, 244, 272번지 일대, 조합원 1,512명, 2,393세대)은 조합설

GTX-A 연신내역 현장 스케치

연신내역 주변 아파트를 살펴보자. 래미안베라힐즈 12억 원, 힐스테이트녹번 13억 원, 북한산 힐스테이트7차 11억 원, 녹번역e편한세상캐슬 12억 원, 힐스테이트녹번역(2021년 4월) 12억 원 전후로 거래되고 있다. 대조1구역은 재개발 이슈로 많은 관심을 받고 있다. 힐스테이트메디알레가 예정되어 있으며, 조합원 분양가는 84㎡ 기준 5억 원 선으로 프리미엄이 4억 원 이상 붙었다.

립인가 후 건축심의가 진행 중이며 갈현1구역(갈현동 300번지 일대, 조합원 2,678명, 4,116세대)은 사업시행인가 중에 있다. 이곳에는 롯데건설의 '북한산 시그니처 캐슬'이 신축될 예정으로 조합원 분양가는 84m² 5억 6천만 원(프리미엄 4억 원) 정도다.

시/구	동	단지명	거리(m)	세대수	연식	2017년(만 원)	2021년(만 원)	평수	평단가(만 원)	상승률(%)
은평	불광	미성	780	1,342	34년	46,000	93,000	33	3,515	80
		힐스테이트 7차	540	882	11년	62,000	111,000	33	3,364	79

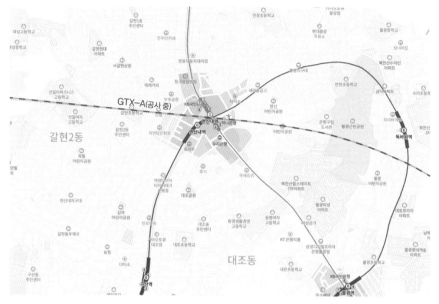

GTX-A 연신내역

철도의 시작, 서울역

서울스퀘어(전 대우빌딩)는 서울역 주변의 랜드마크 중 하나로, 드라마 속 주인공이 서울로 상경할 때 자주 나오던 곳이다. 시대는 빠르게 변한다. 우리는 종종 드라마 주인공처럼 빠르게 변해가는 거리를 멍하니 바라보곤 한다. 서울역 남부역세권 개발에 이어 북부역세권 개발이 진행 중이다. 약 1조 6천 억 원의 초대형 사업으로 한화에서 주관하고 있다. 사업설계자로 덴마크의 건축사 헤닝 라슨이 선정되었으며, 서울시 중구 봉래동2가 일대에 연면적은 36만㎡으로 컨벤션과 상업시설, 호텔, 오피스텔이 계획되어 있다.

시/구	동	단지명	거리 (m)	세대수	연식	2017년 (만 원)	2021년 (만 원)	평수	평단가 (만 원)	상승률 (%)
서울 중	만리	센트럴자이	600	1,341	5년	79,500	158,000	34	4,647	99
	중림	삼성사이버 빌리지	550	792	21년	74,300	134,000	41	3,268	80
	순화	덕수궁 롯데캐슬	900	296	5년	83,700	140,000	33	4,242	67

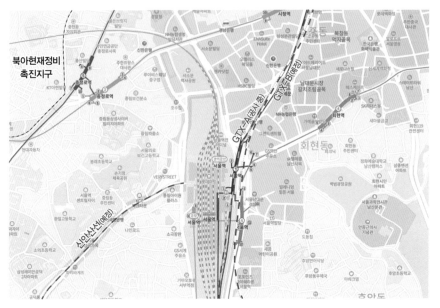

GTX-A 서울역

　서울역 일대는 공원 서울로7017을 통해 남대문시장과의 연계성을 확보하면서 다양한 문화콘텐츠 프로젝트를 진행하고 있다. 또한 중림, 서계, 회현동 일대에도 도시재생활성화사업이 진행되고 있다. 기업 차원의 건설계획도 주목해야 한다. 대형손해보험회사 메리츠화재는 봉래동에 지상 20층 높이의 사옥을 지을 예정이다. 일각에서는 메리츠화재가 공급과잉이 우려되는 여의도 사옥을 매각하고, 역세권 개발에 따른 기대가치를 높게 판단했다고 보고 있다.

서울역 부근에는 동자정비구역과 양동도시환경정비사업, 만리동지구단위
구역, 남대문정비사업 등 변화가 이어질 예정이다. 특히 서울역 북서측 2호선
충정로역 인근에 중림동 재개발도 관심 대상인데, 이 일대는 정비예정구역
으로 지정되어 건축물의 행위제한이 걸린 상태다. 이 지역은 지하철 2호선과
서울역을 모두 이용할 수 있다는 점에서 개발 효과가 크다. 다만 서울역에서
900m 정도 떨어져 있고, 상황에 따라 반대 입장도 있을 수 있다.

대한민국 랜드마크, 삼성역

삼성, 수서, 동탄 역세권 주변은 매머드급 개발이 진행 중이거나 계획 중에
있다. 개발 후 삼성역까지의 이동시간은 동탄역에서는 30분, 용인역에서는
16분, 성남역에서는 10분 내외로 예상된다. ITX급 200km/h 차량이 6~8량
으로 편성될 것으로 보이고 열차운행 간격도 출퇴근 시 7.5분, 평상시 10~
15분을 예상한다.

삼성역 일대 개발은 한마디로 대한민국의 랜드마크와 매머드급 역세권의
결합이다. 서울시에서는 삼성역 복합개발과 관련해 잠실 MICE 산업단지와
삼성동 현대자동차 GBC 개발계획 등 대규모 도시재생사업을 추진 중에 있
다. 또한 삼성~동탄 광역철도 등 6개의 철도계획을 통해 통합개발과 버스에
대한 광역적 대중교통체계를 구축할 예정이다. 통합역사에는 광역급행철도
외에 GTX-A/C, KTX, 위례신사선, 남부광역급행철도 등의 철도 허브를 만
들고 버스환승센터, 도심공항터미널, 상업시설을 조성할 예정이다.

다른 지역에서 추진하는 상당수의 사업이 구상만 화려하지 실제로 기업이

시구	동	단지명	거리 (m)	세대수	연식	2017년 (만 원)	2021년 (만 원)	평수	평단가 (만 원)	상승률 (%)
서울 강남	삼성	현대 아이파크	720	449	18년	300,000	555,000	59	9,407	85
		삼성동 풍림1차	400	252	24년	115,000	190,000	33	5,758	65
		삼성동 풍림2차	475	112	24년	123,000	170,000	33	5,152	38
		래미안 삼성1차	600	358	15년	189,000	325,000	62	5,242	72

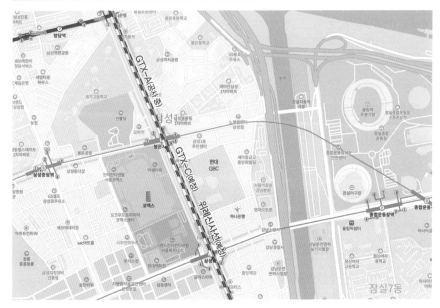

GTX-A 삼성역

들어오거나 투자의 진척이 있거나 높지 않은 데 반해, 삼성역을 필두로 수서에서 판교, 광교, 동탄까지 이어지는 부지에는 상당한 투자가 이어지고 빠른 개발속도를 보이고 있다. 삼성역 일대의 변화가 부동산 시장과 지역발전에 큰 영향을 미칠 것이다. 지금까지 보지 못했던 제2롯데와 같은 거대한 초대형 빌딩과 상업시설, 체육·문화시설 같은 복합시설들이 세워질 수 있고 현대

그룹 사옥을 신호탄으로 다수의 기업들의 참여도 예상된다.

하나씩 자세하게 살펴보자. 삼성역 일대는 대한민국을 대표하는 관광명소가 될 것이다. 서울시와 강남구, 한국무역협회, 현대자동차는 뉴욕 타임스스퀘어와 같은 명소를 만들기 위해 2015년 12월 영동대로 관광명소화 추진 업무협약을 맺었다. 이후 광고자유표시구역을 조성해 무역센터 정문 외벽 및 동측 외벽에 대형 전광판을 위한 미디어월 설치 등 구체적 내용을 협의했다.

서울시는 도시경쟁력 강화를 위해 삼성역에서 잠실종합운동장까지 약 72만m²를 MICE 산업(국제교류복합지구 조성사업)단지로 지정해 2025년까지 조성할 계획이다. MICE 산업은 기업회의(Meeting), 포상관광(Incentives trip), 컨벤션(Convention), 전시박람회와 이벤트(Exhibition&Event)의 약자로, 국제회의와 전시회를 주축으로 하는 고부가가치 미래성장 산업이다. 일자리 창출과 경제적 파급 효과가 뛰어날뿐더러 도시 이미지 제고로 이어져 국제도시로 성장하는 데 큰 역할을 한다.

영동대로 지하에 잠실야구장의 30배의 크기로 지하공간 통합개발 기본 구상안 발표와 더불어 강남의 마지막 노른자위 땅이라고 불리는 서울의료원 약 3만m² 부지가 민간사업자에 매각될 예정이다.

민간사업자의 투자도 이어지고 있다. 현대자동차는 지상 105층, 높이 553m 규모의 통합사옥인 GBC를 건립하려고 진행 중이다(2021년 1월 현대자동차는 경제성과 인허가 과정 등을 이유로 50층짜리 3개 동으로 변경을 검토 중이다). 삼성동에는 이미 GS건설이 시공한 40층 규모의 복합 타워도 운영 중이다. 신세계 프라퍼티는 코엑스몰, 칼트몰 임차운영사업자에 선정되어 스타필드 코엑스몰을 복합쇼핑몰로 운영하고 있다. 인근 송파구 신천역은 지역주민과 직장인, 야구장 관람객 등의 수요층이 확보되면서 지역을 대표하는 상권으로 자리매김하고 있다.

그럼 삼성역에는 SRT가 들어설 수 있을까? 고속철도를 삼성역까지 끌고 오는 것은 쉬운 일이 아니다. 지하 역사에 의한 정거장 배선 한계로 인해 제한적으로 운행될 수밖에 없다. 만약 서울역이 중간역 기능을 한다면 서울역 KTX와의 중복성 때문에 경제적이지 못할 수 있다. 반면에 위례신사선은 이미 공간을 확보해놓은 상태다.

봉은사역 인근 아파트 단지는 현대자동차 부지와 탄천 수변공원, 잠실종합운동장까지 직접 영향권에 드는 구역이다. 33평형 기준으로 봐도 평당 5천만 ~6천만 원으로, 세대수가 많지 않음에도 높은 가격을 유지하고 있는 이유는 지역적 특성과 학군 등으로 평가받기 때문이다.

잠실운동장 건너편 아시아선수촌과 우성아파트도 5년 사이에 2배가 올랐다. 아시아선수촌 아파트는 1,356세대로, 1986년에 지어져 재건축을 준비하고 있다. 185m² 기준 30억 원을 넘었다. 잠실의 대표 아파트 '엘리트(엘스, 리센츠, 트리지움)'도 재건축 아파트다. 아파트는 떠나도 잠실은 못 떠난다는 말도 나오는 만큼, 똘똘한 한 채가 필요한 시기다. 최근 1년 내 삼성역 인근은 상업용, 업무용 시설을 개발하기 위한 토지는 평당 1억 5천만 원 내외로 거래되었고, 봉은사로 인근(현대자동차 북측) 기존 건물의 경우 토지 평당가 기준 1억 2천만 원 내외, 건물 연면적 기준 평당 3~5천만 원 내외로 거래되었다.

삼성역 일대 핵심사업 열 가지를 알아보자.

영동대로 지하공간 복합개발

3도심(광화문, 여의도, 강남) 중 한 곳인 강남도심은 삼성역·영동대로 일대를 중심으로 현대차 GBC 개발, 잠실운동장 MICE 산업, 도로 지하화, 한강·탄천

수변공간 조성 등 입지적 중요성과 잠재적 성장 가능성이 매우 높은 지역이다.

잠실운동장 및 한강, 탄천 일대 개발

노후한 스포츠 시설은 업그레이드하고, 문화·상업 등 기능을 복합화해 스포츠·문화 복합단지로 재탄생할 예정이다.

잠실 주경기장 리모델링

서울 송파구 올림픽로 25(잠실종합운동장 내)에 위치한 주경기장이 리모델링된다. 보조경기장은 이전될 예정이며, 유스호스텔이 신축된다.

잠실운동장 일대 민자사업

운영기간은 50년(BTO 민간투자사업)이며, 제안자는 (가칭)글로벌복합마이스 주식회사(한국무역협회 외 16개사)다.

한강·탄천수변 공간조성

차도교 4개소, 보행교 3개소가 위치한 한강·탄천 일대는 합류부 낙차공(물길 안정화를 위한 구조물)으로 주변 지역에서 개선을 요구한다. 한강의 자연을 회복하고 국제교류복합지구 내 시민의 생활편의를 위해 이 일대에 수변문화공원을 조성할 예정이다.

개발일대 도로 지하화

시민이 머무르고 싶은 세계적 명소로 만들고 한강·탄천수변과 통합공간 조성을 위해 올림픽대로 및 탄천동·서로 지하화를 추진 중이다.

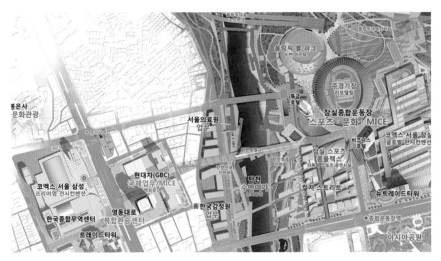

영동대로 지하공간 복합개발 예상도

탄천 보행교 설치

대규모 시설을 연결하는 보행 전용 교량으로 국제교류복합지구의 주 보행 축으로서 통행을 원활하게 만들고, 도심 속 수변 경관을 활용한 여가휴식 및 핵심산업을 지원한다.

현대자동차 통합사옥 GBC 개발

최고 105층 높이로 업무시설을 비롯해 국제교류복합지구의 비전에 부합 하는 컨벤션 시설, 공연장, 관광숙박시설, 전망대를 제공할 예정이다.

서울의료원 부지 개발

공공보유부지 내 비영리기관을 유치하고, 시민이 이용할 수 있는 박물관과 전시장 등 문화시설을 도입한다. 남측 매각부지는 국제기업 유치를 위해 업무시설과 상업, 숙박시설을 마련할 계획이다.

옛 한국부동산원 부지 개발

도심으로의 위상 격상 및 입지여건 변화 등을 고려해 제3종 일반주거지역에서 준주거지역으로 변경을 제시 중이다.

서울 강남의 관문, 수서역

수서역세권 지구단위계획

사업면적: 386,664m²(위치: 서울 강남구 수서동 187번지 일원)

총 사업비: 5,145억 원

사업시행: 한국토지주택공사, 국가철도공단

수서역세권지구는 첨단유통업무단지, 인적교류비즈니스단지, 차세대 신기술·신산업단지 등을 조성해 복합환승센터, 유통시설, 공공주택, 복합커뮤니티시설, 학교, 공원 등을 개발하는 사업이다. 수서역은 교통의 요지로서, 강남 접근성이 탁월하고 첨단 업무시설에 대한 기대감이 상당하며, 인근 마을의 변화와 차량기지 이전에 대한 개발 기대감이 높다.

주변에는 가락시장 현대화사업, 문정지구, 동남권 유통단지 등이 진행 중이다. 강남구는 수서역 일대를 로봇산업 중심지로 육성한다고 밝히기도 했다. 교통량에 발맞춰 최근 수서 나들목부터 세곡동 사거리를 잇는 밤고개로를 왕복 6차로에서 8차로로 확장했다.

2016년 12월 개통한 SRT로 수서역에서 부산까지 2시간 15분이면 이동할 수 있고 동탄, 평택 지제까지는 20분 내외로 가기 때문에 상당히 편리해졌다. 서울시는 수서 차량기지를 포함한 340만㎡ 규모의 부지를 동남권 유통단지와 가락시장 등 기존 시설과 연계해 물류 중심지로 개편하고, 문정도시개발사업도 연계시켜 IT기업을 포함한 R&D복합지역 개발을 추진하고 있다. 문정지구는 법조단지와 업무단지로 개발되고 있고, 동부지방법원 지방검찰청 청사도 이전해 법원공무원과 송파구청 공무원, 지식산업센터 근무자까지 3만 명 정도를 배후 수요로 보고 있다.

지하철 수서역(3호선, 수인분당선)에서 SRT 수서역까지 200m 거리의 무빙워크가 설치된 환승통로 구간에도 상업시설이 점차 확대될 것이다. 지상에도 백화점, 마트, 호텔, 공연장의 기능을 합친 복합시설을 조성한 일본의 롯폰기힐스 같은 첨단도시가 계획되어 있다. 서울시와 강남구는 수서차량기지 주변의 상업 및 업무시설을 송파 문정법조단지 중심상업지인 컬처밸리와 이어지도록 탄천에 보행 브리지를 설치할 예정이다.

그러나 수서역 주변은 아직도 그린벨트로 묶여 있어 해제 여부에 따라 부동산 가격이 변화할 것이다. 신동아아파트 맞은편에 있는 궁마을과 역 맞은편에 있는 쟁골마을, 교수마을은 복합타운 개발과 개발제한구역 해제, 연계개발 가능성에 관심이 높아지고 있다.

수서역은 이제 서울의 변방이 아니다. 앞으로 15~20년 후에는 서울역에 버금가는 교통의 중심지가 될 것이다. 서울의 관문으로서 그 역할을 톡톡히 할 것이며, 그 중심에는 수서~광주 노선으로 연결되는 3개의 축이 있다. 경강선(판교~여주~원주~강릉), 중앙선[원주~신경주~부산(부전)], 중부내륙선[부발~문경~(거제)] 등이 개통되면 서울 강남권에서 전국으로 이동하기가 보다 쉬워질 전망이다.

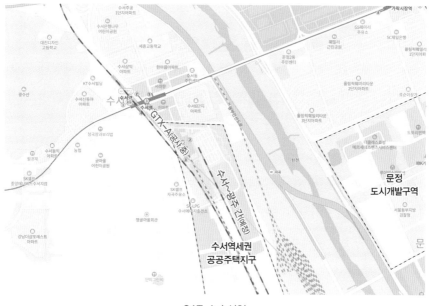

GAT-A 수서역

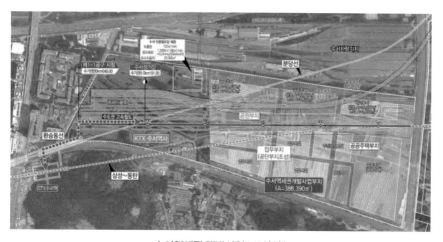

수서역세권 개발사업 부지현황

지하철 3호선 수서차량기지 이전도 검토 중에 있다. 3호선이 하남 교산지구로 연장되면서 차량기지를 그곳으로 이동하거나 수원·용인 방면으로 옮기자는 대안으로 나오고 있다. 정치적인 상황에 따라 움직일 수 있기 때문에 귀 기울여봐야 한다. 수서 역세권지구와 차량기지 이전까지 고려해본다면, 파급력이 커질 수도 있다.

아쉬운 점은 수서역 인근 서울공항 북동측 약2km 지점이다. 「군사기지 및 군사시설 보호법」상 비행안전구역에 해당되어, 일반건물은 4m 기준 13~23층, 아파트는 3m 기준 16~26층까지 건설할 수 있다. 수서차량기지 동측 인근에는 154kV 송전선로에 따른 자기장의 영향을 받을 수 있다. (송전선로 154kV는 최소 30m 이상, 345kV는 60m 이상 떨어져야 안전하다.)

굿모닝파크, 성남역

성남역의 핵심은 GTX 노선과 경강선, 굿모닝파크로 인한 도시 연결이다. GTX-A 삼성~동탄선 중간역으로 삼성역까지 10분에 갈 수 있다. 이미 SRT는 동일한 노선으로 운행하고 있으나 성남역에는 정차하지 않는다. GTX는 6량 1편성(장래 8량1편성), 최고속도 200km로 출퇴근 시 7분 간격으로 운행될 예정이다. 성남역은 경강선(성남~여주)과 환승되며 역사는 분당~수서 간 고속화도로 하부에 설치된다.

분당~수서 간 고속화도로 매송사거리~벌말사거리 구간에는 2016년부터 소음저감시설 공사를 진행하고 있다. 801m는 콘크리트 덮개를 활용하는 거더공법으로 진행되고 497m는 터널형으로 파형강판 구간으로 공사하고 있는데, 안정성에 문제가 되면서 공법 선정과정과 자재 납품업체의 조사가 진

시/구	동	단지명	거리 (m)	세대수	연식	2017년 (만 원)	2021년 (만 원)	평수	평단가 (만 원)	상승률 (%)
성남 분당	삼평	봇들8	500	447	13년	98,000	197,000	40	4,925	101
		봇들7	450	585	13년	100,000	199,000	41	4,854	99
	백현	백현2	200	772	13년	83,000	165,000	32	5,156	99
	이매	아름효성	150	388	27년	79,000	160,000	46	3,636	103
		아름선경	110	370	29년	65,000	125,000	31	4,032	92

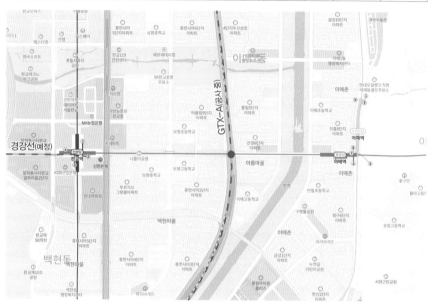

GAT-A 성남역

행되기도 했다. 소음저감시설 공사가 마무리되면 상부는 공원으로 조성된다. 소음저감시설 공사로 고속화도로와 탄천 사이에 가로막힌 분당구 이매동 아름마을 단지가 큰 수혜를 보았다. 고속화도로 상부가 공원으로 연결되면서 개방감이 확대되고 급행철도역이 신설됨에 따라, 선경, 풍림, 효성 아파트를 중심으로 매매가 활성화되고 봇들마을 9단지 금호어울림과 백현마을 2단지

시/구	동	단지명	거리 (m)	세대수	연식	2017년 (만 원)	2021년 (만 원)	평수	평단가 (만 원)	상승률 (%)
용인 기흥	마북	구성 삼성래미안	700	1,282	20년	40,000	95,000	36	2,639	138
		연원마을 엘지	500	396	23년	35,000	85,000	32	2,656	143
		연원삼호 벽산	700	1,576	22년	32,000	80,000	32	2,500	150
	보정	용인보정 대림1차	500	232	21년	54,000	110,000	49	2,245	104

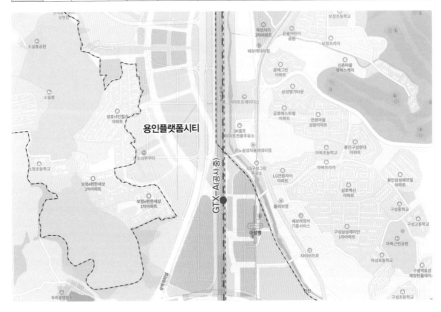

GTX-A 용인역

휴먼시아 아파트에도 영향을 미쳤다.

플랫폼시티, 용인역

GTX의 메인 역인 삼성역을 용인역에서는 16분이면 갈 수 있다. 삼성역 복

지역주민들이 개발에 대한 기대감이 상당하다. 현재는 경부고속도로를 중심으로 동측과 서측이 다른 도시 같지만, 플랫폼시티로 인한 거점도시의 탄생이 기대된다. 플랫폼시티 토지 수용에 대한 보상금 갈등이 예상된다.

합환승센터 및 상업시설에 맞춰 건설이 다소 늦어질 수는 있지만, 용인역과 용인 플랫폼시티 연계로 사업의 의미가 커질 수 있다. 판교 부근의 예정역인 성남역 주변은 이미 아파트 단지가 즐비하게 들어서 있고, 동탄역은 계획도시인 만큼 일반인들이 주택이나 토지를 매입하기는 사실상 힘들다.

용인역 주변 구성역 2번 출구 방향에서 석성로 일대까지는 상업용 부지로 활용될 가능성이 크다. 서울우유 공장부지는 2017년 부동산 디벨로퍼 엠디엠에게 매각되어 최고 32층의 12개 동, 999세대 e편한세상이 들어올 예정이다. 연원마을 삼거리 구성1교 3차선 도로가 경부고속도로를 교량으로 넘어 신수로 도로와 연결되면 보정동 일대도 삼성~동탄선과 분당선을 이용하기 수월할 것이다. 주변의 삼거마을 래미안 아파트와 연원마을 벽산아파트 등은 이미 3~4년 전에 비해 2배 이상 올랐다. 아파트 단지 주변에 있는 단독주택의 부지를 신축빌라나 다양한 용도로 개발해 투자하는 방법도 있다.

경부고속도로 지하화, 동탄역

"SRT와 GTX가 하나로" 경부고속도로 동탄신도시 관통 구간이 2020년에 지하화될 예정이다. 이로써 화성 동탄 1·2신도시가 하나로 연결되어 동일한 생활권이 가능해졌다. 동탄IC에서 동탄JC 구간을 기존 왕복8차선에서 10차선으로 확장해 직선화하고 동탄신도시 내 1.2km 구간은 동탄역 지하 1층으로 관통한다.

동탄역은 국내 최초 고속철도 지하역사로 지하 70m에 지하 6층 규모로 건설되는데, SRT와 GTX 삼성~동탄선은 지하 5층에 대합실을 운영하고 지하 6층은 각각의 승강장을 설치한다.

동탄역 주변에는 이미 건설된 우남퍼스트빌, 더샵센크럴시티 단지가 있고 롯데백화점과 멀티플렉스, 호텔, 컨벤션 등의 상업시설과 업무시설, 주상복합 등이 건설 중이다. 동탄신도시는 크게 커뮤니티 시범단지, 광역비즈니스 컴플렉스, 문화디자인밸리, 테크노밸리, 워터프론트 컴플렉스, 신주거문화타운, 의료복지시설 등으로 구분되어 있고 800만㎡ 부지에 28만 명의 계획인구를 조성하는 매머드급 개발도시다. 대단지기 때문에 동탄역 중심의 역세권 핵심범위와 신도시 외곽과는 큰 차이가 있을 것으로 본다. 다소 금액이

시/구	동	단지명	거리(m)	세대수	연식	2017년(만 원)	2021년(만 원)	평수	평단가(만 원)	상승률(%)
화성	청계	더샵 센트럴시티	450	874	7년	66,000	137,000	38	3,605	108
		우남 퍼스트빌	570	1,442	7년	58,000	120,000	33	3,636	107
		한화 꿈에그린 프레스티지	650	1,817	7년	45,000	113,000	33	3,424	151

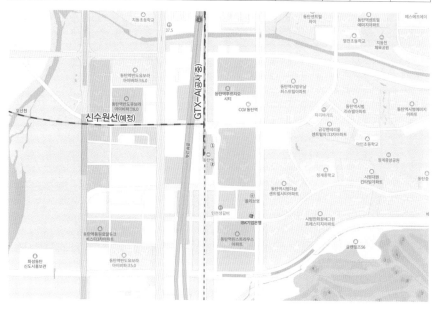

GTX-A 동탄역

높더라도 동탄역에서 리베라CC 안쪽으로 투자의 범위를 제한하는 것이 좋
으며 신교통수단인 트램사업이 시장에 미치는 영향은 제한적이기 때문에 주
의가 필요하다.

GTX-A 동탄역 현장 스케치

동탄은 거대 항공모함 같다. 서울 강남역에서 직선거리 30km 이상 떨어진 외곽
도시임에도 불구하고, 모든 것을 갖춘 느낌이 든다. 신도시다운 위풍이 느껴진다.

창릉역 추가 신설

2020년 가을, 창릉역 신설 가능성을 그 무엇보다 우선적으로 다뤘다. 개인
적으로 의지만 있다면 충분히 놓여질 수 있는 역이라고 판단되었고, 실무적
인 선에서 이야기가 오갔기 때문이다. 2020년 한해가 마무리 되는 시점에 국
토교통부는 3기 신도시 교통대책으로 창릉역 신설을 발표한다. 당시에 창릉

역 신설에 대한 표현을 이렇게 정리해서 블로그에 올린 바 있다.

"히드라는 그리스 신화에 나오는 머리가 여러 개 달린 뱀을 말한다. 창릉지구를 보면 흡사, 머리가 2개 달린 용 같기도 하고 뱀 같기도 하다. 그런데 GTX-A 노선이 그 목을 치고 가는 듯한 느낌이다. 창릉의 미래는 GTX 역 정차에 따라, 용이 될 수도 이무기가 될 수도 있다.

이무기가 용이 되기 위해서는 주변에서 많은 도움을 주어야 한다. 최소한 방해하는 사람이 없어야 한다. 창릉신도시에 GTX 역이 없다면, 신도시 주민들은 경의중앙선 화전역을 이용해야 한다. 경의중앙선은 열차 운행횟수가 많지 않고, 서울 강남권 진입이 용이하지 않다. 또한 창릉 남측 하단에 위치하고 있어 출퇴근 시 불편할 수 있다. 3호선 원흥역이나, GTX 연신내역도 적지 않은 거리다.

교통대책 중 고양선 신설은 경전철사업으로 파급력이 작다. 서부선을 통해 여의도까지 가는 나름의 역할을 하는 노선이지만, 환승까지 해서 가기에는 노선의 힘이 약해 보인다.

결론은 급이 다르다. 창릉신도시를 자족 기능이 가능한 업무단지로 육성하겠다는 것은 어불성설이다. 다만 4만 세대급의 대규모 신도시에 GTX 역 하나 정차하는 것은 과한 욕심이 아니다."

투자는 누군가의 권유로 이루어져서는 안 된다. 창릉역에 대한 가치 판단은 투자하라는 권유가 아니니, 투자 시 참고만 하는 게 좋다.

수도권 광역급행철도 2
GTX-C 노선

GTX-C 노선은 2011년에 처음 언급되었다. 수도권 동북부 지역에서 중심부로 접근성을 향상하고 30분대 연결 광역급행 철도망 구축을 목표로 했다. 당시 의정부~금정 구간 B/C는 0.66에 불과했으나 2018년 3기 신도시 및 광역철도망에 대한 사회적 논의가 이뤄진다. 정부는 경제성장을 위해 다양한 분야에서 뉴딜사업을 진행하면서 2020년 코로나 사태로 인한 경기부양에 힘을 쏟았다. 전체적으로 사업을 진행하기에 좋은 환경이었으나, 민간 영역에서 사업성에 대한 검토가 다시 이뤄지고 있다. 국가의 철도 건설 예산은 한정되어 있기에, 민간사업이 유력해 보이지만 민간의 사업성 검토과정은 정부와 다소 다르다는 것을 유의하자.

GTX-C 덕정~수원 복선전철(GTX-C 노선 민간투자사업)

노선연장: L=74.8km(정거장 10개소, 차량기지 1개소 신설)

사업기간: 2017~2027년(착공일로부터 60개월)

총 사업비: 약 4조 4천억 원

2011년 4월: 제2차 국가철도망 구축계획 수립

2015년 10월: C노선 재기획 완료(B/C 1.01)

GTX-C 노선은 덕정역에서 수원역까지 총 10개 역(덕정, 의정부, 창동, 광운대, 청량리, 삼성, 양재, 과천, 금정, 수원)에 정차한다. 등으로 역마다의 특징이 있기 때문에 다른 전략이 필요하다. 10개 역을 놓고 본다면 어느 한 곳도 만만한 곳이 없다. 아파트 가격은 덕정역을 제외하고 대부분 많이 올랐다. 덕정역은 열차 2대 중 1대만 정차하고 거리도 먼 것이 마이너스 요인이다.

전체 노선 74.8km 중에 37.7km 구간만 신설로, 기존선 이용이 50%나 되기에 얼마나 효율적으로 운행될지 지켜봐야 한다. 신설역 6개(창동, 광운대, 청량리, 삼성, 양재, 과천)와 기존역 4개(덕정, 의정부, 금정, 수원)로 도심지 구간은 대심도 터널로, 차량기지는 덕정역 인근으로 계획했다.

2020년 GTX-C 노선은 민간 영역으로 바통을 넘겨 현재 추가역에 대한 검토가 활발히 진행되고 있다. 인덕원역 정차, 왕십리역 정차, 의왕역 정차, 안산행 연계, 오산·평택 연장 등이다.

먼저 인덕원역 정차는 과천역과 밀접하다. 기본계획 대안노선은 예타 때 4호선 도로 하부에서 정부청사 방향으로 한 블록 이동했다. 인덕원역은 4호선에 신수원선(인덕원~동탄), 경강선(월곶~판교)이 정차될 예정으로 수요가 많은 지역이다. 왜 인덕원역에 정차하지 않았는지 이해되지 않지만, 아직까지 기본계획 단계이고 민간개발사업 시 변수가 있기 때문에 희망을 이어간다.

의왕역 정차는 의왕시, 현대모비스 등에서 적극적인 노력을 해본다면 가능해 보이지만, 수요가 부족하다. 금정역과 수원역 사이의 노선연장이 길어 끊어갈 수도 있고, 기존선을 활용하기 때문에 추가 공사비도 많이 들지 않는

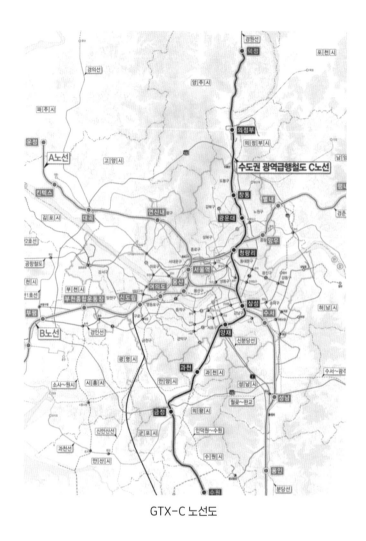

GTX-C 노선도

다. 의왕역 동측은 의왕시, 서측은 군포시에 속해 적극적인 요구와 추가 공사비에 대한 부담을 안고 간다면 해볼 만하다.

안산행 연계 여부는 과천행(4호선) 선로 용량에 달렸다. 과천행 선로 용량은 넉넉하지 않아서 안산까지 가려면 수인분당선, 4호선 혼행 구간과 또 병합해야 한다. 대안으로 수인분당선과 혼용되지 않는 상록수역의 검토와 수요가 많은 중앙·초지역은 고가 정거장으로 사업 초기에 대안으로 검토되었다. 오산·평택 연장 여부는 본 사업과는 다소 거리가 있다. 운행 이후 2단계 사업으로 고민될 가능성이 크다. 평택 지제는 SRT 구간인 삼성~동탄선에서 이어지는 GTX도 고민해야 한다.

GTX-C 노선은 여타 다른 노선보다 눈여겨봐야 한다. 일단 4~5년 전 대비 2배 이상 오른 곳은 피해야 한다. 25~50% 상승은 전체적인 양상이 적극적으로 살펴볼 필요가 있다. 역세권에서 도보가 가능한 곳이 좋으며 아파트 외에 정비사업 예정지나 상가건물도 노려볼 만하다.

경기 북부를 책임진다, 덕정역

당초 예타안은 양주역 인근이었으나, 입출고의 효율성 등을 감안해 용지비는 다소 비싸나 입출고선이 짧은 덕정역 부근을 계획했다. 차량기지 주변은 군부대와 농지다. GTX-C 차량기지 예정 부지는 군부대와 일부 사유지다.

덕정역 부근 도보권 아파트도 비교적 저렴하다. 덕정역 도보권 10분 거리로 서희스타힐스1, 2단지가 눈에 띈다. 봉우주공5단지, 은동주공 등도 도보권으로 충분한 여력이 있다. 덕정역 인근 상업지는 근생 수요가 늘어날 것으로 보인다. 덕정역 근생건물을 보면 비교적 저렴한 금액대에 매수할 수 있다. 5억 원에서 20억 원이면 건물주도 가능하다. 역사 앞 건너편, 모서리 부지와 메인도로 주변에 관심을 갖자.

양주시를 보면 옥정, 회천 등 신도시가 인접해 있으나 거리가 멀다. 회천지구는 현재 덕계역 중심으로 분양되고 있는데, 덕계지구보다는 GTX-C 노

시/구	동	단지명	거리 (m)	세대수	연식	2017년 (만 원)	2021년 (만 원)	평수	평단가 (만 원)	상승률 (%)
양주	덕정	서희스타 힐스2	600	821	8년	26,000	40,000	33	1,212	54
		봉우주공5	850	1,732	21년	14,000	22,000	25	880	57
		덕정주공1	700	792	21년	19,000	28,000	33	848	47

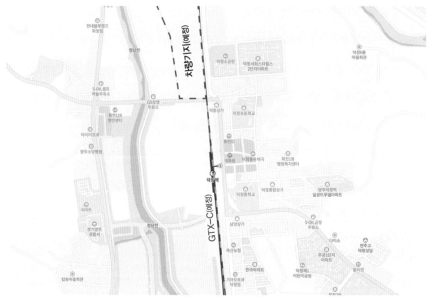

GTX-C 덕정역

선에 도보가 가능한 양주신도시 회천지구 분양에 관심을 가질 필요가 있다.

네임밸류가 달라졌다, 의정부역

신세계백화점을 품은 의정부역은 주변 환경이 계속해서 개선되고 있다. GTX-C 노선이 완공될 때쯤에는 품격이 다른 도시로 성장할 것이다. 다만 의정부역 외곽 지역은 부동산 가격에서 역 주변과 격차를 보일 수 있다. 의정

시/구	동	단지명	거리 (m)	세대수	연식	2017년 (만 원)	2021년 (만 원)	평수	평단가 (만 원)	상승률 (%)
의정부	의정부	센트럴자이 &위브캐슬	600	2,473	-1년	52,000	75,000	33	2,273	37
		롯데캐슬 2단지	900	931	3년	40,000	68,000	34	2,000	70
	신곡	신동아 파밀리에	900	547	18년	28,500	35,000	33	1,012	23
		동신	900	461	29년	23,500	28,000	32	872	19

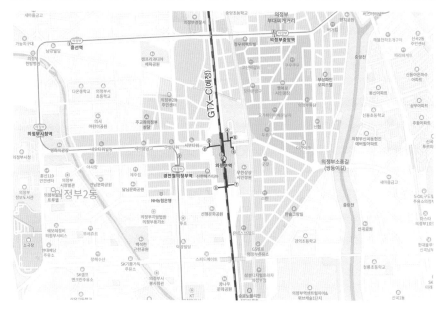

GTX-C 의정부역

부는 의정부역과 3번 국도를 중심으로 시가지가 형성되었다. 특히 의정부역 동측과 서측 상권이 이분화된 양상을 보인다. 동측은 전통적인 상권으로 젊은 층의 유동인구가 많고 서측은 유흥상권이 발달한 곳이다. 의정부역 앞 부지는 미군기지 캠프(라과디아)에서 2018년 체육공원으로 변모했다. 의정부 경전철은 우여곡절 끝에 운행되고 있지만, 1호선과 환승되지 않는 등 골치 아

GTX-C 의정부역 현장 스케치

의정부에서 이젠 미군이라는 존재가 느껴지지 않는다. 구도심과 신도심이 조화롭지만, 생활 수준의 격차가 보인다. GTX 의정부역의 미래가치는 매우 높다. GTX 효과를 그대로 누릴 수 있는 지역으로 역 주변 개발가치가 어느 곳보다 높아 보인다.

픈 사업 중 하나다.

3번 국도에는 의정부역의 상징인 신세계백화점이 있다. 우측 하단에는 의정부역 센트럴자이&위브캐슬 아파트가 있는데, 총 2,473세대로 2022년 입주 예정이며, 탑석 자이와 양대 산맥을 이룰 전망이다. 역에서 가까운 동(202동, 101동)이나 중랑천 조망 동(111동, 112동)이 가격 상승에 유리해 보인다. 33평형 기준으로 프리미엄을 포함해서 7억 원 후반대에 거래되고 있다. 또한 의정부 동측 상업지역을 눈여겨봐야 한다. 의정부역 스카이자이가 지어질 예정인 의정부역 동남쪽 상업지에는 오래된 상가주택과 단독주택, 호텔 등이 혼재하고 있다. 저렴한 가격으로 매수해 주거시설(상업지 용적률)로 신축하면 GTX-C 노선에 따른 수요가 있을 것으로 보인다.

서울 강북 핵심권역, 창동역

창동역은 GTX-C 노선 진행과 더불어 창동·상계 도시재생 활성화사업 진행과정과 창동역 민자역사 재개 진행에 관심을 가져야 한다. 창동 로데오거리는 침체가 깊고, 창동 민자역사는 사업이 진행되다가 멈춰 재개에 대한 기대가 크다. 'GTX-C 창동역 현장 스케치'에서 골조와 철근이 보이는 부분이 민자역사가 중단된 곳이다. 창동이 이러한 문제를 풀어나간다면 서울 동북권의 핵심 역세권으로 성장할 것이다.

창동·상계 도시재생 활성화사업을 창동역 중심으로 살펴보겠다. 처음엔 플랫폼창동61로 도시재생 기반을 시작했다. 창동역 출입구 주변의 차량을 통제하고 주변환경을 개선한 다음, 교각하부를 살려, 스타트업 회사와 청년을 지원하는 공공시설을 확보했다. 그 옆에는 동북권 최초 대규모 공연장인 서울아레나와 연계한 창동 창업 및 문화산업단지 조성공사가 한창 진행 중이다. 중랑천에 노원까지 연결되는 교행 브리지가 예정되어 있으며, 건너편 나무 뒤편으로 4호선 창동 차량기지와 노원 운전면허 시험장이 있다. 플랫폼 창동61 상단 유보지에 주 출입구가 생길 가능성이 크다. 기존 구도심 상권 현장에서 주변인들에게 물어보았다. "요즘도 여기 밤 되면 사람이 많이 오가지요?" "아니요." "코로나 때문인가요?" "그전부터 슬슬 줄기 시작했어요." 창동의 예전 명성은 분명 잃은 듯하다. 창동은 오래전부터 유흥상권이 발달한 곳

시/구	동	단지명	거리 (m)	세대수	연식	2017년 (만 원)	2021년 (만 원)	평수	평단가 (만 원)	상승률 (%)
서울 도봉	창	동아청솔	450	1,981	24년	48,000	100,000	33	3,030	108
		신도브래뉴 1차	400	456	18년	43,000	88,000	33	2,667	105
		주공3차	450	2,856	31년	33,000	74,500	32	2,328	126
		삼성래미안	400	1,668	30년	43,000	86,000	32	2,688	100
		동아	300	600	34년	42,500	85,000	32	2,656	100

GTX-C 창동역

이었다. 때로는 깔끔한 상업시설보다 거리에 테이블이 깔린 포장마차가 더 낭만적이듯 창동도 다시 각광받을 수 있지 않을까 생각해본다. 창동역세권 개발계획은 창동역 동북쪽에서 노원 차량기지까지 개발되는 수조 원대의 사업이다. 창동역 개발 및 GTX-C 노선 등으로 유입인구가 많아질 것이다. 투자대상으로는 100억 원대의 통건물이 좋지만 예산이 맞지 않거나 매물이 없

GTX-C 창동역 현장 스케치

서울시 도시재생 1번지는 창동, 노원이다. 창동 차량기지 이전과 각종 개발이 완성되려면 적어도 15년 이상은 걸릴 듯하다. 재건축과 맞물리면 서울 동북권에서의 위상은 최고가 될 것이다. 투자물건이 많지 않아 아쉽기만 하다.

다면 저렴하게 구분 상가를 매입하면 괜찮을 듯하다.

창동역은 1호선, 4호선과 운행 중이며, GTX-C 노선의 핵심 역이고, 노원역은 4호선, 7호선이 운행 중이다. 창동역은 전통적인 느낌이고, 노원역은 젊어 보인다. 거대 역세권과 인근으로 퍼진 상권과 주거시설이 묘한 조화를 이룬다. 창동역은 GTX-C 역과 문화시설, 상업시설, 구상권의 힘이, 노원역은 4호선 차량기지와 면허시험장 이전, 업무를 포함한 복합시설, 중계역 학원가가 그 지역을 버티고 있는 힘이 되었고, 앞으로 성장세도 뚜렷해 보인다. 창동역 인근 아파트 시세는 평당 2,500만 원 선이다. 청솔아파트 등이 많이 올랐다.

역세권개발 끝판왕, 광운대역

광운대 역세권 지구단위계획

사업면적: 148,166m²(5만 평)

총 사업비: 약 1,800억 원

사업시행: 코레일(개발계획: 현대산업개발 예정, 결정권자: 서울시)

주택계획: 2,466세대

광운대역세권 개발사업은 광운대역 일대 물류부지에 업무, 판매, 컨벤션, 영화관 등을 포함하는 연면적 40만m²에 최고 46층짜리 복합건물과 2,466세대 규모의 주상복합 아파트 단지를 짓는 사업이다.

광운대역은 서울 도심보다 한적한 동네 같은 느낌이다. 출퇴근 시간에는 그래도 북적인다. 월계역으로 동북선이 계획되어 있고, 역사 앞에는 지구단위계획이 잡혀 있다. 광운대학교, 고등학교, 중학교가 인근에 있다.

역사 규모가 크고 우측에는 중랑천이 흐르고 있기 때문에 도심이 단절된 느낌이다. 광운대역 철도 배선은 복잡하다. 검수고와 화물차량 등도 눈에 많이 띈다. 역사 안에는 벌크 시멘트를 취급하는 동양시멘트와 현대시멘트, 종이를 취급하는 한솔로지스틱스, 현대자동차 등이 입주해 있다. 광운대역은 지상철로 인해 단절된 곳이라, 이 부분의 상당수를 없애고 광운대역세권 복합개발이 이뤄질 예정이다. 광운대역 동측 상업지는 시멘트 공장 등이 없어

시/구	동	단지명	거리(m)	세대수	연식	2017년(만 원)	2021년(만 원)	평수	평단가(만 원)	상승률(%)
서울노원	월계	삼호4차	300	910	35년	25,000	59,000	20	2,950	136
		미륭·미성·삼호3차	550	3,930	36년	32,000	79,000	23	3,435	147
		월계아이파크	550	1,281	21년	30,000	65,000	25	2,600	117
		그랑빌	850	3,003	34년	43,000	90,000	33	2,727	109
		풍림아이원	900	484	16년	45,000	85,000	31	2,742	89

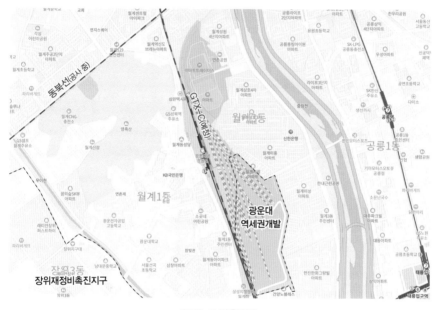

GTX-C 광운대역

지고, 주상복합 및 상업시설이 들어선다. 동측 경계선에 있는 동부간선도로 때문에 확장성은 한계가 있어 보인다.

광운대역 출입구 코앞, 놀부부대찌개 건물이 최근 26억 원에 거래된 적 있다. 토지 기준 평당 4,200만 원, 건물 연면적 기준 1,800만 원이다. 대출 70% 까지 감안해보면, 현금 8억 원이면 가능하다는 이야기다. 광운대역세권 투자

GTX-C 광운대역 현장 스케치

서울 한복판에 이런 곳이 또 있을까? 지상철과 수많은 궤도가 있다. 육교로 건너 보면 광운대의 미래가 쉽게 상상되지 않는다. 역 광장 앞에는 나지막한 건물이 즐비하지만, 출퇴근 시간에는 제법 분비기도 한다. 미래가 기대되는 곳이다.

는 서측 상업지 건물을 봐야 한다. 현재 막혀 있는 사업 중심부 통과도로도 눈여겨봐야 한다. 광운대길과 마들로길이 연결될 예정으로, 주 통행로 중 하나가 될 수 있다.

재건축 예정 아파트인 '미미삼(미륭, 미성, 삼호3차)', 삼호4차 등이 평당 3천만 원에 거래되고 있다. 개발초기인 만큼 시간이 걸릴 수는 있지만, 미미삼 재건축과 GTX-C 노선 진행이 물리면서 10년 후를 기대해본다. 월계 및 광운대지구단위계획이 풀려가는 과정도 지켜봐야 한다.

예전의 청량리는 잊어라, 청량리역

청량리역은 총 11개의 노선이 모여 철도 허브 역할을 톡톡히 할 것으로 보인다. 전동차 4개 노선, 일반열차 3개 노선 등 총 7개의 노선이 운행 중이며 향후 GTX 2개 노선과 서울 도시철도 2개 노선 등 총 11개의 노선이 운행될 것으로 보인다. 전동차 기준 1호선(경원선), 경춘선, 경의중앙선, 분당선 등이며, 일반열차 기준 KTX강릉선, ITX춘천(청춘)선, 중앙선 등이다. 장래에는 GTX-B 노선, GTX-C 노선 등 ITX급 열차와 면목선, 강북순환선 등 경전철이 예정되어 있다. GTX-A 노선 SRT 연장에 대한 검토가 진행되기도 했지만, 당장은 쉽지 않아 보인다.

ITX 중앙선은 청량리~부산 부전 구간의 출발역으로, 중앙선 일반철도 전 구간이 개량화됨에 따라 전동차 병행 구간을 제외하고는 KTX에 준하는 속도로 이동할 수 있다. GTX-B, GTX-C 노선의 더블 역세권으로 서울역과 삼성역에 준하는 가능성이 있다. 사창가로 불리던 전농동 588번지 일대가 철거되어 지역에 대한 네임밸류가 높아졌으며, 롯데건설이 건설 중인 65층짜리 롯데캐슬SKY L-64가 랜드마크로 자리 잡게 된다. 인근 부동산 개발 호재로는 홍릉 바이오 의료 R&D 클러스트, 청량리 한양수자인 192, 동부청과시장 재개발, 제기4구역 현대힐스테이트, 성바오로병원 현대건설 부지 매입 등이 있다. 재건축 연한이 된 미주아파트 단지 재건축과 전농답십리 재정비촉진지구로 개발 중에 있다.

시/구	동	단지명	거리 (m)	세대수	연식	2017년 (만 원)	2021년 (만 원)	평수	평단가 (만 원)	상승률 (%)
서울 동대문	청량리	미주	350	1,089	44년	53,000	110,000	32	3,438	108
	전농	신성 미소지움	250	385	17년	39,000	90,000	23	3,913	131
		롯데캐슬 노블레스	430	584	4년	78,000	150,000	34	4,412	92
		래미안 크레시티	580	2,397	9년	63,000	140,000	34	4,118	122

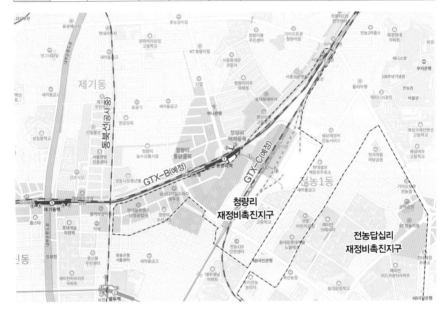

GTX-C 청량리역

강남이라 불러다오, 양재역

양재역은 이미 준강남역이라고 불릴 정도로 업무빌딩이 밀집해 있고 유동인구가 많아졌다. 서초그랑자이, 래미안리더스원 등 초고가 아파트도 등장했다.

2020년 11월 GTX 역사 환승센터 시범공모사업에 최우수로 수원역과 양

시/구	동	단지명	거리 (m)	세대수	연식	2017년 (만 원)	2021년 (만 원)	평수	평단가 (만 원)	상승률 (%)
서울 강남	도곡	역삼럭키	800	1,094	27년	90,000	182,000	33	5,455	100
		도곡 쌍용예가	500	384	7년	97,000	196,000	40	4,900	102
		역삼우성	500	390	36년	95,000	173,000	30	5,767	82
		도곡한신	650	421	34년	95,000	175,000	30	5,833	84

GTX-C 양재역

재역이 선정되었다. 양재역은 GTX-C, 3호선, 신분당선과 107개 버스 노선(광역버스 69개 노선)이 교차하는 대규모 환승역으로, 서초구는 GTX를 중심으로 철도와 버스의 환승 동선을 최소화하는 구상안을 마련했다. 서초구 복합청사사업과 연계해 공공청사와 환승센터가 시너지를 발휘할 수 있는 통합구상안이 높은 점수를 받은 듯하다. 양재역 초역세권 부지에 있는 서초구청이 새롭게 변모할 예정이다. 서초타운 복합개발사업으로 불리는 이 사업은 약

5,200억 원이 투입된 공공청사 복합개발이다. 부지 1만 6,618m²에 연면적 약 20만m²에 달하는 지상 34층으로 이루어졌으며 주민편의시설을 갖췄다. 어린이집, 도서관, 실내체육시설, 복합문화시설, 창업지원시설 등이 들어서며, 준공은 2026년으로 예정되어 있다.

과천은 과천이다, 과천역

시/구	동	단지명	거리(m)	세대수	연식	2017년 (만 원)	2021년 (만 원)	평수	평단가 (만 원)	상승률 (%)
과천	원문	과천 위버필드	350	2,128	1년	107,000	175,000	34	5,147	64
		래미안 슈르	650	2,899	14년	74,000	145,000	33	4,394	96
	별양	주공4단지	450	1,110	38년	80,000	145,000	31	4,677	81
		주공5단지	750	800	38년	102,000	175,000	38	4,605	72

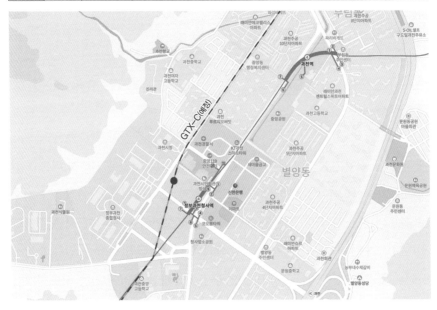

GTX-C 과천역

과천시는 고위 공무원들이 많고 환경이 쾌적한 도시로 제2의 강남이라고 불렸지만, 정부청사 이전과 함께 아파트가 노후화되면서 명성이 약해졌다. 그러나 최근 경기도 집값 1위라는 명성답게 재건축 단지와 과천지식정보타운 내 단지에 2017년 하반기 9천여 가구를 분양(일반분양 2,600여 가구)할 계획이다. GTX-C 노선이 4호선 과천역에 신설될 예정인데 삼성역까지 소요시간은 10분에 지나지 않는다. 인근 과천지식정보타운은 과천시 갈현동과 문원동 일대 135만m² 부지로 지식산업센터와 더불어 주택, 공원, 교육, 문화시설 등이 들어설 예정이다. 3기 신도시 과천지구는 과천 경마장 북측으로 3기 신도시 중 선호도가 제일 우수하다. 약 8천 세대로 파급력은 다소 낮을 수 있지만, 분양을 노린다면 우선 과천으로 전입해야 한다.

빛이 보인다, 금정역

군포시는 GTX-C 노선 금정역 환승센터 조성과 금정역 주변 정비사업에 초점을 두고 있다. 금정역세권 재개발사업구역, 산본1동 1·2지구 재개발사업구역 등 3곳에 건축허가를 제한하기 시작했다. 이는 신규 건축이 일어나면 향후 사업성에 영향을 미칠 수 있기 때문이다. 이에 래미안하이어스 단지가 있는 산본시장 사거리부터 금정역까지의 주요 동선에 대한 관심이 필요하다.

현재 금정역은 지하철 1호선, 4호선을 비롯해 GTX-C 노선 운행 시 삼성역까지 20분 미만이면 도착할 수 있다. 금정역 우측은 준공업지역으로 공단이 많으며 최근 지식산업센터 등이 하나둘씩 생기고 있다. 초역세권인 힐스테이트 금정역 아파트도 눈여겨봐야 한다. 임대주택이 많이 포함되어 있는 매화주공14단지도 최근 부동산 시장에 큰 영향을 준 것을 보면 금정역이

시/구	동	단지명	거리(m)	세대수	연식	2017년 (만 원)	2021년 (만 원)	평수	평단가 (만 원)	상승률 (%)
군포	금정	힐스테이트 금정	100	843	-1년	63,000	100,000	34	2,941	59
	산본	삼성	380	371	34년	32,000	58,000	20	2,900	81
		e편한세상 2차	750	677	15년	45,000	70,000	33	2,121	56
		래미안 하이어스	750	2,644	12년	55,000	90,000	34	2,657	64

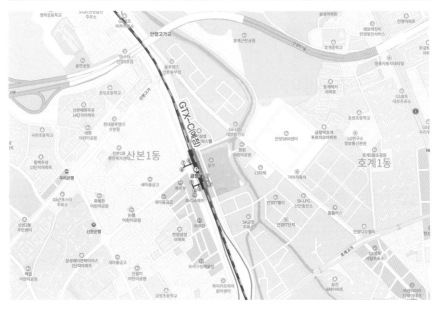

GTX-C 금정역

각광받는 지역임은 분명해 보인다. 다만 금정역은 학군이 상대적으로 약하고, 조선족과 중국인들이 적지 않아 지역에 대한 이미지가 고착화될 수 있다.

금정역 중심으로 동측의 준공업지역과 서측의 주거·상업지역에 대한 구분이 확실하다. GTX역이라는 상징성과 편리한 교통 때문에 외곽지역임에도 불구하고 업무적 가치는 높아질 것이다. 주거밀집지역은 재개발에 대한 기대가 상당하다. 현재이 지역 다가구주택에는 중국인과 조선족이 적지 않게 거주해 인근 식당거리를 차이나타운이라고 부른다.

경기 남부의 관문, 수원역

수원시는 수도권 남부의 허브이자 관문이다. 경기남부 핵심섹터로, 서울과 충청(세종)을 연결하는 중심에 있다. 광교를 비롯한 신도시 개발과 구도심 개발로 다시 한번 전성기를 이루고 있다. 수원은 앞으로 10년 내 가장 많은 철도 노선이 연결되는 곳이다. GTX-C, KTX, 수인선, 트램, 신분당선 등 많은 노선이 연결된다. 인근에 있는 비행장도 염두에 둬야 한다. 개발을 저해하는 요소임은 분명하다. 수원시 인구는 약 123만 6천 명, 54만 세대다. 인구수가 많아 재정자립도 좋고 입지도 좋지만, 그에 비하면 광교를 제외하고는 주택 가격은 그리 높지 않다. 최근에는 수원역 중심으로 신축 아파트의 가격이 제법 오르고 있다.

수원은 곧 삼성이라는 말이 많다. 주요시설 입지현황을 보면 영통구청 부근에 삼성전자 부지를 볼 수 있다. 삼성이 수원시에 한해 법인 지방소득세만으로 2,300억 원을 냈다고 한다. 그렇다고 너무 삼성에만 의존하지 말고, IT 기업 육성과 4차 산업 육성 등 파격적인 조건으로 기업들을 유치해야 서울의 베드타운에서 벗어날 수 있다.

X자 형태로 수도권연계축과 신개발, 구개발 축을 중심으로 수원역은 더 큰 힘을 발휘하게 된다. 수원역 핵을 중심으로 인근 배후주거지의 성장이 가시적으로 보이고 있다. 주거환경개선사업도 곧 힘을 받을 것으로 보인다. 다만 주거지역의 영향력은 교통과 상업시설만으로 해결되지 않는다. 공원이나 학교, 학원 등 다른 정주요건들이 겸비되어야만 높은 평가를 받을 수 있다.

수원역세권은 주거와 업무, 상업 기능이 복합적으로 이뤄져 있다. 젊은이들이 모이는 수원 매산로가 있으며, AK백화점, 롯데몰, 한국형 이케아 KCC몰(공사 중), 호텔 등의 상업시설도 역을 최대한 활용하고 있다. 수원은 동부역세권(구도심)과 서부역세권(신도심)으로 구분된다. 동부역세권은 기존 상권을 바탕으로 수원의 청년과 직장인이 각종 모임과 유흥을 즐기는 곳으로 저녁 상권이 지속 유지되고, 서부역세권은 수원에서 사업을 하고 있는 직장인과 여성, 아이들이 백화점 등을 이용하는 낮 상권으로 계속 성장할 것이다. 수원역에서 보행육교 설치 연결체계 동선도를 보며 향후 어떻게 연결되는지 가

시/구	동	단지명	거리(m)	세대수	연식	2017년(만 원)	2021년(만 원)	평수	평단가(만 원)	상승률(%)
수원팔달	매산로	대한대우	400	1,293	23년	32,000	60,000	32	1,875	88
수원권선	서둔	센트라우스	500	1,094	17년	32,000	63,000	33	1,909	97
	평	동남	400	489	23년	28,000	48,000	32	1,500	71
	세류	센트럴타운2	700	800	7년	32,000	52,000	26	2,000	73

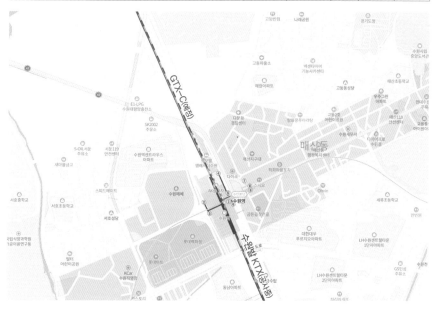

GTX-C 수원역

늠해볼 수 있다. 수원역 푸르지오자이, 서둔동 센트라우스 등을 비롯한 아파트와 매산동 상권에 관심을 가져야 한다.

　수원역은 현재 지하철 1호선, 수인분당선, 일반열차(수원발 KTX 연계)가 운행하고 있지만, 향후에는 GTX-C 노선, 수원발 KTX, 수원 트램 등 노선이 확대되어 경기 남부의 관문으로서 충분한 역할을 할 것으로 보인다. 물론 여러 개의 노선이 모인다고 무조건 좋은 역세권이 되거나 뜨는 동네가 되지는 않는다. 경우에 따라서는 단순 환승의 역할만 가능할 수도 있다.

수원역 대우아파트의 20년 동안 가격 추이를 보면 역세권 개발 호재에 따라 가격이 꾸준히 상승하고, 일정 수준에서 그 가격대를 지켜주는 양상을 보여준다. 물론 역 하나 들어선다고 답은 아니지만, 역에 따른 주변의 개발이 꾸준히 이어진다면 부동산 시장도 뒤따라갈 가능성이 있다.

수도권 광역급행철도 3
GTX-B 노선

    GTX-B 노선은 송도~서울역~청량리~마석 간 80.1km를 일반 지하철보다 3~4배 빠른 속도(표정속도 약 100km/h)로 주파하며, 수도권 광역교통 여건을 크게 개선할 것으로 기대된다.

GTX-B 노선 송도~마석

노선연장: 80.1km(송도~망우 55.1km 신설, 망우~마석 경춘선 공용)

사업기간: 2017~2025년(2030년)

총 사업비: 5조 7,351억 원(예타 기준)

운행속도: 표정속도 약 100km/h, 최고속도 180km/h(정거장 13개소)

경제성분석 결과: B/C 1.0

종합평가 결과: AHP 0.540

예타 결과에 따르면 하루 평균 29만 명이 본 노선을 이용하고, 승용차 통행

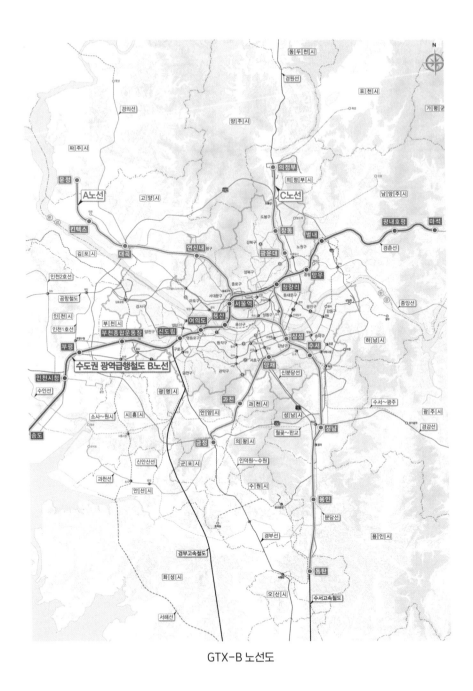

GTX-B 노선도

량은 하루 4만 4천 대가량이 감소할 것으로 분석되었다. 또한 건설기간 중에 7만 2천여 명의 고용이 창출되고, 운영기간(40년 기준)에는 약 4만 5천여 명의 고용이 창출될 것으로 분석되었다.

GTX-B 노선은 남양주, 구리시 등 교통 여건이 열악했던 수도권 동북부 지역과 인천, 부천 등 수도권 서부지역의 서울 도심 접근성이 향상될 것으로 기대된다. 남양주 왕숙 등 수도권 신도시 발전에도 핵심적인 역할을 수행하고, 이미 사업 추진 중인 GTX-A, GTX-C 노선과 시너지 효과도 나타날 것으로 기대된다.

국토교통부는 SOC사업에 투자할 여력이 많지 않기 때문에, 민자 사업으로 결정될 가능성이 크다. 우선협상대상자 선정되면 줄다리기가 시작된다. 민간 기업은 사업성을 검토할 것이고, 국토교통부가 어떤 편의를 봐줄지 눈치를 볼 것이다. 그러다 2~3년이 지날 수도 있다. 이후 실시설계, 환경영향평가 등에는 2년 잡아야 한다. 예로 신안산선은 설계를 완료하고도 착공까지 7년이라는 시간이 흘렀다. GTX-B노선에는 넘어야 할 산이 스무고개다. 이제 하나 넘은 것이다.

타당성을 분석할 때는 기본 지하철에 대한 수요 감소도 검토된다. 예로 부평역에서 용산, 서울역을 갈 때, 1호선과 급행철도를 비교해보면 좋을 듯싶다. 요금, 승강장까지 거리, 열차 운행 등을 감안한 수요자의 입장에서 보면 된다.

GTX 효과가 상당한 인천에 반해, 서울 주요 업무지구 중 하나인 여의도에서는 반대의 목소리도 나온다. GTX-B 노선이 주거밀집지역 지하를 관통할 수 있어 불안하다는 것이다. 반면에 인천시는 그동안 소외받았다는 생각에 큰 기대를 가지고 환호하는 목소리가 많다. 그러나 역 주변으로 제한적이고 다른 대안 노선도 많기 때문에 실제로는 한계가 분명하다. 노선에 업무지구도 많지 않다. 인천에서 여의도, 용산으로 출근하는 직장인도 제한적이고, 서울역과 청량리역을 굳이 이용할 필요도 없다. 오히려 여의도 주민들의 더한 반대가 있을 수 있다. 노선의 특성상 아파트 단지 하부로 지나갈 수밖에 없기 때문이다. GTX-A 노선이 서서히 윤곽을 드러내고 공사를 시작하면서 요금 체계부터 북한산 환경 문제, 주택지역 하부 통과에 따른 주민 갈등, 추가역 설치 등 여러 문제가 노출되고 있다. GTX-C 노선은 아직 협상조차 진행하고 있지 않다. 그러기에 GTX-B 노선은 장기적으로 봐야 한다. 10년이 걸릴지 15년이 걸릴지 아무도 모른다.

최근 부동산 시장은 예비타당성 발표 같은 호재에도 가격이 출렁거리곤 한다. 평상시에는 예비타당성 통과만으로 크게 오르지 않았을뿐더러, GTX-A 노선 통과 때도 가격이 급등하지는 않았다. 오히려 사업이 구체화되고, 부동산 시장이 활발해지면서 자연스럽게 따라 올라가는 경향이다.

GTX-B 노선은 구간을 설정해서 다르게 해석해야 한다. 총 13개의 역에 정차할 예정인데, 인천~부천 구간에는 송도, 인천시청, 부평, 부천종합운동장 등의 역이, 서울 구간에는 신도림, 여의도, 용산, 서울역, 청량리, 망우 등의 역이, 남양주 구간에는 별내, 평내호평, 마석 등의 역이 건설된다. 효율을 따지자면 아무래도 송도역, 인천시청역, 부평역, 부천종합운동장역 등이 유리하다. 남양주 구간에는 3기 신도시 왕숙2지구에 신설역이 추가될 가능성도 크다.

이용객의 상당수가 출퇴근을 비롯한 어떠한 목적을 가지고 주요 거점역을 이용할 가능성이 높다. 따라서 열차의 운행계획을 신설노선과 병행노선에 따라 달리 봐야 한다. 철도 노선이 하나라 열차 운행이 제한적일 수 있다. GTX가 다니면 경춘선은 불편하다. 결과적으로 송도, 인천시청, 부평역 정도가 가장 호재일 수 있다. 상대적으로 주요 거점역 거주자가 다른 지역을 지속적으로 이용하는 경우는 많지 않기 때문이다. 다만 이들 지역의 업무 밀집도나 역의 기능이 확대될 가능성이 있기 때문에 역 주변 상권이 발달할 수 있다.

GTX-B 노선은 특별한 대책이 없는 한, 사실상 조기 착공은 힘들고 국토교통부나 인천광역시도 철도건설 예산에 여력이 별로 없기 때문에, 민간투자로 검토가 들어가면 계산이 복잡해진다. 상봉 이후 구간은 경춘선과 노선을 혼용해야 하므로 열차 기능이 떨어질 수 있기 때문에 전동차 횟수를 줄이거나 GTX 횟수를 줄일 가능성도 있다. 남양주시에서 차량기지를 다른 곳으로 옮겨달라고 요청할 수 있다. GTX-D 노선이 발표되면 GTX-B 노선을 위협할 수 있고 사업성과 관심에서 밀릴 수 있다는 점도 유의해야 한다.

신도시 대장, 송도역

인천 국제신도시는 영종, 송도, 청라 트라이앵글로 불렸다. 현재 각자의 역할은 있지만 종합적으로는 송도신도시가 가장 우위에 있다고 본다. 송도국제도시는 수도권 제2외곽순환고속도로, 제2·3경인고속도로, 인천 1호선, 6개 광역버스 노선 등 광역교통망을 갖추고 있다.

GTX-B 노선 송도역 복합환승센터는 송도국제도시의 랜드마크가 되도록 디자인했다. 송도역 복합환승센터 위치는 인천 1호선 인천대입구로 지하 4층~지상 2층 규모다. 인천경제자유구역청은 GTX-B 노선을 기반으로 대중교통 중심의 환승체계를 구축해 이랜드, 신세계, 롯데 등의 상업시설을 인천스타트업파크와 연결하고자 했다. 송도역 복합환승센터 이용객들이 상업시설에서 편리하게 쇼핑을 즐길 수 있도록 자동차 환승시설과 주차장을 배치

시/구	동	단지명	거리(m)	세대수	연식	2017년 (만 원)	2021년 (만 원)	평수	평단가 (만 원)	상승률 (%)
인천 연수	송도	더샵퍼스트 파크 F15BL	500	872	5년	49,000	95,000	35	2,714	94
		더샵퍼스트 파크 F14BL	350	869	5년	46,500	90,000	35	2,571	94
		송도더샵 센트럴파크 3차E5	330	351	-1년	100,000	120,000	49	2,449	20
		송도 SK뷰센트럴	500	299	2년	47,500	75,000	33	2,273	58

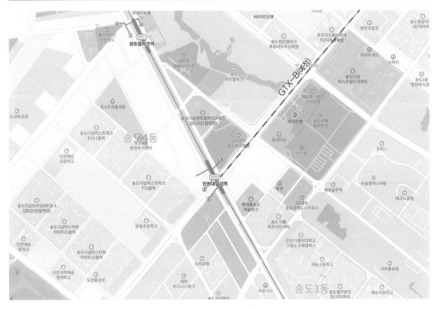

GTX-B 송도역

하고, 신속한 환승을 위해 고속 수직 환승구 2개를 계획하고 있다. 송도역 부근에는 호텔과 MICE 산업시설, 상업시설, 교육기관, 공원 등이 모여 있지만 대중교통의 집결이 약했는데, 이번 복합환승센터가 이 역할을 할 것으로 보고 있다. 송도역 투모로우시티는 스타트업파크로 탈바꿈될 예정으로, 스타트업파크에는 협업공간인 코워킹 스페이스와 빅데이터, 인공지능, 사물인터넷

송도신도시는 유난히 더샵 아파트가 많이 보인다. 포스코건설은 사옥을 송도에 둘 정도로 많은 애정을 쏟았다. 간혹 휑한 느낌도 들지만, 얇고 길쭉한 빌딩이나 고층 아파트를 보면 현대적인 도시라고 느껴진다.

을 활용한 실증센터와 회의실, 교육실 등이 들어설 예정이다.

　송도신도시에 사옥이 있는 포스코 건설 때문인지, 다른 지역에 비해 유난히 더샵 아파트가 많다. 송도역 인근 아파트는 챙겨봐야 한다.

인천의 중심, 인천시청역

　인천시청역은 GTX-B 노선과 인천 도시철도 1, 2호선이 교차하고 인천시

시/구	동	단지명	거리 (m)	세대수	연식	2017년 (만 원)	2021년 (만 원)	평수	평단가 (만 원)	상승률 (%)
인천 남동	간석	금호어울림	500	1,733	17년	31,000	47,000	33	1,424	52
		간석 극동맨션	250	760	33년	23,000	35,000	26	1,346	52
		금호	250	630	35년	25,000	34,000	28	1,214	36
		간석 현대홈타운	350	649	19년	29,000	34,500	30	1,150	19

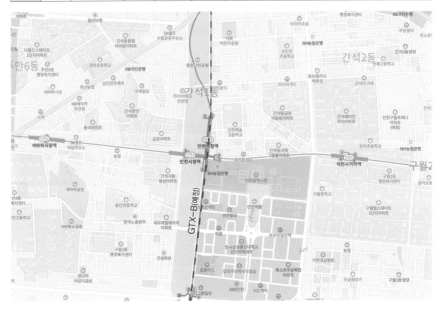

GTX-B 인천시청역

청, 교육청 등 공공시설이 밀집되어 있는 환승역으로, 남동구는 도시공원 내 입지한 위치적 특성을 살렸다. 중앙공원의 동서축 높이 차를 이용해 공원 속에 친환경 환승센터를 조성하고 높은 주거인구 비율을 고려해 생활 SOC시설을 배치할 계획이다. 환승센터는 중앙공원의 우수한 경관과 스카이라인을 고려해 조화롭게 디자인했다. 보행 동선은 남북 방향을 연결되게 했으며 체육시설, 디지털도서관, 주차장 등을 복합적으로 배치했다.

인천광역시청은 건너편의 주택가에 진입하려면 엘리베이터를 이용해야 할 정도로 낙차가 심하다. 인천시청역은 인천도시철도 1, 2호선이 만나고 있으며, GTX의 상징성까지 부여받았다. 시청역 사거리 중앙공원은 답답한 구도심에서 위안이 되기도 한다.

현재 인천시청역 주변의 신축 아파트는 전무한 상태다. 그러나 GTX-B 노선이 개통될 시점이 다가올수록 크고 작은 변화가 생길 것이다. 2020년 여름, 사업시행인가 재승인을 받은 상인천초등학교 주변 구역 주택재개발사업 외에 성락, 백운주택 1구역, 주안 4~10구역, 다복마을, 우신 등 여러 사업들이 진행 중이다. 아직까지 구체적인 사업 이야기가 진행되고 있지는 않지만, 초역세권에 있는 금호와 극동은 30년 차 이상의 아파트로 GTX-B 노선이 들어설 10년 후에는 본격적인 재건축의 급물살을 탈 수 있으니 중기적 관점에서 지켜봐도 좋다.

인천광역시청 맞은편 주택들은 토지 기준 평당 1천만 원(2020년 12월)에 거래되었고, 근린시설은 토지 기준 평당 1천만~2,500만 원 선에서 거래되고 있다. 맞은편 주택들은 인천시청 도로변에서 단차가 매우 크므로 진입하기 곤란해 개발에 대한 부담이 있을 수 있다.

유동인구를 잡아라, 부평역

부평역은 현재 서울 지하철 1호선과 인천 1호선 더블 역세권으로 GTX-B 노선에 따라 중심상업 기능이 커질 듯하다. 미군기지 이전에 따른 공원부지와 굴포천 생태하천 복원사업 등의 환경개선을 이어가며, 부평 테마·문화의 거리를 통해 전통적 상권을 유지하고 있다. 송내·중동IC를 통한 고속도로 진입도 용이해 미래가치가 좋다.

부평동아1단지 부근에 있는 미군기지(캠프마켓)의 일부 반환에 따라 인천광역시는 이곳을 '역사가 살아 있는 녹지·문화 공간(현 신촌공원)'으로 조성하기로 했다. 캠프마켓은 1939년 일제가 군수공장인 조병창을 건립한 뒤, 광복을 맞은 후, 미국부대가 주둔하다가 2014년 이 중 일부를 반환하기로 약조하고 2019년 돌려받았다. 이 지역은 부평역과 약 600m 거리로 금싸라기 땅이라고 불리고 있으며, 공원화 및 개발에 따른 주변 지역의 거주환경 개선에 큰 역할을 할 것이다. 부평동아 1·2차, 우성, 경남 2~4차, 현대 1·2차 등의 아파트가 큰 수혜를 받을 것으로 예상된다.

부평역 남서측, 부평 2구역 재개발 정비사업은 1,500세대로 지상 30층 규

시/구	동	단지명	거리 (m)	세대수	연식	2017년 (만 원)	2021년 (만 원)	평수	평단가 (만 원)	상승률 (%)
인천 부평	부평	부평역화성 파크드림	500	541	2년	41,400	58,550	33	1,774	41
		부평역 한라비발디 트레비앙	150	385	-1년	56,500	68,000	34	2,000	20
		부평LH 2단지	800	704	10년	34,000	44,000	33	1,333	29
		부평동아 1단지	860	2,475	34년	30,000	48,000	28	1,714	60
	부개	e편한세상 부평역 어반루체	800	375	-1년	33,300	40,000	24	1,667	20

GTX-B 부평역

모의 아파트 단지가 공사 중에 있으며, GTX 부평역까지 도보로 갈 수 있다. 부평역 인근 근린시설은 토지 기준 위치와 건물 상태에 따라 조금 다르지만 평당 3천만~8천만 원 선이다.

부평역은 이미 번화가다. 주변 상업지는 코로나로 다소 활기가 주춤했지만, 북측은 유흥주점을 비롯한 술집과 모텔이 즐비하다. 남측은 비교적 조용한 편이다. 미군기지 이전에 따른 도시공원 건설은 거주자에게 최고의 행복이다.

환골탈태, 부천종합운동장역

부천종합운동장역은 현재 지하철 7호선이 운행되고 있다. 향후 대곡~소사 구간 공사가 완료되면 서해선이 운행되고 GTX-B 노선도 정차하는 거점역으로 성장할 지역이다. 지하철 7호선과 역 반경 500m를 중심으로 잠시 살펴보자. 춘의역과 까치울역 사이다.

현재 종합운동장과 테니스장, 공단, 농원, 식당, 야산 등이 중심에 있다. 용도지역은 자연녹지와 주거지역, 준공업지역 등이다. 이곳이 조만간 개발될 예정이다. 비교적 조용하고 도시라고 보기에는 적막함마저 느껴진다. 반대로 이야기하면 개발 가능성이 상대적으로 높을 수 있음을 뜻한다.

부천종합운동장 일원 역세권 융·복합개발사업

경기도 부천시 춘의동 8번지 일대로 부천종합운동장역세권 개발사업이 진행 중이다. 한국토지주택공사가 시행하며 약 1,500세대 3천 명을 계획하고 있다. 역세권 인근에는 주상복합을 배치하도록 효율을 높이고, 이후 아파트와 단독주택을 배치해 계획했다. 북측에는 김포공항과 3기 신도시 부천 대장지구가, 서측에는 부천시와 준공업지역이, 동측에는 바로 서울과 접해 있어 서울의 후광 효과를 톡톡히 누릴 것으로 보인다. 지하철 7호선, 서해선, GTX-B 노선 등 매머드 트리플역세권으로 미래가 매우 밝다. 부천의 메인 지구을 보면 중동은 핵심 주거지역으로 사업지구이고 좌측에는 상동이, 동측에는 작동·여월·성골·원종이, 북측에는 대장, 남측에는 소사와 옥길 지구가 있다.

7호선을 타고 강남권까지는 1시간 정도로 배후지로서 적정한 시간이다. 다만 운행횟수가 아쉽다. 역 주변에는 야산으로 둘러싸여 있다. 숲세권에 쌓여 나름 쾌적한 주변 환경이 예상된다. 초등학교가 없어 아쉽지만, 인근 준공업지역이 지식산업센터로 변모하길 기대해본다. 철도가 운행되면 충분히 가능해 보인다. 부천종합운동장역세권 도시개발사업으로 기존의 운동장은 유지하면서, 테니스장과 주차장은 산업시설과 역세권 출입 인근 주상복합으로, 뒤로 공동주택과 개별주택을 배치하고 있다.

비록 세대수가 많지 않고 초등학교 등 기반기설이 부족하지만, 향후 여러

시/구	동	단지명	거리(m)	세대수	연식	2017년(만 원)	2021년(만 원)	평수	평단가(만 원)	상승률(%)
부천	여월	여월휴먼시아3단지	850	899	15년	42,300	70,000	33	2,121	65
		여월휴먼시아5단지	750	334	12년	60,000	90,000	50	1,800	50

GTX-B 부천종합운동장역

변화가 예상된다. 초등학교는 4천 세대 정도 되어야 신설할 수 있는데, 이 지역은 1,500세대로 쉽지 않다. 부천종합운동장역은 미래가치가 높은 역세권 개발로 많은 관심이 필요해 보인다.

GTX-B 부천종합운동장역 현장 스케치

부천종합운동장역 주변에는 사람이 별로 돌아다니지 않는다. 출퇴근 시간에는 주도로만 북적인다. 80만 인구의 부천시는 교통의 중심으로 이 지역을 택했다. 이제 시작단계에 불과하지만 20년 후에는 상전벽해라는 말이 딱 맞을 듯하다.

서울 서부 핵심권역, 신도림역

서울 구로구 신도림동 일대에 추진 중인 정비사업지는 총 3곳이다. 우성 1·2·3·5차가 리모델링 추진위원회를 결성하고 조합 설립을 준비하고 있다. 미성아파트 재건축을 비롯해 신도림 준공업지역 정비사업으로 변화가 기대된다. 여의도와 인천을 잇는 경인로 일대는 7천 세대가 넘는 아파트가 들어서며 주거지역으로 탈바꿈했지만 안양천 주변의 신도림 준공업지역 일대는

시구	동	단지명	거리 (m)	세대수	연식	2017년 (만 원)	2021년 (만 원)	평수	평단가 (만 원)	상승률 (%)
서울 구로	구로	태영타운	450	1,252	22년	51,700	106,500	32	3,328	106
	신도림	e편한세상 4차	250	853	19년	75,000	145,000	34	4,265	93
		동아2차	530	655	22년	57,200	118,500	33	3,591	107
		동아3차	400	813	22년	62,500	122,000	33	3,697	95
서울 영등포	대림	코오롱 하늘채	500	481	24년	45,000	90,600	33	2,745	101

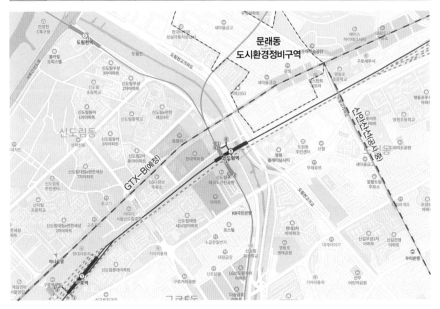

GTX-B 신도림역

지역 주민 간 갈등으로 정비사업이 지연되었다. 20만㎡에 달하는 준공업지역 내 신도림 293 일대는 아파트촌으로 탈바꿈하기 위한 도시정비사업이 진행 중이다. 이 일대는 2,700세대 규모 아파트 단지로 변화할 예정이다. 신도림 준공업지역 내에서 유일하게 재건축 연한을 채운 단지다.

GTX-B 신도림역 현장 스케치

1호선 구로역과 영등포역 사이의 신도림역은 지상철로 인해 철도용지 폭이 50m 이상 되어, 주변 상권이 북측과 남측이 단절되었다. 신도림역 북측은 아파트 단지와 현대백화점 등의 상업시설이 있고, 남측은 테크노마트와 상가주택이 들어서 있다.

신도림 미성 아파트는 재건축 정밀안전진단 중이다. 재건축 추진준비위원회가 결성된 후 정밀안전진단 기관을 선정하고 있으나 「도시 및 주거환경정비법」 개정 후 2021년부터는 시도가 관리한다. 재건축사업 추진을 위해선 정밀안전진단에서 '조건부 재건축(D등급)'이나 '재건축(E등급)'을 받아야 한다. D등급을 받으면 공공기관 적정성 심사를 더 거쳐야 한다. 6개동 824세대인 신도림 미성은 1989년 준공되어 재건축 가능 연한 30년을 채웠다.

금융의 핵심, 여의도역

신안산선 1단계는 여의도역까지만 운행된다. 향후 2단계는 공덕역과 서울역까지 예정되어 있지만 상당한 시일이 예상된다. 영등포구는 영등포동, 여의도동 등 18개 동으로 구성되어 있고 17만 세대, 인구수 44만 명으로 국회의사당, KBS, 금융감독원 등의 공공기관과 63빌딩, 은행, 금융, 보험, 증권회사 등이 입지하고 있다.

여의도역에는 기존 지하철 5, 9호선 여의도역을 중심으로 좌측에는 여의도공원과 우측에는 상업, 업무시설, 아파트 단지 등이 있다. 고층 업무빌딩이 밀집되어 있기 때문에 평일 출퇴근 시에는 지하철의 이용 빈도가 높지만 주말에는 한적한 편으로, 여의도공원이나 한강공원에 놀러오는 가족과 친구, 연인 등이 많다.

주변 재건축을 앞두고 있는 광장 아파트는 10개 동 744세대로 2017년 7월 기준 34평이 11억 5천만 원 내외로 거래되었다. 같은 시기에 준공된 미성 아파트(5개 동, 577세대, 13층)도 비슷한 금액대로 거래되었다. 광장 아파트 재건축은 신탁 방식으로 진행되는데, KB신탁에 위탁해 신탁사를 사업대행자로 지정했다. 추진위원회와 조합설립 없이 시공사 선정과 건축 심의를 받게 되어 사업기간이 단축될 수 있지만, 기존 사례가 없어 진행과정에서 시행착오가 이어질 가능성도 크다.

시/구	동	단지명	거리 (m)	세대수	연식	2017년 (만 원)	2021년 (만 원)	평수	평단가 (만 원)	상승률 (%)
서울 영등포	여의도	광장	330	744	44년	102,000	200,000	34	5,882	96
		미성	150	577	44년	98,000	180,000	32	5,625	84
		자이	430	580	14년	130,000	220,000	48	4,583	69
		롯데캐슬 엠파이어	240	406	17년	90,000	145,000	41	3,537	47
	대림	대림 코오롱	500	481	24년	45,000	90,600	33	2,745	101

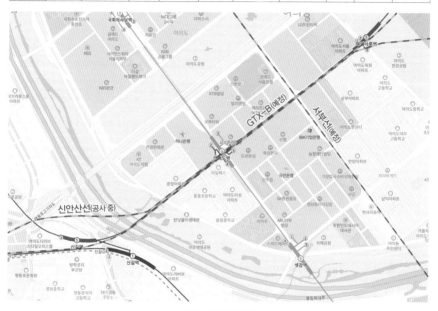

GTX-B 여의도역

수도권 광역급행철도 4
GTX-D 노선

　인천시는 서울에서 이어지는 GTX-D 노선에 대해 부천을 기점으로 인천국제공항, 김포지구 두 축으로 이어지는 Y자 노선 시행이 최적의 방안이라고 보았다. GTX 도입 예비타당성 조사 용역을 진행해 각각의 사업을 진행하는 것과 두 노선을 동시에 시행하는 3개 방안을 검토했는데, 동시에 시행하는 것의 경제성은 B/C 1.03으로 더 높게 분석되었다고 한다.

- 인천국제공항행: 86.09km, 정거장 14개소, 79,587억 원, B/C 0.96
- 검단·김포행: 68.33km, 정거장 12개소, 59,813억 원, B/C 1.00

　인천공항 방면은 진행이 쉽지 않아 보인다. 최근 한강변 남측의 주요 도시를 거치는 노선으로 사업이 언급되다 보니, 그 상황에서는 인천으로 가는 경우의 수는 검단과 계양 정도밖에 되질 않는다. 인천행의 사업성이 낮게 책정된 이유는 인천공항을 가지 않으면 큰 이슈가 없기 때문이다. 그렇다면 인천공항으로 가는 노선은 좋지 않은가? 일단 예상 수요가 적어 적자노선 중 하나

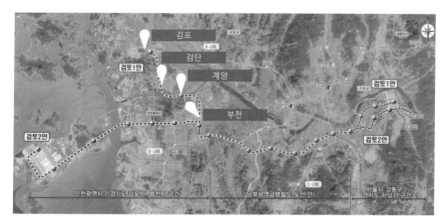

GTX-D 노선도

인 인천공항 철도가 있다. 공항버스와의 갈등도 예상된다. 가뜩이나 수요가 줄어들고 있는데 GTX를 반길 리 없다. 제3연륙교 건설과도 얽혀 있다. 영종대교, 인천대교, 제3연륙교와 추가 주차장 건설 여력이 충분히 있기에 개별적으로 이동할 가능성이 더욱 높아졌다.

B/C 0.96의 의미는 뭘까? 통상 1이 넘어야 사업성이 있다고 평가하지만, 0.8~0.9만 되어도 지역낙후도나 개발가능성을 고려해 선정되곤 한다. 1을 넘기기에는 부담스럽고, 사업성이 있을 것 같은 정도의 수치를 담았다. KDI에서 재검토하면 얼마든지 수치가 내려갈 수 있으며, 이 또한 정치적으로 움직일 수 있다. 공항철도 노선을 병행해 쓰는 방법도 있다.

사전용역은 정확한 결과값을 내는가? 용역을 맡긴 결정권자에 따라 얼마든지 조정할 수 있다. 사전용역은 법 테두리 안에서 자유로워 지자체가 선도적으로 입지를 다지기 위한 방편으로 삼는다. 한강변 중심의 노선이 될 가능성이 높다. 김포, 인천, 부천, 서울 남부급행, 하남으로 이어지는 노선연장 70km 내외, 정거장 12개소 내외로 이어지는 노선에 무게감을 두고 싶다.

GTX-D 예상 정차역(총 12~14개 역)

김포시: 장기, 통진(차량기지) 또는 구래 (1~2개 역)

인천시: 검단역(유력), 계양 (2개 역)

부천시: 부천종합운동장, 대장신도시(가능) (1~2개 역)

서울시: 가산디지털단지(또는 구로역), (신림), 사당, 강남, 잠실, (천호), 고덕

하남시: 미사, 하남시청(차량기지) (1~2개 역)

GTX-D 노선은 4차 국가철도망 구축계획의 핵심 의제로, 발표만으로도 부동산 시장이 움직일 수 있다. 운행까지는 험난한 길이 예상되므로, 실제 운행은 2035년까지 봐야 한다. 민자사업 진행 고려 시 GTX-D노선이 부각되면, GTX-B노선이 위축될 수도 있다는 점과 국토교통부 소속 의원의 정치적 목소리, 차량기지 유치에 따른 변수도 고려해야 한다.

GTX-D 노선의 시작, 김포

인천시는 서울에서 이어지는 GTX-D 노선에 대해 경기 부천을 기점으로 인천국제공항(청라 경유), 경기 김포(검단 경유) 등 두 축으로 이어지는 Y자 노선을 제4차 국가철도망 구축계획에 반영해줄 것을 건의했다. '하남~서울 삼성~구로~부천종합운동장'에서 '계양~검단~김포'와 '가정~청라~영종하늘도시~인천국제공항' 두 갈래로 운행하는 노선으로, 총 연장 110km, 정거장 18개소, 총 사업비 10조 원을 예상하고 있다.

검단은 유력하나, 계양에는 신도시 변수가 있을 수 있다. 인천시 입장에서는 300만 도시에 비해 뭔가 아쉬울 수밖에 없다. 인천공항을 이슈로 삼아 새

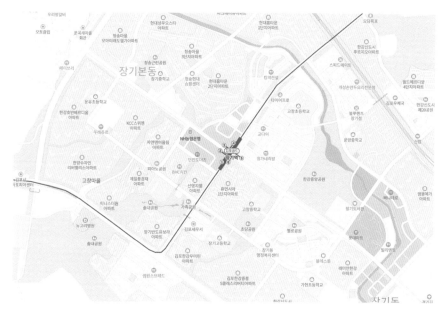

GTX-D 김포장기역

롭게 노선을 추진할 수는 없으니, Y노선이라는 대안을 끄집어낼 수밖에 없었다.

혈을 찾다, 인천 검단·계양

인천 검단지구와 관련한 GTX-D 노선이 꾸준히 언급되고 있다. 검단신도시의 부동산 가격이 인근에 있는 풍무지구를 넘기긴 쉬운 일이 아니지만, GTX 변수에 따라 상황이 달라질 수도 있다. GTX가 생기면 기회를 톡톡히 누릴 듯한데, 제4차 국가철도망 구축계획에 포함될 가능성도 있다. 지하철 5호선은 사업비 마련이 뚜렷하지 않은 노선으로, 경제성이 있다고 해도 많은

GTX-D 검단신도시

시간이 필요하다. 인천 지하철 2호선 일산 연결 의미도 적기 때문 '검단' 하면 떠오르는 뭔가가 필요한 시점이다.

인천 검단지구 택지개발사업

사업면적: 11,181,139m²(약 34만 평)

사업시행: 한국토지주택공사 50%, 인천도시공사 50%

주택계획: 7만 4천 세대(계획인구 약 18만 명)

검단신도시는 좌측 주거지역이 인천 원당지구, 우측이 김포 풍무지구다. 1단계와 2단계로 나뉘어 공사 중에 있는데, 1단계는 101역을 중심으로 원당과 풍무 사이를 개발하고 있다. 검단신도시는 강남권에서 기본적으로 30km 떨어진 곳이다. 김포신도시와 검단신도시는 인접해 있기 때문에 유사생활권에 해당된다. 전체적인 교통편은 검단보다 김포가 작지만 아직까지는 지역 베이스로 보면 한 수 위에 있다는 이야기가 많다. 최근 개통한 김포 경전철 인근의 신축 아파트를 비교해보면 검단신도시의 아파트 가격대를 가늠할 수 있다. 서측의 수도권매립지, 154kV 송전탑과 군부대, 공장밀집지역 등은 주거지역에서의 핸디캡으로 보인다.

서울 남부광역급행철도

지하철 2호선의 급행 운행이 불가능하자, 2호선 급행의 대안으로 2013년 서울특별시에서 계획을 수립한 광역철도 노선이다. 2호선 하부에 대심로로 철도를 건설해 서울 내부 거점의 신속한 연결을 목적으로 하고 있다.

부천종합운동장역을 시작으로 오류, 가산디지털단지, 신림, 사당, 교대, 강남, 선릉, 삼성, 잠실 등으로 검토된 노선이었지만, GTX-D 노선과 연계해 서울 지하철 2호선을 통과하는 수도권 남부 동서 급행철도 라인이 계획될 수 있다. 예전 서울시 조사에서 예비타당성 조사 결과 B/C가 1이 넘어 사업성이 있다고 이미 판단한 적이 있기 때문에, GTX-D 노선과의 연계 시너지가 예상된다.

GTX 노선의 특징을 감안하면 당초 계획된 역보다는 거리 차이를 둘 수 있다. 부천종합운동장, 가산디지털단지, 사당, 강남, 삼성, 잠실 등의 역은 가능성이 높아 보인다.

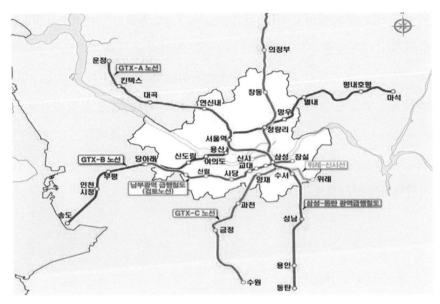

남부 광역급행철도 노선도

철도 변방에서 벗어난, 하남

하남 미사지구

사업면적: 5,679,364m²

사업기간: 2009년 6월 3일~2020년 6월 30일

사업시행: 한국토지주택공사

주택계획: 3만 8천 세대(계획인구: 9만 3천 명)

서울 남부 광역급행철도가 GTX-D 노선과 만나면, 잠실역이 종점이 아니라 천호역과 고덕역까지 연결되고, 하남 미사역으로 정차될 것으로 보인다. 이후 하남시가 GTX-D 노선 차량기지 유치에 힘을 쓴다면 추가로 역이 생

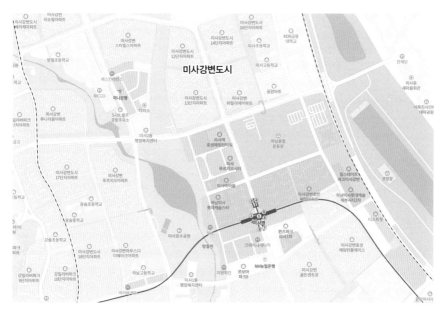

GTX-D 미사역

길 가능성도 배제할 수 없다.

미사역은 센트럴자이를 비롯해 하우스디더레이크, 푸르지오 아파트 등의 평단가가 3천만 원 초반대에 가깝다. GTX-D와 지하철 9호선 등의 호재를 입고 부동산 시장의 확실한 우위에 있을 수 있다. 실제 운행까지는 오랜 시간이 걸릴 수 있기 때문에 장기 보유는 다시 생각해봐야 한다.

STATION
INFLUENCE AREA

CHAPTER 2

금수저
노선 찾기,
수도권
광역전철 22

수도권
광역전철 22

1호선

총 거리: 90~160km(총 97개역)

운행시간: 150~225분

표정속도: 36~44km/h

운행간격: 서울역 출퇴근 시 3분, 평상시 5분(외곽 출퇴근 시 7분, 평상시 10분)

1호선은 지하철과 연계되어 경부선, 경인선, 경원선 등이 운행된다. 크게 청량리와 광운대, 의정부, 양주를 끊어서 봐야 한다. 동일한 선로 같지만 단순히 비교해보면 노선의 이용률은 소요산 기준으로 청량리는 7배, 광운대 5배, 의정부 3배, 양주 2배의 차이가 난다. 의정부역부터는 승객 이용률이 크게 차이 나지 않기 때문에 광운대 선에서 투자대상을 물색하는 것이 좋다. 구로역은 경부선과 경인선이 갈라지는 곳으로 투자 마지노선이다. 급행이 다니긴 하지만 간격이 넓어 큰 의미가 없다. 수원(천안) 방면은 병점까지만 보자. 서동탄은 차량기지라 이용률 차이가 많이 난다. 열차가 하루에 200대 내외로 운

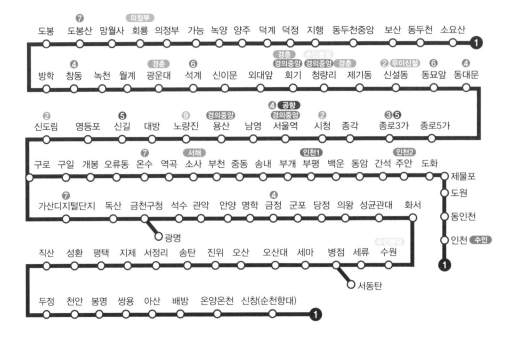

1호선 노선도

행되는 게 가장 좋지만, 100대 이상은 다녀야 수요가 많다고 볼 수 있다. 병점 이후 열차 운행은 하루 52대라 파급력이 약할 수밖에 없다.

1호선 중 GTX와 연관된 역을 주목해야 한다. 특히 GTX-C 노선은 1호선과 연계되어 있다. 덕정역, 의정부역, 광운대역, 청량리역, 금정역, 수원역 등 6개의 역이 중복된다. 특히 광운대역은 역세권 개발사업으로 주거, 업무, 상업시설 등을 조성하고, 영등포역은 도시재생사업으로 상권과 노후된 시설을 재정비하고 있으며, 소사역은 서해선 환승으로 인한 시너지가 기대된다.

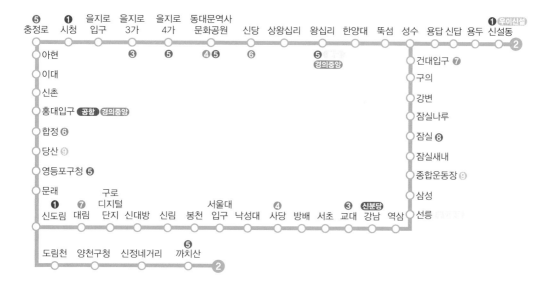

2호선 노선도

2호선

총 거리: 50km(총 51개 역)

운행시간: 90분

표정속도: 33km/h

운행간격: 출퇴근 시 3분, 평상시 5분

2호선은 순환선이다. 10량짜리 열차가 시간당 20대 지나간다. 양적으로나 질적으로나 최상의 컨디션이다. 2호선에는 까치산과 신설동으로 연결된 2개의 지선이 있다. 지선의 중간역은 한계가 있다. 까치산과 신설동은 나쁘지 않다.

잠실역은 송파구의 중심지로 2호선과 8호선의 더블역세권이자 광역버스

환승센터로 인해 교통의 요충지가 되었다. 서울대입구역은 최근 샤로수길(서울대 조형물 '샤'와 가로수길 합성어)로 유명하다. 저렴한 임대료와 녹두거리 쇠퇴로 상권이 확대되고 있다. 구로디지털단지역은 신안산선 장래 환승역으로 대규모 국가산업단지가 위치해 있다. 음식문화특화거리인 깔깔거리 중심으로 상권이 형성되어 있다.

3호선

총 거리: 58km(총 43개 역)

운행시간: 100분

표정속도: 35km/h

운행간격: 출퇴근 시 4.5분, 평상시 7분

3호선 대화행은 구파발을 주의해야 한다. 초기에는 구파발까지 운행하면서 차량은 지축 차량기지에 정박했다. 이후 일산 신도시가 건설되면서 자연스레 노선이 연장되었지만 당초 차량기지를 그대로 쓰고 있다. 그러다 보니 열차 운행이나 경제적으로 봐도 외곽을 한 번 교행하는 것보다, 시내를 중심으로 일정 구간 2회 왕복하는 것이 수요 측면에서는 효과적이다. 그래서 구파발~대화 구간의 승객은 상대적으로 불편함이 따를 수밖에 없다. 구파발행 운행 비율은 62%가량이다. 반면에 오금~수서 구간에서 수서행은 17%로 큰 차이가 없다. 오금 방면에 사는 사람들은 대부분 오금행이 오기 때문에 불편함을 덜 느낀다.

신사역은 교통의 요충지인 데다 가로수길로 유명하며 서울의 주요 상권으

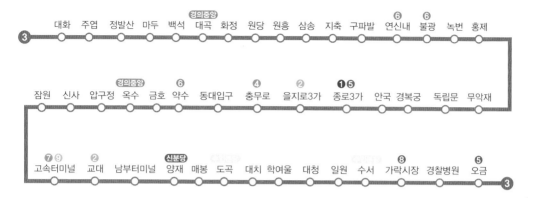

3호선 노선도

로 자리 잡았다. 고층 빌딩이 즐비해 있으며 압구정역 중심으로 성형외과들도 많이 생겨났다. 신분당선 용산~강남 구간이 개통되면 판교, 강남, 용산까지 편하게 이동할 수 있어 상권의 가치가 더 높아질 수 있다.

연신내역은 GTX-A 노선의 효과를 톡톡히 누릴 수 있는 역이다. 서울 북서쪽 관문으로서 은평뉴타운, 삼송지구를 비롯한 주변 정비사업에 대한 기대가 크다.

4호선

총 거리: 72km(총 48개 역)

운행시간: 110분

표정속도: 39km/h

운행간격: 출퇴근 시 3.5분, 평상시 5분

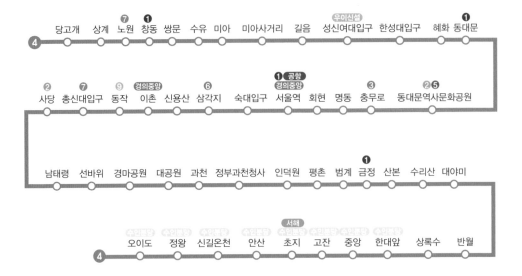

4호선 노선도

4호선의 경우 당고개 방면은 운행이 동일하다. 정부 정책상 급행 차량을 5대 두었지만, 큰 의미는 없어 보인다. 승객이 지하철 시간을 보고 탄다는 것은 그만큼 운행이 적다는 의미로 해당 노선의 가치가 떨어짐을 의미한다. 시간을 보지 않고 타는 지하철이 가치가 높다. 오이도행은 사당에서 신경을 끄자. 향후 당고개에서 진접으로 넘어가는 진접선이 완공되면 열차 운행이 달라질 것이다. 핵심은 창동 차량기지의 진접 이전이다. 창동역과 노원역 사이에 도시재생사업으로 진행되는 역세권 복합개발은 삼성역 개발 다음으로 눈여겨봐야 한다.

서울역은 고가공원(서울로7017)과 서울역 복합철도망계획이 구체화되면서 인근 중림로 일대 낡은 건물이 젊은층을 겨냥해 특색 있는 카페로 변하고 있다. 공항 접근성과 용산 개발의 발전 가능성 등을 이유로 외국계 투자사들

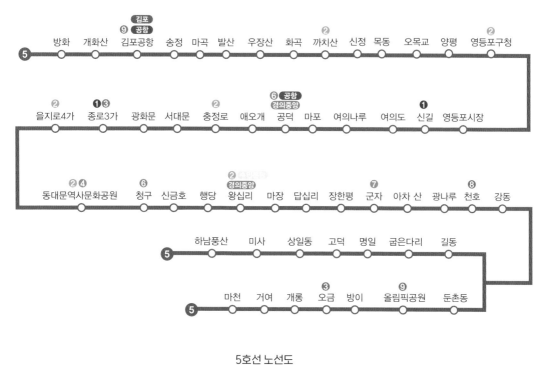

5호선 노선도

이 시장가치를 높게 보고 트윈시티 남산, 메트로타워, T타워 등을 매입했다.

초지역은 서해선이 운행 중으로 인천발 KTX가 2025년 개통되면 교통 중심지가 된다. 주변에는 안산시민공원과 화랑유원지, 푸르지오 아파트가 있다.

5호선

총 거리: 하남 기준 53km, 마천 지선 7km(총 53개 역)

운행시간: 85분

표정속도: 33km/h

운행간격: 출퇴근 시 3.5분, 평상시 6분(하남미사행, 마천행 1:1)

5호선은 나름 알뜰 노선이다. 예전 도시철도공사 5~8호선 중에 7호선 다음으로 수요가 많다. 광화문과 여의도, 마곡까지 이어지는 2대, 3대 업무지구를 관통하고 김포공항까지 이어지는 수요가 제법 있다. 마천행과 하남미사행 중 본선은 하남미사로 봐야 한다. 하남미사행에는 고덕 차량기지가 있기 때문이다. 보통 지선은 셔틀 개념인데, 5호선은 다르다. 처음 계획부터 강동역은 상일동과 마천으로 갈라질 수 있도록 분기기(차량을 다른 궤도로 옮기기 위한 설비)를 설치해두었다.

김포공항역은 공항철도와 5호선, 9호선, 김포 경전철, 대곡소사선 등 총 5개 역이 모이는 복합환승역이다. 역 주변은 용도변경과 용적률 완화, 특별계획구역 지정으로 물리적 단절과 고도제한을 풀어 활성화하려 한다.

올림픽공원역은 한국체육대학교와 올림픽선수기자촌 아파트로 유명하다. 기자촌 아파트는 1988년에 준공되어 재건축을 진행하고 있다.

6호선

총 거리: 36km(총 39개 역)

운행시간: 68분

표정속도: 30km/h

운행간격: 출퇴근 시 4분, 평상시 7분

6호선은 노선가치가 다소 애매하다. 8호선은 연장이 짧기라도 하지만, 6호

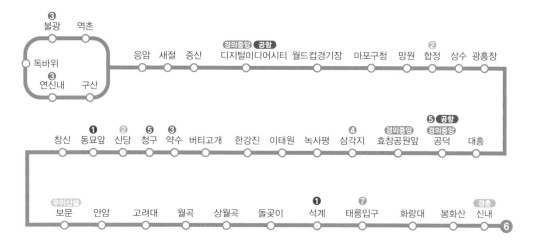

6호선 노선도

선은 제대로 된 업무지구를 거치지 못하고 있다. 응암 구간 순환 단선은 처음부터 더 이상 확장은 없다고 선을 그은 게 아닌가 싶다. 2019년 12월 신내역이 추가 개통되었고, 향후 서울주택도시공사 본사 이전이 예정되어 있다. 구리 연장 등도 검토되고 있지만 당장은 쉽지 않아 보인다.

연신내역은 서울 서북부를 대표하는 더블역세권으로 은평뉴타운과 고양시, 파주시의 유동인구를 흡수하고 있으며 갈현동의 연신내 로데오거리를 중심으로 저녁 상권이 형성되었다.

상수역은 홍대 상권과 연계되어 핫플레이스가 모여 있다. 4번 출구 한강변 서울화력발전소의 지하화로 자연친화적 공간의 탈바꿈이 기대된다.

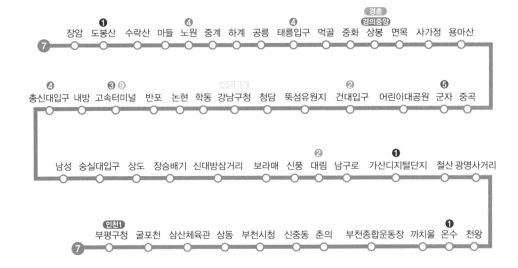

7호선 노선도

7호선

총 거리: 57km(총 50개 역)

운행시간: 103분

표정속도: 33km/h

운행간격: 출퇴근 시 3.5분, 평상시 6분

7호선은 강북에서 강남까지 직통으로 연결되는 다이렉트 노선이다. 1, 2호선을 제외하고는 수요도 많아 사업성이 높다. 장암 방면에서는 도봉산행과 장암행의 운행 비율이 2.6배 차이다. 향후 의정부와 양주까지 노선이 이어진다 해도, 도봉산행과 구분되어 2배까지는 차이가 날 것이다. 투자지역을 도봉산으로 한정해야 하는 이유다. 부평구청행도 온수역까지만 고려해야 한다.

8호선 노선도

석남 연장이 곧 개통되고, 향후 청라 연장까지 이어진다 해도 온수행 비율은 유지될 것이다. 차량기지는 천왕역 인근의 천왕 차량기지를 이용하고 있다. 동북쪽은 장암 차량기지를 쓰고 있다.

논현역은 강남역, 신논현역과 같이 유동인구가 많지는 않지만 업무단지와 주택가의 유효수요가 있다. 가구거리와 먹자골목부터 디자인 업체, 스튜디오, 기획사 등 다양한 상권이 밀집해 있다.

이수역은 서리풀터널이 개통되어 강남역으로의 접근성이 매우 좋아지면서 낙후된 건물들이 전체적으로 재평가를 받고 있다. 13번, 14번 출구 먹자골목에서 남성시장까지 저녁 상권이 형성되어 있다.

8호선

총 거리: 18km(총 17개 역)

운행시간: 31분

표정속도: 34km/h

운행간격: 출퇴근 시 5분, 평상시 8분

8호선은 짧지만 별내선이 기대된다. 공사에 여러 문제가 있어 계획보다 늦어지고 있지만 별내, 다산 진건, 구리, 정자 등의 역에서 승객들이 기다리고 있다. 향후 모란에서 판교까지 이어진다면 좋은 노선으로 거듭날 수 있다.

석촌역은 잠실대교 남단, 잠실역에서 이어지는 송파대로 중심지역이다. 주변은 다세대주택, 단독주택이 밀집해 있고 대로변에는 업무빌딩이 있다. 9호선 더블역세권으로 석촌호수 주변 카페거리로 유명하다.

가락시장역은 송파, 문정, 수서 사이에 위치해 있다. 가락시장 현대화사업으로 만들어진 가락몰은 대형마트와 회센터 등 다양한 볼거리와 식문화를 제공한다. 3호선과의 더블역세권으로 문정동 지식산업센터, 법조센터 이용자가 많다. 올림픽훼밀리타운 대단지는 재개발에 대한 기대도 높다.

문정역은 문정동 지식산업센터와 오피스텔 개발이 마무리되어 동부지방검찰청과 법원·등기소가 이주했다. 문정도시개발구역 상주인구 3만 명과 인근 동남권 유통단지 가든파이브 쇼핑몰의 영향으로 자리를 잡았다.

9호선

총 거리: 40km(총 38개 역)

운행시간: 68분(급행 40분)

표정속도: 26km/h(급행 47km/h)

운행간격: 출퇴근 시 8분(급행 4분), 평상시 10분(급행 5분)

급행역: 김포공항, 마곡나루, 가양, 염창, 당산, 여의도, 노량진, 동작, 고속터미널, 신논현, 선정릉, 봉은사, 종합운동장, 올림픽공원, 보훈병원

5 김포공항

공항 마곡나루

2 당산

개화 김포공항 공항시장 신방화 마곡나루 양천향교 가양 증미 등촌 염창 신목동 선유도 당산

신논현 사평 **3 7** 고속터미널 신반포 구반포 **4** 동작 흑석 노들 **1** 노량진 샛강 **5** 여의도 국회의사당

언주 선정릉 삼성중앙 봉은사 **2** 종합운동장 삼전 석촌고분 **8** 석촌 송파나루

중앙보훈병원 둔촌오륜 **5** 올림픽공원 한성백제

9호선 노선도

9호선은 노선 색깔 그대로 황금노선이라도 칭해도 손색이 없다. 다만 급행과 완행의 비율이 거의 1:1 수준이다. 급행역과 완행역의 차이가 너무 크다. 지하철에 급행, 완행을 두는 것도 조금 이상하지만 9호선은 처음부터 그렇게 계획되었다. 완행역 승객들의 불편함이 느껴진다. 가까운 역을 이동할 때야 그냥 타도 그만이지만, 조금 거리가 있으면 급행이 서는 정거장에 내려 갈아타야 한다. 심리적 피로감이 생길 수 있다. 급행을 보내기 위해 완행의 정차시간은 길어질 수밖에 없다. 또한 최근 김포 경전철 개통에 따라 급행 수요가 더 몰리고 있다. 다들 급행으로 몰리다 보니, 출퇴근 급행차량의 혼잡도는 이루 말할 수 없다. 김포공항에서 강남권까지 최대 20분 차이가 나니, 바쁜 출근시간에는 지옥철이어도 타게 된다.

9호선은 혼잡도가 극심하다. 많은 인원이 출근시간마다 불편을 호소하고 있지만 연차별 예상 수요를 적게 잡아 적기에 증설되지 못했다. 현재 1편성

4량 운행을 6량으로 증설하고 편성 수도 늘려 예전보다 편리해졌다.

9호선 3단계 공사는 종합운동장역에서 올림픽공원역을 지나 보훈병원역까지 9.1km를 연장하는 사업이었다. 8호선 석촌역과 5호선 올림픽공원역 등 2개의 환승역을 포함한 8개소의 정거장이 건설되어 운영되고 있다.

종합운동장역에 이어 8개 역이 송파구 삼전동, 석촌동, 송파동, 방이동 주택밀집지역에서 이동하기 편리해졌다.

가양역은 인근 마곡지구 상주인구 15만 명의 배후 수요 지역이며 급행역으로 9호선이 정차한다. 한강변을 바라보고 있는 아파트에 관심이 필요하다. 염창역은 목동과 염창동을 경계로 3, 4번 출구가 위치했다. 목동 다가구, 다세대 밀집지역도 눈여겨봐야 한다. 가로정비사업에 의한 소규모 개발이 가능해진 만큼 가치가 있을 수 있다. 신논현역은 대기업과 중소기업들의 사옥이 있으며 강남역~신논현역 구간은 하루 유동인구가 20만 명에 달하는 거대 상권이다. 신분당선 용산~강남 개통과 경부고속도로 지하화 등 여러 호재가 있다.

신분당선

총 거리: 31km(총 13개 역)

운행시간: 37분

표정속도: 50km/h

운행간격: 출퇴근 시 5분, 평상시 8분

신분당선은 수도권 광역철도망 구축사업이다. 경기 남동부와 서울 도심지역 간 연결로 통근시간 교통혼잡을 완화해 광역전철망의 효율을 개선함이 목

신분당선 노선도

표다. 현재 강남~신사 구간을 건설하고 있다. 신분당선은 강남역부터 정자역까지 8량이지만, 미금역부터 광교역까지는 6량으로, 수요가 증가해도 차량 수를 증차하기 힘들다. 9호선도 유사하다. 거기다가 신분당선은 추가로 별도 운임을 지불해야 하는데, 차등적으로 최대 1,200원까지 내야 한다.

2003년 신분당선 정자~수원 연장사업이 예비타당성 조사를 통과했으나 정자~광교 구간만 우선 추진되고, 남은 구간인 광교~호매실은 경제성 부족 등을 이유로 지연되어왔다. 2020년 1월 광교~호매실 예타 통과로 어느 때보다 기대가 높다. 광교와 호매실 택지개발사업에서 광역교통 개선대책으로 분담금 4,993억 원이 확보된 점을 고려하면 빠른 착수가 필요하지만, 호매실 구간의 단선계획과 신사~용산 구간에서의 이슈에 밀리게 되면 후속 절차가 계획대로 진행되지 못할 수 있다. 강남~신사 구간은 2022년 상반기 개통 예정이다.

경춘선

총 거리: 81km(상봉 출발, 총 25개 역)

운행시간: 80분

경춘선 노선도

표정속도: 60km/h

전동차 운행간격: 출퇴근 시 18분, 평상시 25분

ITX 운행간격: 출퇴근 30분, 평상시 60분(주말 30~40분)

ITX 정차역: (청량리, 회기, 중랑), 상봉, 망우, 신내, 갈매, 별내, 퇴계원, 사릉, 금
곡, 평내호평, 천마산, 마석, 대성리, 청평, 상천, 가평, 굴봉산, 백양리, 강촌, 김
유정, 남춘천, 춘천

1939년 사설철도로 개통된 경춘선은 2010년 12월 기존 단선철도를 복선
전철화해 국토의 균형발전과 수도권 인구의 균형적 분산을 도모하고자 건설
되었다. 노선 주변 지역의 교통편의 제공과 지역 개발촉진이 목표로, 1999년
건설교통부의 '21세기 국가철도망 구축 기본계획'에 따라 경춘선, 경의선, 분
당선, 경강선, 국제공항철도 등이 사업대상이다. 이들 노선은 현재 운행되고
있거나 추가 공사 중이다.

경춘선은 청량리역과 광운대역을 기점으로 춘천까지 운행되고 있지만, 평
면교차 및 선로 용량 부족으로 다수의 열차가 상봉역을 정차하고 있다. 기존

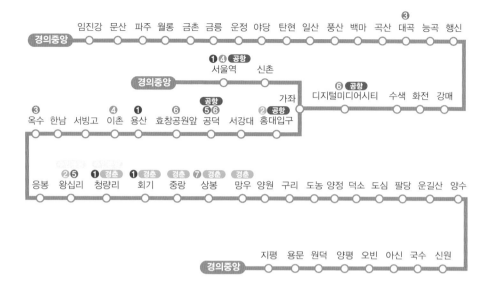

경의중앙선 노선도

경춘선 폐선부지는 대부분 공원화되어 지역주민에게 환원되었다. 전동차 운행횟수가 제한적이라, ITX 정차 여부까지 고려해야 한다. ITX 열차는 상행 기준 1일 60회 정도 운행되고 있어, 전동차 운행횟수와 비슷하다. 특히 8호선과 GTX-B 노선이 예정된 별내역에 관심을 가져야 한다.

경의중앙선

총 거리: 130km(총 56개 역)

운행시간: 160분

표정속도: 45km/h

운행간격: 출퇴근 시 10분, 평상시 15분

경의중앙선은 경의선과 중앙선을 별개로 봐야 한다. 구간별로 나눠서 보면 경의선인 임진강역~서울역 46.3km, 용산선인 디지털미디어시티역~용산역 8.6km, 경원선인 용산역~청량리역 12.7km, 중앙선인 청량리역~지평역 62.1km로 구분할 수 있다. 결국 경의중앙선 노선은 문산역에서 출발해 디지털미디어시티역에서 용산역으로 이동하고 청량리역에서 덕소, 용문, 지평행으로 연결되는 것이다. 2020년 3월 경의선 문산역~임진강역 구간이 단선으로 개통되었다(평일 2회, 주말 4회).

중앙선인 용문역에서 서울 방면으로 운행횟수는 출퇴근 시 13분, 평상시 30분 간격이지만 덕소역은 10분 간격, 15분 간격으로 양호하다.

디지털미디어시티역은 경의중앙선, 공항철도, 6호선 등이 운행된다. 트리플역세권이긴 하지만, 주요 노선인 2, 3, 4, 5, 7호선과 연계되지 않아 업무단지나 번화가로의 이동이 불편하다.

수색·DMC역 주변지역 지구단위계획

사업면적: 467,052m²(서울시 은평구 수색동, 마포구 상암동 일대)

사업기간: 2015~2025년

사업시행: 은평구청

수색역과 디지털미디어시티역은 은평구 수색동, 증산동, 상암동 일대다. 바로 인근에 경기 고양시 향동지구와 덕은지구가 접해 있다. 두 역 사이의 거리는 불과 500m밖에 되질 않는다. 일명 DMC(Digital Media City)역이라고 불

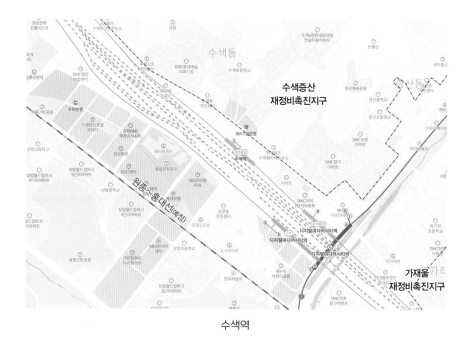

수색역

려 인근 아파트에는 이름에 DMC를 많이 붙인다. 브랜드 가치에 영향을 주어 결국 부동산 가격이 올라가기 때문에 최대한 활용하고 있다. 선로를 데크로 덮어 상하로 교행이 가능하게 하고 상업시설과 업무시설을 밀집해 용도 활용을 높이고자 했다. 재정비 계획을 보면 지상철에 차량기지 부지까지 넓은 공간을 전체적으로 덮겠다는 의미다. 경의선 상부 공원화와 연계해 상업, 업무, 문화 단지 등으로 조성할 계획이다.

　수색역세권 개발사업은 수색 차량기지 이전을 기본 전제로 한다. 수색 차량기지에서 후방으로 약 2km 떨어져 있는 철도부지로 옮기겠다는 것이다. 수색역 인근에는 수색변전소가 있다. 산자락 철탑 앞 지상에 있는 70년 된 수색변전소를 땅 밑으로 넣겠다(지중화)는 것으로 2026년까지 완료할 예정이다.

수색역과 디지털미디어시티역 북측은 수색·증산 정비사업이 진행되고 있다. 사업지구 남측 주요 개발을 보면 DMC자이 3인방이 분양되었다. 1순위 분양 결과만 놓고 보면 대단지에 역과 가까운 센트럴자이의 경쟁이 치열했다 (파인시티자이 1순위 45:1, 아트포레자이 1순위 70:1, 센트럴자이 1순위 129:1).

디지털미디어시티역 남측부에는 상암 DMC 롯데 복합쇼핑몰이 예정되어 있다. 일명 '롯데몰'로 불리는 이곳은 대형 상업·업무시설이 부족한 상암 DMC 일대의 부도심 기능을 보완하고 외국인 관광객 유치 등 관광 활성화를 위해 마련되었다. 롯데쇼핑은 매입한 3개 필지 중 가장 넓은 구역을 수익형 오피스텔, 롯데시네마, 문화센터로 조성할 계획이다. 나머지 구역은 하나로 묶어 백화점, 쇼핑몰 등을 건립할 계획이다. 또한 특별계획구역10 삼표에너지 부지는 29층 높이 오피스텔과 22층 높이의 업무용 빌딩이 건립될 예정이다.

수색역 수색·증산 재건축 단지의 본격화와 DMC 주변의 개발 가속화에 중점을 둬야 한다. 차량기지 이전에 따른 지역 단절 최소화, 롯데몰 등 상업시설에 대한 기대감, 수색변전소 지중화 등 수색·디지털미디어시티역세권 개발은 역 자체에 대한 기대감보다 주변 개발에 대한 기대감이 크다.

경의중앙선 다산신도시 철도복개 및 공원화 조성사업

2020년 2월 국가철도공단은 다산신도시사업단에서 남양주시, 경기도시공사와 '경의중앙선 철도복개 및 공원화 조성사업'을 위한 양해각서를 체결했다. 2024년 준공을 목표로 다산신도시 내 경의중앙선 594m를 복개하고 상부에 공원 및 체육시설을 설치해 지역주민의 생활환경을 개선하고 및 주민 편의를 제공하는 사업이다. 공단은 철도부지의 사용허가 및 복개공사를 시행하고, 남양주시는 사업인허가 지원, 경기도시공사는 사업비를 부담해 공원화 공사를 하겠다는 것이다. 이는 경의중앙선 도농역 후단부 다산신도시의 진건지구와 지금지구를 잇는 하나의 큰 트러스트가 완성된다는 의미다.

기존에는 도시형성과정(부영 아파트 고가 통과 진입, 기존 지방도 진입)에서 철도로 양분되어 있었다. 지상으로 운행 중인 경의중앙선의 지반고는 인근 국도 6호선보다 2.8m 낮아 이 위에 구조물을 설치하고 토사와 포장공사를 진행할 예정이다. 현재 도로에서 7.8m(남측), 문화공원에서는 약 5m(북측) 높이차를 두고 일정한 기울기로 자연스럽게 연결하겠다는 것으로, 이는 다산신도시 공공주택지구 조성사업의 일환으로 진행되는 것이다. 여기에 국도 6번 도로도 일부 선형을 조정해 직선화한다면 더욱 반듯한 계획도시로 자리 잡을 수 있다.

다산신도시는 경기도 남양주시 지금동, 도농동, 가운동, 이패동, 수석동, 진건읍 배양리 일원 약 480만m²에 3만 2세대(8만 6천 명)를 수용할 수 있는 남양주 최대의 도시개발사업이다. 2010년을 시작으로 아직 공사 중이지만 3~4년 후면 다산신도시가 모습을 드러낼 것이다. 이에 맞추어 철도복개 공사를 진행할 예정이다.

다산신도시는 진건지구(북측)와 지금지구(남측)으로 구분된다. 철도 교통망은 별내선(8호선)이 운행되는 진건지구가 유리하고, 강남 접근성과 공공시설 인접성은 지금지구가 유리하다. 남양주시는 서울과 구리, 하남을 받쳐주는 도시로 자족 기능은 아직 부족해 보인다. 그럼에도 꾸준한 신도시(별내신도시, 다산신도시, 왕숙신도시) 개발로 매머드급 도시가 연속적으로 완성되고 있다. 현재 인구도 70만 명을 넘어 왕숙까지 들어온다면 80만 명에 달하는 거대도시가 될 것이다. 남양주시 안에서도 핫한 아파트와 그렇지 못한 아파트로 양분

될 수도 있다.

다산 지금지구의 경우 철도를 이용하려면 가장 인근인 경의중앙선 도농역으로 가야 한다. 그러나 도농역 인근 단지라도 최소 500m 이상 걸어야 하고 15분 정도 소요된다. 적지 않은 인원이 향후 생기는 별내선을 이용할 가능성이 크기 때문에 다음 역인 구리역에서 환승하는 사람이 많을 것이다. 이 경우 지금지구에서 구리역까지 가는 셔틀버스나 기존 버스 노선에서 변경된 버스로 이동할 가능성이 높다. 그래도 중앙도서관과 공원이 생기고 행정기관인 남양주시청과 법원이 들어올 예정이어서 반길 만하다. 철도 노선에 바로 인접해 있는 상가주택의 경우 덮개 공사로 인해 경관이나 미관이 유리해졌고 도보 길을 터주었기 때문에 의미가 적지 않다. 6번 도로(6~8차선)가 있긴 하지만 덮개 공사는 지상철로 단절된 두 도시를 잇는 상징적인 역할로 도시 기능을 높여줄 것이다.

남양주 양정역세권 복합단지 개발사업

사업면적: 2,063,088m²(남양주시 삼패동 274-1번지 일원)

사업기간: 2018~2024년

사업시행: 한국토지주택공사, 남양주도시공사

주택계획: 1만 4천 세대(계획인구: 3만 4천 명)

남양주 양정역세권 개발사업은 율석천을 중심으로 북측(1구역)은 한국토지주택공사가, 남측(2구역)은 남양주도시공사가 사업을 시행한다. 2020년 여름, 남측 2구역 관련 프로젝트 파이낸싱 선정과정과 남양주도시공사 감사실장 선정과정에서 불투명한 채용에 대한 논란도 겪은 적 있다.

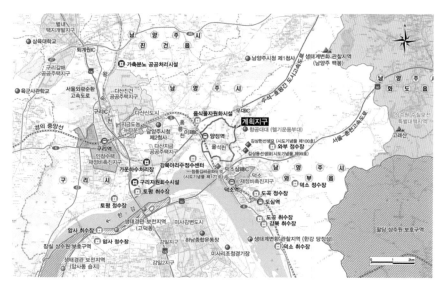

양정역세권 계획지구

경의중앙선 양정역 주변은 비교적 한산하다. 양정역 동측으로 1만 4천 세대 규모의 중소형급 신도시가 생긴다. 양정역 서울 방면에는 도농역이 있고 추후 왕숙역도 예정되어 있다. 도농역과 양정역 사이에 왕숙2지구(왕숙역)가 예정되어 있다. 당초 양정역으로 9호선을 유치하기 위해 노력했으나 왕숙 1, 2지구 6만 6천 세대 대규모 신도시에 살짝 밀리는 모양새다. 남양주 인근에는 별내, 진건, 지금, 왕숙 지구 등 개발사업이 진행되고 있다.

양정역에서 용문 방면 덕소역으로는 출퇴근 시 10분, 평상시 15분마다 전철이 다닌다. 강남권 출퇴근을 감안하면 전철만 45~50분가량 소요된다.

경의중앙선 종점은 용문역과 지평역이다. 경의중앙선 남양주 방면은 덕소행, 용문행이 대부분인데, 종점으로 갈수록 수요가 줄어든다. 차량기지 인근역까지 노선을 끊어서 보고, 가치도 구분해서 평가해야 한다. 양정역은 전철 외에는 정차하지 않는다. 일 통행량(상선 기준)은 전동차 85대가 정차하고 KTX, 관광열차 등은 무정차로 통과한다.

양정역 인근은 현재 대부분 도시지역, 자연녹지지역에 해당한다. 인근에 군시설에서 항공 관련 헬리콥터 등의 이착륙이 많아 일부 고도제한이 있으니 주의하자. 154kV 송전선로가 지나가는데 향후 지중화될 예정이다. 한강변을 끼고 있는 지역은 공장설립제한지역이자 폐기물매립시설 설치제한구역에 해당한다. 양정역은 서울로 진입하는 한강변에 위치해 한강변을 중심으로 소하천이 흐르기 때문에 강북 정수장, 취수장 등 상수도시설이 많이 설치되었다.

양정역세권 도시개발사업은 왕숙1, 2지구 3기 신도시와 서강대 캠퍼스 무산, 남양주도시공사 논란 등에 의해 이슈에서 밀리고 있지만, 계획인구 1만 4천 세대로 메이저 건설사 유치에 따라 다른 평가를 받을 수 있다. 수용되는 개발 부지 외에 양정역 도보권이 가능한 국도 6호선이 접한 토지를 눈여겨 봐야 한다.

수인분당선

총 거리: 108km(수인선: 인천~수원 52.6km, 분당선: 수원~왕십리 52.9km, 경원선: 왕십리~청량리 2.4km, 총 64개 역)

운행시간: 155분

표정속도: 43km/h

운행간격: 출퇴근 시 5분, 평상시 8분(죽전행 기준)

수인분당선이 개통되어 인천 및 경기 서남부에서 경기 동부 간 이동이 편리해졌다. 주요 거점역인 수원역으로 가는 거리와 시간이 줄어들었다. 기존에는 인천이나 시흥에서 버스를 이용하거나, 금정역 및 구로역까지 이동해 1호선으로 환승해야 했다.

수인선 (수원~인천 복선전철)

총 사업비: 약 2조 원

사업기간: 1995~2020년

1단계: 2012년 송도~오이도 구간 운행(오이도~한대 앞 공용)

2단계: 2016년 인천~송도(7.3km) 구간 운행

3단계: 2020년 한대앞~수원 구간 운행 및 분당선 연결

수인선은 인천~송도를 거쳐 오이도역까지 총 20.7km 14개 역을 운행해왔다. 기존 협궤 노선 폐선(1995년 12월) 이후 25년 만에 처음으로 수원과 인천 구간이 연결되어, 수인선(수원~인천)은 분당선(수원~분당~왕십리)과 직결해 전동차가 운행된다. 수인분당선의 총 운행거리는 108km에 달해 수도권 전철 노선 중 3번째로 길다. 수인분당선은 현재 6량으로 운행되고 있으나 향후 8량도 가능하다. 인천발 수인분당선은 평일 상행 기준 50회 정도 운행되며 출퇴근 시 20분, 평상시 25분 간격이다. 운행횟수는 왕십리역을 기준으로 죽전행, 고색행(수원역 다음), 인천행 순이며 2:1:1 비율이다. 출퇴근 시에는 죽전행 비율이 높고, 평상시에는 인천행 비율이 높다. 청량리행이나 급행열차는 운행횟수가 많지 않아 상대적으로 의미가 적다.

수인분당선에 사리, 야목, 어천, 오목천, 고색 등 5개 역이 추가되었다. 어천

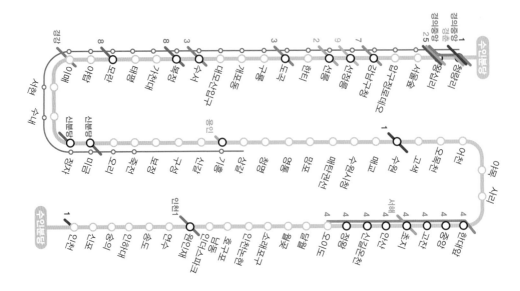

수인분당선 노선도

역은 역사 앞부분이 인천발 KTX 부지로 활용될 예정이다. 연수역은 기존에 오이도행만 있어서 환승해야 했지만, 수인분당선으로 인해 수원, 성남, 서울 접근성이 한결 수월해졌다. 송도역은 KTX 송도역, 경강선과 인근 역세권 개발로 인해 지역의 네임밸류가 상승하고 있다. 수인분당선은 인천발 운행횟수가 적고 외곽순환 노선 같은 이미지라 파급력이 크지 않을 수 있지만, 신설역에 대한 역세권 가치는 올라갈 수 있기 때문에 어천역, 고색역 등에 주목할 필요가 있다. 수인선 송도역과 연수역, 월곶역도 틈틈이 확인하자.

공항철도(A'REX: Airport Railroad EXpress)

총 거리: 57km(총 14개 역)

운행시간: 60분

공항철도 노선도

표정속도: 57km/h

운행간격: 검암행 6분, 인천공항행 12분

   공항철도는 민간사업으로 진행되어 2007년 3월 개통한 노선이다. 사업 초기 적자에 허덕였기에, 당시 국토해양부는 2009년 공항철도 지분 상당수를 한국철도공사가 인수하게끔 권고했다. 이후 코레일 공항철도로 사명을 바꾸고 서울역까지 구간을 개통하면서 환승 혜택까지 주었다. 수도권 전철의 요금제를 그대로 준용하고 계양역 구조 변경 등을 통해 여러 노력을 하고는 있지만, 현재도 상당한 적자에 놓여 있는 노선이다.

   공항철도 전동차는 노선 길이에 비해 역 개수가 적어 표정속도가 빠른 편이다. 운임(2021년 1월 기준)은 서울역에서 검암역까지 1,850원, 인천공항1터미널까지는 4,250원을 내야 한다. 공항철도 직통열차는 성인 9천 원으로 서울역에서 공항터미널까지 45분 정도 소요된다. 공항철도는 서울역에서 검암행과 인천공항행이 1:1 비율로 운행되고 있다. 검암행은 출퇴근 관계없이 6분 간격으로 운행되고, 청라국제도시역은 12분 간격으로 운행된다.

검암역세권 계획지구

인천 검암역세권 공공주택지구 개발사업

사업면적: 793,253m²(인천광역시 서구 검암동 일원)

사업기간: 2018~2024년

총 사업비: 약 7,745억 원

사업시행: 인천도시공사

주택계획: 7천 세대(계획인구 1만 6천 명)

    검암역을 중심으로 경인 아라뱃길 너머 북측에는 검단신도시가 보인다. 남측에는 인천아시아드 주경기장과 인천서구청이, 남서측에는 청라국제도시가 보인다. 검암신도시는 북동측 단지를 제외하고 전체적으로 철도를 이용하기 조금 불편하다. 역세권 공공주택사업이라고 하기에는 단지에서 거리가 상당하다. 검암역까지 도보로 적어도 10~15분은 걸어야 한다. 인천 2호선 검바위역도 10분은 걸어야 한다. 인천 2호선을 타고 주안역으로 이동해 1호선을 이용할 수도 있다. 인천공항철도는 출퇴근 시 7분 간격, 평상시 10분 간격으로 운행횟수가 괜찮다. 공항행, 검암행으로 구분되어 운영되기 때문에 청라역 보다 서울로 가는 횟수가 많다. 그래도 검암에서 강남권까지는 1시간 이상 소요된다.

검암역세권 주변은 논밭으로 사유지고 자연녹지지역이다. 사업지구에는 대형 송전선로가 흐르고 있지만 지중화될 것으로 보인다. 검암역세권은 주택계획 7천 세대로 역세권 개발치고는 적지 않은 세대수이며 초등학교, 중학교를 품었다. 청라에서 검단으로 연결되는 축으로, 도시적 파급력은 적어 눈치를 볼 수도 있다. 검암역 인근 아파트 시세를 보면 서해그랑블(18년 차) 32평형이 5억 2천만 원, 풍림2차(17년 차) 33평형이 3억 8천만 원에 거래되고 있다. 신축 아파트는 분양 시 평당 2천만 원 선은 바라볼 수 있다.

경강선

총 거리: 57km(총 11개 역)

운행시간: 50분

표정속도: 68km/h

운행간격: 출퇴근 시 20분, 평상시 20분

경강선은 경기도 시흥시 월곶역에서 강원도 강릉시 강릉역을 잇는 간선 철도 노선이다. 경기도의 '경'과 강원도의 '강'을 따서 이름을 지은 경강선은

경강선 노선도

1997년 제2차 수도권정비계획에 포함되면서 시작되었다. 성남시와 여주시를 잇는다는 의미에서 성남여주선으로 불리기도 했으며, 2016년 9월 개통되어 수도권 전철로 운행 중이다. 향후 GTX 성남역과의 환승을 위해 판교역과 이매역 사이에 추가될 예정이다.

경강선은 판교~여주를 비롯해 월곶~판교선과 여주~원주선, 원주~강릉선 등으로 이어지는 수도권 중심의 동서 철도망 구축사업 중 하나다. 향후 전동차는 수인분당선 송도역에서 남원주역까지 연결될 가능성이 있고, ITX급 또는 KTX급 고속화 차량은 강릉까지 직결될 가능성이 크다. 총 11개 역에 정차하고 있으며, 20분 간격으로 운행된다. 향후 ITX 열차의 운행빈도가 높기 때문에 판교역을 비롯해 성남(GTX), 이매, 경기광주, 부발, 여주 등에 관심을 가져보자.

서해선(전동차)

총 거리: 24km(총 12개 역)

운행시간: 32분

서해선 노선도

표정속도: 45km/h

운행간격: 출퇴근 시 12분, 평상시 20분

2018년 6월부터 운행 중인 서해선(전동차) 노선은 현재 12개 역에 정차하나, 향후 대곡~소사선과 연결되면 5개 역이 추가되어 17개 역이 운행된다. 향후 2023년에 운행될 서해선 일반열차(ITX급)도 본 노선과 연계될 예정이다. 초지역, 소사역, 시흥시청역에 정차할 가능성이 크다.

민자사업자인 이레일이 서울교통공사에 위탁해 소사원시운영(서울교통공사 자회사)이 운영하고 있으며, 계약기간은 개통일로부터 20년이다. BTL 방식으로 대우건설이 주도하는 이레일 자회사를 만든 다음, 역세권 개발을 연계해 달미역 인근에 푸르지오 아파트를 분양하기도 했다. 한편 대곡~소사 구간의 민자사업자는 서부광역철도로 위탁운영은 한국철도공사에 관리한다. 사업자와 위탁운영 등은 여객 수요자의 입장에서는 크게 중요하지 않다. 특정 역에 어떤 열차가 얼마나 자주 다닐지가 관건이다. 초지역과 시흥시청역을 봐야 하는 이유다.

연장노선 및
차량기지

4호선(진접) 연장

노선연장: L＝14.9km 복선전철(정거장 3개소 신설)

사업기간: 2010〜2022년

총 사업비: 1조 3,221억 원

2010년 9월: 예비타당성 조사(B/C 1.21, AHP 0.629)

2013년 12월: 기본계획 고시(국토교통부)

2015년 6월〜현재: 턴키공구(3개 공구) 우선 착공 및 공사 중

    서울시 노원구 당고개역에서 경기도 남양주시 진접광릉숲역을 잇는 철도 노선이다. 2019년 4월 남양주시 지명위원회에서 진접선의 예정 역명을 별내별가람역, 오남역, 진접광릉숲역으로 확정했다. 지하철 4호선 연장인 진접선은 진접지구, 별내지구 등 택지개발로 인한 유입인구와 수도권 동북부 지역의 교통난 해소, 지역의 균형발전을 위한 사업이다. 별내신도시와 오남, 진접을 연결하는 복선전철로 진접광릉숲역에서 당고개역까지 15분 소요된다.

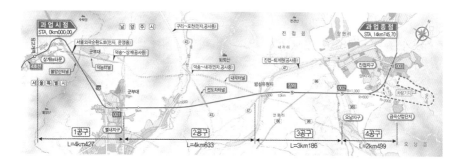

4호선 진접선

진접선 별내 별가람역 현장 스케치

별내별가람역은 4호선 진접선 연장보다는 8호선 별내선 연장에 가깝다. 아직까지는 뭔가 정리되지 않은 느낌이다. 진접선이 개통되더라도 역의 결집력은 당분간 제한적이므로 상가나 업무시설에 투자할 때 주의가 필요하다.

현재 건설 중인 지하철 8호선 연장 별내선이 별내별가람역까지 연결되어야 진접선의 가치가 더 올라갈 수 있다. 별내선은 경춘선 별내역까지만 공사가 계획되어 있고 3.2km의 연결 구간은 검토만 된 상태다. 진접선은 2022년 상반기에 개통할 것으로 보이며, 진접 차량기지 이전은 2024년 하반기에나 가능해 당분간 창동 차량기지를 이용할 예정이다.

진접선 열차 운행은 당고개행, 진접행이 3:1 비율로 검토되고 있다. 차량기지 이전 후에 열차 운행에 대한 변화가 있겠으나, 당분간은 개통되더라도 불편이 예상된다. 별내지구는 4호선을 이용해 7호선 노원역에서 환승해 서울로 접근이 가능하다. 반면에 오남지구는 4호선을 이용할 경우 상대적으로 많이 우회하기에 기존 광역버스를 그대로 이용하게 될 것이다.

5호선(하남) 연장

노선연장: L=7.7km(정거장 5개소 신설)

사업기간: 2011~2020년(시행자 1공구 서울시, 2~5공구 경기도)

총 사업비: 9,909억 원(국비 3,689억 원, 지방비 2,923억 원, 한국토지주택공사 3,297억 원)

2011년 4월: 예비타당성 조사 완료(B/C 1.02)

2014년 8월: 기본 및 실시설계 착수, 턴키공사

2020년 8월: 1단계(상일~덕풍) 운행 중

2021년: 2단계(덕풍~창우) 운행 예정

하남선은 광역철도 중 최초로 서울시, 경기도 등 지자체 주도로 건설된

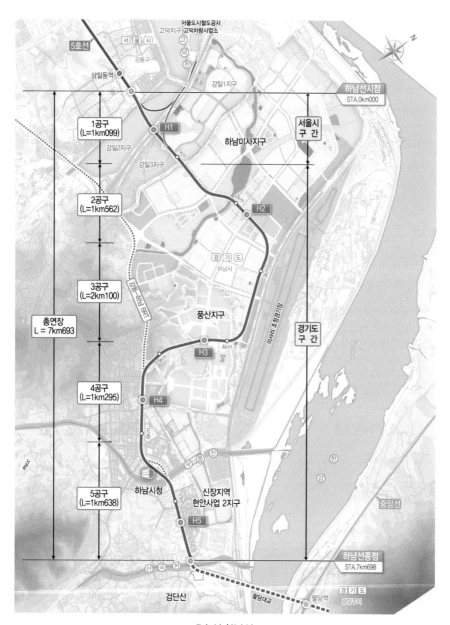

5호선 하남선

자료: 국토교통부

다. 서울 지하철 5호선 종점 상일동역에서 하남 미사, 덕풍동, 창우동까지 총 연장 7.7km에 5개소의 역사를 건설하는 사업이다. 열차운행은 설계속도 80km/h(표정속도 40km/h)로 전동차 8량이 운행된다.

미사역은 계획인구 10만 명에 달하는 미사강변도시에 위치한다. 강일역(미개통)도 강일 1, 2지구로, 풍산역도 풍산지구로, H5(검단산)역도 신장지역 현안사업 2지구로 지정되어 아직 개발 중이다. 외곽순환도로, 올림픽대로 등을 비롯해 최근 개통한 서울양양고속도로, 현재 공사 중인 제2경부고속도로(세종~구리)와의 접근성도 좋다.

서울 지하철 5호선은 서울을 동서로 길게 가로지르는 노선이다. 경기도에는 31개 시군이 있는데 서울과 직접 맞닿은 곳은 12곳으로 김포와 하남에만 서울과 연결된 지하철이 없었다. 김포와 하남에 지하철이 들어가면서, 서울시와 연접한 도시는 모두 철도로 연결되었다.

7호선(양주) 연장

노선연장: L=15.31km(정거장 2개소 신설)

사업기간: 2017~2025년

총 사업비: 6,412억 원(국비 4,488억 원, 도비 962억 원, 의정부시 646억 원, 양주시 316억 원)

2012년 4월: 지하철 7호선 경기 북부 연장사업 예비타당성 조사(B/C 0.77)

2016년 3월: 예비타당성 조사 결과 1편성 8량, 장암역 직결(B/C=0.95)

2019년: 사업계획 승인 신청 및 공사 착공

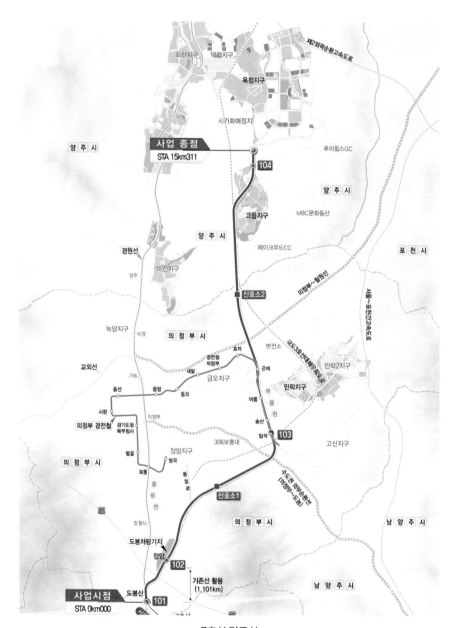

7호선 양주선

7호선 탑석역 현장 스케치

의정부 경전철은 아픔이 많다. 7호선 정차는 무엇보다도 큰 희망으로, 메이저 아파트가 인근에 대단지를 공사 중이기에 재건축을 앞둔 다른 단지에 좋은 본보기가 될 수 있다.

지하철 7호선 북부 연장은 의정부시, 양주시, 포천시의 현안사업이다. 기시행된 예비타당성 조사에서 경제성을 확보하지 못해 대안으로 장암역에서 직결되는 단선사업으로 진행되고 있다. 기존선 1.1km와 신설 구간 14.2km(의정부 9.9km, 양주 4.3km)을 연장하는 노선으로 도봉산역, 장암역, 탑석역, 양주시 고읍동 등을 지나간다.

도봉산역과 장암역을 개량하고 의정부 민락지구의 탑석역(102역)과 연결되며 양주시 고읍지구와 옥정지구 사이에 가칭 옥정역(103역)을 건설하고 있

양주시 고읍지구와 옥정지구 사이 다소 애매한 지역에 고읍옥정역이 생긴다. 아파트 단지를 제외하고 사방이 생산녹지지역이지만, 공사가 시작된 만큼 향후 어떤 식으로든 양주시가 개발될 것으로 기대된다.

다. 제3차 국가철도망 구축계획에는 도봉산~포천 연장 29km 건설사업이 포함되어 있는데 본 사업과 연계노선이다. 본 계획은 단선철도로 민락, 고읍, 옥정 지구의 가장자리에 정거장이 위치되기 때문에 노선의 가치는 다소 떨어진다. 고읍지구와 옥정지구 사이에 놓인 것도 이해가 어렵다. 민락지구를 패스한 부분도 두고두고 원성을 쌓을 수 있다. 이제 과정을 떠나 내년에는 본격적인 공사가 예상된다.

7호선은 도봉산행을 기준으로 하루 200대 정도가 다닌다(한 방향 기준). 역을 보면 도봉산역(101역), 장암역(102역), 탑석역(103역), 고읍옥정역(104역)으로 본 구간의 고읍 옥정에 옥정신도시도 건설 중에 있다. 지구 지정부터 실제 완성까지는 도시의 규모에 따라 다를 수 있지만, 본격화된 이후 적어도 15~20년은 걸린다고 봐야 한다.

7호선 탑석역은 의정부시 용현동에 위치하고 있다. 현재 공사 중인 탑석센트럴자이 아파트가 이 지역에서 대장 아파트를 유지할 듯하다. 비발디, 주공 4단지, 현대1차 등 구축 아파트도 보인다. 이에 탑자와 탑석역 사이 근생건물도 눈여겨볼 만하다. 탑석사거리 오목로의 퇴근길 상권이 활력 있어 보인다. 양주시 고읍지구와 옥정지구의 경계선 사거리 남측에 역이 예정되어 한양수자인, TS푸른솔 아파트가 역 개통 효과를 톡톡히 볼 수 있다. 역 주변 우측 남단은 생산녹지지역이다. 개발제한구역이 아니기에 향후 쓰임새가 어떻게 진행될지 궁금하다. 양주시에서는 사거리 북측과 역 주변을 시가화예정용지로 검토 중에 있다.

옥정지구에는 e편한세상 브랜드가 많다. 옥정지구 중심의 상업지는 상업지로서의 위상은 있지만, 공실도 제법 보인다. 옥정~포천 연장선이 연결되야 비로소 활력을 찾을 것으로 보인다. 옥천~포천 신설역은 상업지 중간에 위치할 예정이다. e편한세상옥정메트로포레, 대성베르힐 등이 약 1km 거리로 도보가 가능하다. 7호선 양주 연장 구간이 개통할 쯤에는 e편한세상옥정 메트로포레가 우위에 있을 것으로 보인다. 초역세권인 한양수자인은 33평 3억 1천만 원에 거래되었고, 옥정신도시 중에서는 포천 구간은 시간이 소요될 수 있으니 역과 가장 가까운 아파트 단지가 좋다. e편한세상옥정 메트로포레는 34평형이 4억 원에 거래되었다.

7호선 양주 연장선의 개통은 최대 2027년까지 봐야 한다. 양주까지 열차의 운행횟수는 하행 기준 70회 내외로 보고 있다. 쉽게 말해 의정부 방면으로 도봉산행 2, 옥정행 1 비율로 다닐 수 있다.

옥정~포천 광역철도는 옥정에서 포천까지 이어지는 17.5km 단선철도로 2019년 예타 면제사업으로 진행되었다. 옥정역(201역), 소흘역(202역), 대진대역(203역), 포천역(204역) 등이 예정되어 있다. 포천 연장 구간은 비록 예타 면제로 진행된다고 하더라도 시일이 오래 걸릴 수 있다. 양주 구간이 공사 막바지가 될 때까지 설계단계에 머물다가 운행이 될 때 공사가 진행될 것으로 예상한다. 2032년까지 봐야 한다.

7호선(청라) 연장

노선연장: L＝10.7km(정거장 7개소 신설, 002−1역 추가)

사업기간: 2018~2027년

총 사업비: 1조 2,977억 원(국비 7,786억 원)

2017년 12월: 예비타당성 조사 통과

2018년 12월: 도시철도 기본계획 승인 신청

2019년 9월~2021년: 기본 및 실시설계 절차 추진

서울도시철도 7호선은 장암역에서 부평구청역까지 총 57.1km를 운행하고 있으며, 부평구청역에서 석남역까지의 연장선(4.2km)은 2021년 상반기 개통을 목표로 공사 중이다. 기본계획이 승인됨에 따라 인천광역시는 공사 수행방식을 결정하고, 설계 절차에 착수해, 2021년 하반기부터는 공사를 시작할 계획이다.

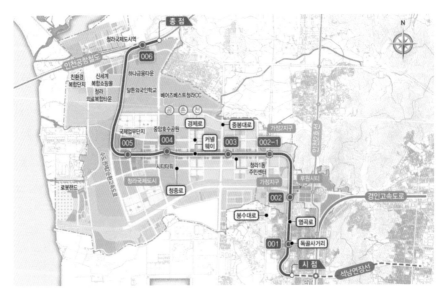

7호선 청라선

  기존 7호선과 동일하게 1편성 8량으로 구성된 중량전철로 출퇴근 시 6분, 평상시는 12분 간격으로 운행될 예정이다. 공항철도 청라국제도시역에서 공항철도로, 석남역에서 인천 2호선으로 갈아탈 수 있다. 서울도시철도 7호선이 청라국제도시까지 연장되면 청라에서 서울 1호선 환승역인 구로(가산디지털단지역)까지 현재 78분에서 42분으로 단축되고, 강남 접근성이 크게 개선될 것으로 기대된다.

  지하철 7호선은 석남 연장에 이어, 청라국제도시까지 이어지기 위한 작업이 한창 진행 중이다. 이에 따라 최근 루원시티와 청라신도시가 다시 주목을 받고 있다.

  석남역은 상업지역과 주거지역의 비율이 비슷해 상업지의 가치가 올라갈 수 있어, 반경 250m 구간을 유심히 보면 좋다. 003~004역은 청라의 중심상

청라신도시는 초기에 얼마나 주목받지 못했나? 부동산 시장이 살아나고 7호선 연장, 제3연륙교 건설 등 기반시설이 확보되자 청라시티타워에 대한 기대도 높아졌다. 거주인구 대비 상업시설이 다소 과다한 면도 있기에 투자 시 유의해야 한다.

권과 청라시티타워를 통과하는 노선으로 가장 핵심 축이 된다. 003역을 보면 린스트라우스, 풍림엑슬루타워가 대장주다. 004역 청라시티타워는 청라를 상징하는 대표적인 곳으로 많은 업무와 관광이 몰릴 것으로 예상된다. 푸르지오와 더샵레이크파크가 주도할 것이다. 005~006역은 청라 중심 축에서 스타필드, 인천국제공항철도로 이어지는 노선 축이다. 당초 계획에는 없던 가정2지구에 002-1역이 추가되기도 했다. 일단 시간이 필요해 보이지만, 노선과 역이 발표된 만큼 구제척인 사업들이 하나씩 진행될 것으로 보인다.

영종도를 연결하는 교량은 크게 3곳이다. 영종대교(제1연륙교, 신공항하이웨이), 인천대교(제2연륙교, 인천대교주식회사), 제3연륙교(민자포기) 등으로 인천대교 대주주인 맥쿼리는 제3연륙교 건설에 따른 재정손실분 관련 국제소송에 승소했다. 그러자 인천시는 제3연륙교를 무료 운영에서 유료 운영(인천 주민무료, 그 외 4천 원가량 논의)으로 전환할 계획이다.

7호선 청라 연장선은 도시철도사업으로 인천시가 공사비의 40%를 부담해야 하는 조건이 있다. 인근 개발계획의 진행과정이 중요한데 청라시티타워의 대기업 유치와 흥행 여부에 따라 인지도가 달라질 수 있다. 지하철 2호선 지선과 연계된 청라~신도림선을 고려한다면, 002-1역~005역을 봐야 한다. 제3연륙교에 건설에 따른 청라 거주 혜택의 영향도 고려해봐야 한다.

인천시의 구별 아파트 평당 가격은 '연수구(송도) > 서구(청라)=부평구=남동구=그 외'로 구분할 수 있다. 참고로 인천시의 인구는 약 300만 명으로 9개의 구와 1개의 군이 있다. 원도시 격인 계양구, 부평구, 남구, 남동구와 신도시 격인 서구, 동구, 중구, 연수구가 있고 그 밖에 강화군과 옹진군이 있다.

8호선(별내) 연장

노선연장: L = 12.9km(정거장 6개소 신설)

사업기간: 2010~2023년

총 사업비: 1조 2,806억 원(국비70%)

2006년 10월: 예비타당성 조사 완료(B/C 0.91)

2014년 12월: 별내선 기본계획 승인·고시

2015년 6월~현재: 별내선 건설사업 업무협약 체결 및 공사 중

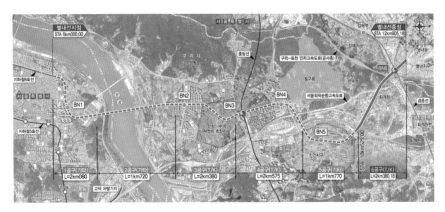

8호선 별내선

서울 8호선 종점인 암사역에서 남양주 별내까지 6개 정거장을 연결하는 총 연장 12.9km의 사업이 2016년 6월에 착공되었다. 별내선 복선전철사업은 서울시가 1∼2공구를, 경기도가 3∼6공구를 맡아 공사가 진행 중이다. 별내선 개통 시 서울 접근성이 좋아지고, 별내에서 서울 잠실까지 27분 만에 갈 수 있기 때문에 하루 10만 명의 이용이 예상된다.

경기 동북부 지역의 교통난 해소 및 지역발전에 크게 기여할 것으로 보인다. 특히 다산신도시 진건지구는 신설역 개통과 함께 서울외곽순환도로, 북부간선도로에 근접해 있고 왕숙천 수변공원이 있어 생활의 쾌적함과 수변 조망권도 누릴 수 있다. 제3차 국가철도망 구축계획에서는 별내선 연장사업으로 별내∼별가람 구간 3.2km를 복선전철로 연장할 계획이나 공사까지는 상당한 시간이 필요해 보인다.

토평역은 구리시 교문동 장자2사거리에 위치하고 있으며 주변에 아파트 단지와 근린상가, 장자 호수공원이 있다. 우성한양, LG원앙, 동양, 금호 등 15∼20년 차 아파트가 밀집되어 있고 학군도 좋다. 구리암사대교 개통 후 서울 강남권의 진입이 수월해졌다.

별내선 구리역 신설에 따라 구리시 인창동 주택재개발사업은 큰 혜택을 받게 된다. 서울양양고속도로와 구리포천고속도로 개통과 제2경부(서울~세종)고속도로 예정에 따라 타 지역과의 접근성도 매우 좋아졌다.

구리시는 농수산물시장을 이전할 것인지, 현대화사업으로 진행할 것인지 지속적으로 검토 중이다. 농수산물역이 신설되면 인창주공1단지 및 현대 아파트와 인창동 다세대주택에 거주하는 주민들은 잠실역 생활권이 가깝게 느껴지게 된다. 별내선 신설 운행은 2023년 하반기나 가능할 듯하다. 8호선 열차 운행에 대한 전략을 재점검해봐야 한다. 이후 별내선 북부 연장사업과 9호선과의 연계 가능성까지 염두에 둬야 한다.

남양주 다산 진건 공공주택지구 사업개요

사업면적: 2,713,716m²(남양주 진건읍 배양리, 도농동, 지금동 일원)

사업기간: 2009~2020년

총 사업비: 2조 836억 원

사업시행: 경기도시공사(브랜드: 자연앤)

주택계획: 1만 8천 세대(계획인구: 4만 7천 명)

다산 진건지구는 어떤 곳인가? 남양주 대표 신도시 다산 지금지구와 그 맥을 같이하고 있다. 남양주에서는 곧 지금, 진건, 도농 지구가 대표적인 도시로 자리 잡게 될 것이다. 진건지구로 넘어가기 위해서는 왕숙천교, 왕숙천1교, 왕숙천2교 등을 지나가야 한다. 진건지구의 현대프리미엄아웃렛이 도시의 네임밸류를 한층 높이고 있다. 인근 대형 상권(프리미엄아웃렛, 대형마트, 농

8호선 다산 진건지구

다산 진건지구에는 메이저 아파트가 많다. 아직 개발할 부지도 많다. 지금은 군데 군데 비어 있지만 8호선 개통과 함께 역 주변의 밀집도가 높아질 것이다.

수산물시장)을 감안할 때 코로나 상황까지 더해진다면 상가 분양은 쉽지 않아 보인다.

이 지역의 대장 아파트를 뽑는다면 다산자이아이비플레이스, 힐스테이트 다산, 다산자연앤롯데캐슬 등을 들 수 있다. 33평형 기준으로 2021년 1월에 다산자이아이비플레이스는 3천만 원(예상), 힐스테이트다산 2,800만 원, 자연앤롯데캐슬 2,600만 원, 자연앤e편한세상 2,500만 원 선이다. 다산 진건지구를 보면 아파트 브랜드만 놓고 부동산 가격을 말할 수 없다. 동일한 조건이면 우위에 있다는 정도다. 역세권 접근성, 조망권, 학군 등을 고려해야 한다.

한양수자인리버팰리스와 유승한내들 골든뷰가 밀리지 않는 이유다.

구리 갈매역세권 공공주택지구 사업개요

사업면적: 798,310m²(위치: 경기도 구리시 갈매동 일원)

사업기간: 2018~2023년

총 사업비: 1조 4,791억 원

사업시행: 한국토지주택공사

주택계획: 7천 세대(계획인구: 1만 6천 명)

　구리 갈매역세권 사업은 신혼부부 등 젊은층의 주거안정과 무주택자의 주택 마련을 촉진을 위해 도심과 접근성이 양호한 지역에 공공주택을 공급하는 사업이다. 한국토지주택공사는 구리 갈매역세권 등 신규 사업지구에 브랜드 뉴 시티(Brand New City) 개념을 도입한 입체적 공간특화계획을 반영했다. 갈매역세권 사업은 기존 갈매지구와 별내지구를 연계한 공공주택을 계획하고 있다. 이 두 지구는 구리시에 속하며, 외곽순환고속도로와 구리포천고속도로를 끼고 있다.

　갈매지구 오른쪽 끝단에 별내역이 있다. 자족시설을 비롯한 아파트 단지와 오피스텔 및 상업시설 사이에 상가주택이 보인다. 역과의 거리도 도보 10분 내로 별내역의 혜택을 누릴 것으로 보인다. 갈매역세권지구는 갈매역을 중심으로 상업용지를 계획하고 있다. 그러나 갈매역보다는 별내역의 비중이 높다. 이에 토지이용계획상의 신혼·행복주택과 주상복합이 거리상에서 유리한 입지를 가지고 있다. 사업지구 내 아파트 평수는 전반적으로 낮아, 청약 관련해 신혼 특공이나 청약가점이 낮거나 여유자금이 많지 않은 사람도 관심을 가져볼 만하다.

갈매지구는 태릉CC 동쪽, 경춘선 갈매역과 별내역을 품고 있다. 경춘선 남쪽이 구리갈매지구이고 북쪽이 구리 갈매역세권지구다. 갈매역과 별내역을 중심으로 이제 하나의 큰 갈매지구가 탄생하기 때문에 인지도도 더욱 올라갈 것이다. 별내역 인근 갈매지구 단독주택 필지에도 관심을 가져볼 만하다. 별내역은 경춘선을 비롯해 별내선(지하철 8호선), 향후 GTX-B 노선이 생길 수 있다.

별내선은 5호선 하남선과 비슷하게 시작한 것에 비하면 공사 속도가 한참 더디다. 한국토지주택공사에서 보상절차에 들어갔으며, 향후 5~6년 내에는 본격적인 입주도 가능해 보인다.

다산 진건지구에 비하면 구리 갈매지구의 네임밸류가 부족한 건 사실이다. 그러나 별내역을 살짝 품은 갈매역세권지구도 메리트가 있다. 또한 GTX-B 노선이 빨리 진행되고 환승할인이 가능하며 GTX의 효과가 입증되면 선호도가 높아질 수 있다. 또한 태릉CC가 갈매역세권지구와 통합 개발된다면 시너지는 더 높아질 것이다. 다만 갈매 역세권지구는 별내역에 무게감을 둬야 한다.

9호선(강일) 연장

노선연장: L=3.8km(정거장 4개소 신설)

사업기간: 2017~2025년

총 사업비: 6,500억 원(국비 40%)

2012년: 예비타당성 검토 완료(B/C 0.99)

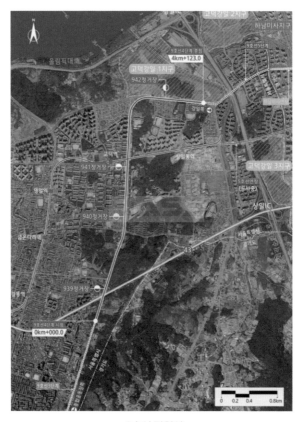

9호선 강일선

2015년: 도시철도망 기본계획 승인

9호선 4단계 구간은 고덕, 강일, 미사 보금자리 주택지역의 대중교통난을 해소하고, 3단계 종점인 중앙보훈병원 이후 강동구 지역 연장을 통한 대중교통의 편의성 및 강남으로서의 접근성 향상이 목적이다. 보훈병원에서 고덕 강일1지구까지 총 3.8km 구간에 4개의 정거장을 계획했다. 총 사업비는 분담금(광역교통개선대책 896억 원)을 제외한 6,500억 원으로 40%는 국가보조를 받는다.

9호선 연장사업은 현재 운행 중인 3단계 종합운동장~보훈병원 구간에서 보훈병원에 이어 고덕역, 고덕강일1지구까지 연결하는 사업으로 구간 중에는 서울~세종 고속도로도 지하터널이 계획되어 있다. 지하철 5호선 고덕역과의 환승(941역)을 감안해 150m짜리 무빙워크도 검토되었다. 차량기지는 기존 개화 차량기지에 50편성까지 유치가 가능하기 때문에 노선연장에 따른 5편성 정도는 유치할 수 있어 보인다. 4단계 구간이 완성되었을 때 TPS 검토 결과 표정속도는 완행 32km/h, 급행 41km/h 정도로 나왔다. 운전시격은 출퇴근 시 3.5분, 평상시 5분으로 운행하고 완행과 급행 비율은 기존과 동일하게 1:1로 운행할 계획이다. 보훈병원에서 고덕강일까지 4단계 구간이 완성되면 급행역에 변화가 예상될 수 있다. 사실상 941역 고덕역에 급행열차가 정차할 가능성이 크다.

9호선 4단계는 B/C 0.99가 나왔는데, 이는 서울시의 의지에 따라 바로 진행될 수도 있고, 나중에 진행될 수 있다는 이야기다. 타당성은 어느 정도 확보되었으나, AHP 평가 결과 5명은 시행, 3명은 미시행으로 '약간 신중'이라는 결론이 나왔다. 사업의 진척 정도는 강동구에게 달렸다. 강동구가 서울시와 협의해 지역의 의지를 얼마나 보여주느냐에 따라 빨리 될 수도, 그렇지 않을 수도 있다.

9호선 4단계 이후 하남시를 넘어 왕숙1, 2지구와의 연계도 중요하다. 사업 주체가 여러 곳인 만큼 서로 간의 협력이 보다 필요한 시점이다. 지금부터라도 별도의 전문 TF를 구성해 적극적으로 사업을 준비했으면 하는 바람이다.

신분당선(신사) 연장

노선연장: L=7.79km 강남~용산 구간(정거장 6개소 신설)

사업기간: 2014~2022년(1단계)

총 사업비: 신사~강남 1조 3,212억 원

2012년 4월: 실시협약 체결(국토교통부-새서울철도)

2016년 8월~현재: 강남 구간(신사~강남) 착공 및 공사 중

북부 연장 1단계 구간은 2023년에, 2단계는 2028년 이후에나 개통될 예정이다. 미군기지에 대한 정부나 서울시의 입장과 개발에 대한 밑그림, 부지 사용에 대한 환경 등 복합적인 문제가 있기 때문에 노선이나 정거장이 변수로 남아 있다. 한강 밑으로 지나면서 공사하는 것은 공사비 증액은 물론이거니와, 여러 가지 특수공법이 들어가기 때문에 예상보다 큰 예산과 시간이 들어갈 수 있다. 오히려 신사~강남 공사 진행이 마무리될수록 호매실 방향에 대한 노선 연결의 가능성도 배제할 수 없다. 용산 이후 삼송 연장 구간은 광교~호매실 착공 전후로 본격적인 움직임이 있지 않을까 생각한다. 용산까지 가기에도 당장 벅차 보인다.

용산역 주변으로는 현대산업개발 본사와 아모레퍼시픽, 세계일보 등이 있으며 아스테리움, 시티파크 등의 주상복합의 인지도가 높다. 신분당선이 개통된다면 강남권 수요를 공유할 수 있고 미군기지 이전에 따른 용산공원 조성사업도 호재가 되어 중심역할을 할 것이다.

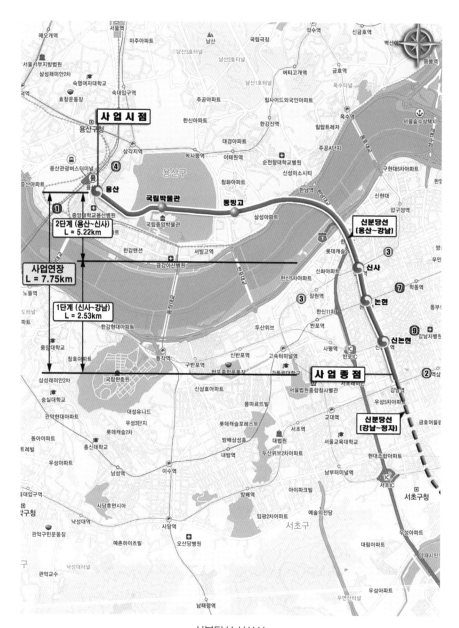

신분당선 신사선

신분당선(호매실) 연장

노선연장: L=9.65km(정거장 4개소 신설)

사업기간: 2019~2025년

총 사업비: 7,981억 원(국비 2,091억 원, 지방비 897억 원, 개발분담금 4,993억 원)

2020년 8월: 광교중앙~호매실 예비타당성 조사 통과(B/C 0.83, AHP 0.518)

신분당선은 강남~광교중앙역(아주대)~광교역(경기대)까지 운행 중이고, 신사~강남 구간은 공사 중이다. 신분당선은 약칭으로 'SB'라는 표현을 쓰고 있는데, 이는 1단계 구간인 강남~정자 구간 이후에 호매실 구간까지 신설역의 호칭으로 SB05(광교중앙역), SB05-1(광교역)과 같이 표기했다. 이후 호매실 연장까지는 수원월드컵경기장(SB06), 수성중학교(SB07), 화서(SB08), 호매실(SB09) 등으로 4개 역이 생긴다. 광교~호매실 노선은 운영 중인 광교중앙역에서 직결되며, 호매실역에서 강남역까지 약 50분이 소요된다. 출퇴근 버스 이용 시 약 90분이 소요되는 것에 비하면 의미가 크다.

광교~호매실 구간의 신설역을 보면 먼저 수원 월드컵경기장역으로 신수원선(인덕원~동탄)과 병행해서 봐야 한다. 영화역 인근에는 KT야구장이 있으며, 대단지인 한일타운이 있는 인덕원~동탄선과 연계해서 지역을 선정해야 한다. 화서역은 지하철 1호선이 운행 중이고 복합환승센터와 스타필드 수원까지 완공되어, 지상 도보로 연결될 경우 서수원의 새로운 교통 허브를 기대하고 있다. 대장주로 꼽히는 화서역파크푸르지오가 관심받고 있다. 호매실역은 상업지 한가운데에 예정되어 있다. 고속도로 좌측의 호매실 단지는 상대적으로 멀기 때문에 우측에 개발 가능한 토지들이 좋아 보인다.

신분당선 민자사업으로 수도권 전철 기본운임에 별도운임을 받고 있다.

신분당선 광교~호매실 노선도

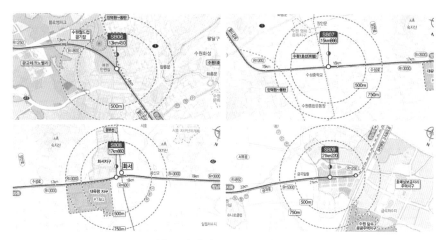

광교~호매실 정거장 입지 현황

별도운임 1단계(정자역까지)는 1천 원, 2단계(정자역 이후)는 1,200원을 받는다. 강남에서 광교까지 1회 요금이 3천 원에 가까운데, 통상적인 요금 대비 2배 정도 비싸다. 호매실이 연결되고 요금 인상을 감안해보면, 1회 요금에 4천 원까지도 올라갈 수 있다. 예로 화서역에서 신분당선이 연결된다고 가정해 경로, 시간, 요금을 비교해보자.

1. 신분당선: 35분＋연장 감안 10분＝45분(요금: 2,850원＋200원＝3,050원)

2. 1호선＋4호선＋2호선＝54분(요금 1,750원)

개인적으로는 1안을 선택할 것이다. 젊은 직장인들이나 바쁜 도시인들은 1안을 선택하겠지만 시간 여유가 있거나 알뜰한 사람들은 한 달에 5만 2천 원[1,300원×2(왕복)×20일] 차이가 아깝다고 느낄 수 있다. 그래도 다양한 경로를 선택할 수 있다는 점은 반길 만하다.

광교~호매실 구간은 예비타당성 조사 시 일부 구간이 단선으로 검토되었다. 수성중학교까지 복선으로 연결되고, 이후 단선으로 진행된다면 호매실에서 반가울 리 없다. 복선을 요구할 것이고, 재예타가 진행된다면 사업이 지연될 수 있다.

신분당선 차량은 6량으로 무인운전이다. 6량은 3M3T로, M은 'Motor Car', T는 'Trailer Car'의 약자다. 전동차는 모터카 한 대, 트레일러카 한 대 비율로 편성된다. 차량단가는 중량전철(20m) 기준, 1량당 20억 원 정도로 생각하면 된다.

열차 주박계획은 차량기지 외에 마지막 열차가 어디에 멈췄을 때 다음날 운행을 시작할 수 있는지를 보여준다. 가급적 본선을 제외한 부본선 또는 별도의 주박선에 열차를 잠시 세우고 필요할 때 다시 운행한다는 의미다. 모든 노선에는 차량기지가 있으며 부지 크기에 따라 열차 유치 범위를 알 수 있다.

광교역에 있는 차량기지는 지상으로 연결된다. 역 인근에는 아파트와 주택단지, 학교가 밀집되어 있다. 당초 계획상 '-1'의 의미는 차량기지로 연결되는 지선을 뜻한다. 이에 사업추진을 촉구하는 지역주민 민원을 보면 광교중앙역이 아닌, 광교역으로 노선을 연결(광교역 지선화에 대한 우려)해달라고 요구하고 있다. 예타가 통과된 만큼 광교역 인근 주민의 저항은 앞으로 더 클 수 있다.

그렇다면 어떻게 진행될까? 지하철 5호선 마천행, 하남미사행처럼 광교행, 호매실행으로 운행될 가능성도 배제할 수 없다. 광교역 주민 입장에서는 이게 최선일 수도 있다. 비율을 1:1로 할 것인지, 다른 비율로 운영될지 지켜봐야 하겠지만, 무인 시스템이라는 어려움을 떠나서 운행을 고려해보면 신분당선 사업운영자도 나쁜 결론은 아닐 수 있다. 반대로 호매실 입장에서는 그만큼 열차가 자주 다니지 않을 수 있다. 그러나 호매실 연장노선에서 광교역을 경유해갈 가능성은 아직까지 높지 않다.

신분당선 서북부 연장에 대한 서울시의 입장은 분명하지만 먼 이야기로 들린다. 투자자 입장에서는 갈 길이 멀기 때문에 신사~용산부터 결정되고 이후에 고민해도 늦지 않아 보인다. 여기에는 GTX 혼용 운영이라는 문제와 3호선 수요 분산에 대한 문제도 있기 때문에 결론이 쉽지 않을 수 있다.

서해선(대곡) 연장

노선연장: L=18.35km(정거장 5개소 신설)

사업기간: 2016~2021년

사업시행: 서부광역철도(BTL)

서해선 전동차는 현재 운행 중이다. 서해선 소사~원시 구간으로 민간사업으로 진행되었다. 본 사업과 유사하게 대곡~소사 노선도 검토되었으나, 사업성 부족으로 여러 차례 진행되지 못하다가 2017년 착공을 시작으로 2022년 완공 예정이다. 소사역을 제외하고 총 5개 역이 신설되고 추가로 1개 역을 검토 중이며, 향후 교외선까지 연결이 가능하다. 서해선의 이해는 전동차와 일반열차(ITX)의 관점에서 봐야 한다. 일반열차는 화물까지 취급하기 때문에 추후에 일부 구간에는 화물 운행을 볼 수도 있다.

서해선은 노선의 한계가 있다. 수도권 철도 노선은 서울, 특히 강남3구를 통과해야 의미가 크다. 그에 비하면 서해선 전동차 노선 자체의 수요적 측면에서 한계가 분명하다. 서해선(대곡~소사) 구간은 소사~원시 구간과의 연장선에 있다. 현재 평일 기준 출퇴근 12분, 평상시 20분 간격으로 운행 중이다. 대곡~소사 구간이 연결되어도, 전동차 운행간격에 큰 변화는 없을 듯하다. 기본계획 당시에는 부천종합운동장역에서 일부 회차해 운행하는 것으로 계획했으나, 최종 운행은 좀 더 지켜봐야 할 듯하다.

대곡~소사 5인방의 스펙은 다들 화려하다. 모두 환승(예정)역이다.

1. 대곡역: GTX-A 노선을 비롯한 대곡역세권 개발
2. 능곡역: 미래 개발 가능성(개발제한구역)
3. 김포공항역: 환승 집결, 공항, 마곡지구
4. 원종(사거리)역: 청라~신도림선 또는 원종~홍대선 연계
5. 부천종합운동장역: GTX-B 노선 예정, 역세권 개발

차량기지 검토

차량기지의 역할은 크게 유치, 경정비, 중정비로 나뉜다. 유치는 밤에 운행을 안 할 때 차량을 보관해두는 것, 경정비는 일정한 간격으로 차량을 점검하고 정비하는 것, 중정비는 몇 년 간격으로 차량을 완전히 분해해 정비, 부

품 교체 후 재조립하는 것을 말한다. 이렇게 땅이 많이 필요하다 보니 차량기지는 보통 도시 외곽에 설치되었다. 땅값이 저렴했기 때문이다. 도시가 점차 확장되다 보니 지금은 차량기지 주변에 건물이 많이 들어서고 인구도 늘어났다. 그러다 보니 지하철 차량기지는 주변의 기피시설로 떠올랐다. 이에 따른 대안으로 차량기지 지하철역 신설이나 외곽이전, 지하화 등이 진행되고 있다.

또한 차량기지 내 역사를 설치하고 있다. 차량기지 기피는 건설 당시부터 나타났는데, 서울시에 땅이 없어 경기도로 넘어가는 경우에는 더 심했다. 7호선 북동쪽 끝에 있는 도봉기지가 대표적이다. 건설 당시 의정부시에서 반발이 심했고, 보상 차원에서 도봉 차량기지 내 장암역이 지어졌다. 차량기지 내 역사 설치는 차량기지 기피 심리를 중화하는 데 큰 역할을 했다. 최근의 사례로는 작년 말 개통한 6호선 신내역이 있다. 9호선 김포 차량기지는 개화역과 함께 광역환승센터까지 통합적으로 설치한 사례로 꼽힌다. 성남시에 위치한 8호선 모란기지에도 노선연장에 맞추어 성남시청역을 추가하는 것을 구상 중이다.

차량기지를 아예 외곽으로 이전하는 방안으로 4호선 창동 차량기지가 추진 중이다. 4, 7호선 환승역인 노원역이 들어서고 노원구청이 세워지는 등 노원구의 중심지가 되었다. 4호선 전철이 당고개에서 진접으로 연장되는 것에 맞추어 창동 차량기지도 진접으로 이사를 갈 예정이다. 현 창동 차량기지 부지에는 바이오산업단지가 들어올 예정이다. 3호선 수서 차량기지 이전설이 흘러나오고 있어 주목을 받고 있다. 현재보다 남쪽으로 이전될 것으로 예상되어서 관심을 모으고 있다. 5호선 방화 차량기지도 정부에서 추진하는 5호선 김포, 검단 연장(일명 한강선)과 함께 이전 가능성이 있다.

경전철의 경우 차량기지는 지하화되고 있다. 현재 운영 중인 우이신설선의 우이 차량기지나 공사 중인 신림선 보라매공원 차량기지가 있다. 지하 차량기지는 건설비와 운영비가 많이 들며 공간이 좁아 확장도 힘들기 때문에 규모가 작은 경전철 차량기지에서 사용된다. 지상과 지하의 절충형으로 지상 차량기지 상부에 데크를 덮어 인공대지를 조성하기도 한다.

수도권에는 현재 운행 중인 22개의 노선(2021년 1월 기준)이 있다. 모든 노선에 차량기지가 1~2개씩 있다. 연장이 길면 양 끝에 2곳을 둔다. 짧으면 1곳만 둔다. 주요 구간만 살펴보자.

북-남

1호선: 구로, 이문, 병점, 의왕

3호선: 지축, 수서

5호선: 방화, 고덕(상일동)

7호선: 장암, 온수

9호선: 개화

신분당선: 광교(경기대)

경의중앙선: 수색

서-동

2호선: 신정, 군자(용답)

4호선: 창동, 시흥(오이도)

6호선: 신내

8호선: 모란

분당선: 죽전

공항철도: 용유

서해선: 송산

구로, 신정, 수서, 창동, 방화 차량기지는 이전이 진행 중이거나 검토 중이다. 서울시 2호선 신정 차량기지와 5호선 방화 차량기지를 인천 검단 또는 김포 양촌, 고촌 등으로 이전할 계획을 가지고 있다. 물론 이는 계획이므로 지자체와 주민들의 의견에 따라 이야기가 달라질 수 있다.

1호선 구로 차량기지

구로 차량기지 이전을 놓고 인천시와 광명시가 대립하고 있다. 예정부지는 광명 경륜장(광명 스피돔) 변전소 남측으로, 인천시는 차량기지 이전에 따른 인입선 설치를 제2경인선 철도사업으로 연계해서 진행하고자 한다. 이에 광명시는 차량기지를 인천시가 가져가야 한다는 입장이다.

2호선 신정 차량기지

신정 차량기지는 신도림에서 지선으로 나와 까치산까지 연결되는 구간 양천구청역 옆에 있다. 차량기지 일부 위에 아파트가 들어선 기이한 형태다. 16개 동 약 3천 세대 규모의 신정 양천단지 아파트가 들어서 있는데, 전부 서울시의 임대아파트(18평형)로 쓰이고 있다. 차량기지 이전에 대한 기대가 높다. 수색 차량기지 상부도 상암동과 수색동을 연결하는 방안이 추진 중이다.

3호선 수서 차량기지

서울시 수서 차량기지 이전과 관련해 타당성 검토를 진행하고 있다. 차량기지를 성남, 용인, 수원 등으로 이전해 수요를 끌고 오겠다는 것이다. 변수는 아직 많다. 다른 지역에서 혐오시설 이전에 반대 여론이 있다. 수서에서 오금행, ○○행으로 양분화될 수 있기 때문에 상대적으로 반대 여론이 생긴다. 3기 신도시 교산지구에 대한 연장설에 따른 변수도 있을 수 있다.

4호선 창동 차량기지

이미 진접으로 이전이 확정되어 차량기지 토지보상을 진행하고 있다.

5호선 방화 차량기지

2호선 신정차량기지와 연계해서 봐야 한다. 차량기지 이전과 맞물려 자연스레 김포한강선에 대한 이야기가 다시 나올 것이다.

이렇듯 차량기지 이전은 또 하나의 볼거리다. 지역에 따라서는 부동산 시장에 상당한 영향을 줄 수도 있기 때문에 주의 깊게 봐야 한다.

최초 BTO-rs 사업,
신안산선 민간철도사업

노선연장: L=44.7km, 안산/시흥~여의도(정거장 15개소 신설, 차량기지)

사업시간: 2019~2024년

총 사업비: 3조 3,895억 원

2003년 4월: 예비타당성 조사(B/C 1.34, 기획재정부)

2012년 12월: 노반 기본 및 실시설계(국가철도공단)

2015년 8월: 민자사업 타당성 분석(국토교통부, B/C 0.95)

2016년 10월~현재: 시설사업기본계획 고시 및 공사 중

신안산선은 수도권 서남부 도시철도망을 구축해 지역개발 촉진 및 지역주민 교통편의를 제공하는 데 목적이 있다. 2012년 설계를 끝내놓고도 수년간 착공하지 못하다가 결국 포스코 컨소시엄이 다시 입찰해 선정되었고, 공사가 한창 진행 중이다. 결과적으로 보면 국비를 80%(보증 포함)까지 지출하면서 민자로 진행하는 아쉬움이 남는다.

신안산선은 안산시 한양대역을 시작으로 시흥시와 광명시를 거쳐 서울 여

의도까지 44km를 연결한다. 안산 중앙역에서 여의도역까지는 30분 소요된다. 운행은 2024년이 목표지만, 실제 운행은 2025년까지 봐야 한다. 요금은 신분당선처럼 추가로 받을 확률이 높다. 급행역의 정차 여부에 따라 확장성이 달라질 수 있고 열차 운행 간격도 중요한 요소로 보인다.

신안산선 승강장의 길이는 1편성 6량(1량 20m)과 정차 여유거리(5m)를 고려해 125m로 계획 중이며 외부출입구는 대합실 개념으로 역당 2개 정도 건축된다. 신안산선은 광명역에서 서해선(출퇴근 시 10분, 평상시 20분)으로 이어지는 노선과 안산시 중앙역(출퇴근 시 7.5분, 평상시 10분)이 이어지는 노선이 나뉜다. 수요자의 입장에서 다소 불편할 수도 있으나, 광명역에서 여의도역까지 열차가 합쳐지는 만큼 이동이 훨씬 수월해 보인다.

신안산선 복선전철은 지하 40m 이하 대심도에 철도를 건설해, 지하 매설물이나 지상부 토지 이용에 대한 영향 없이 최대 110km로 운행하는 광역철도다. 광역·도시철도의 사각지대로 서울 접근에 어려움을 겪었던 경기 서남부 주민들의 교통 여건이 획기적으로 개선될 것으로 기대된다. 신안산선 개통 시 한양대~여의도 25분, 원시~여의도 36분 등 이동시간이 기존 대비 약 50% 이상 대폭 단축된다. 원시~시흥시청 구간에서는 서해선으로, 시흥시청 ~광명 구간은 경강선으로 환승할 수 있다.

신안산선은 대심도 깊이가 지하 40m를 훨씬 넘는다. 광명역을 제외한 대부분이 매우 깊게 내려간다. 시작점을 보면 좌측 지반선이 100m에서 45m 내외까지 내려감을 볼 수 있다. 55m 내외로 깊이 내려간다는 의미다. 이제는 어떠한 방식으로 빠르게 승강장(열차 타는 곳)까지 내려갈 수 있을지가 관건이다. 이는 곧 GTX 사업에도 적용될 예정으로, 여러 가지 문제점이 노출될 수도 있다.

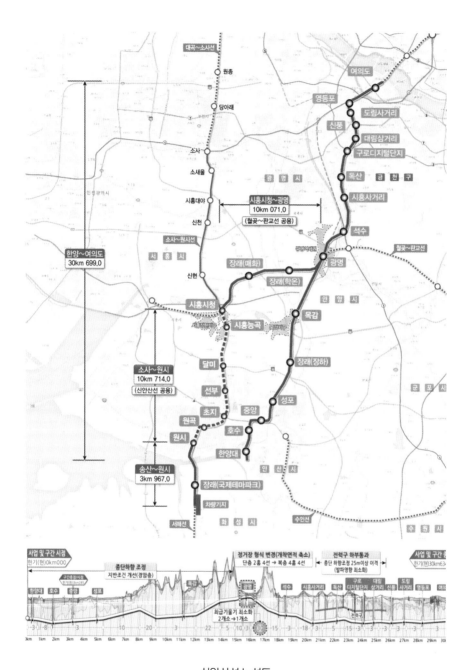

신안산선 노선도

신안산선 건설비만 3조 4천억 원이다. 예산이 없기에 정부는 민간개발로 추진하게 되며, 일명 'BTO-rs'라는 리스크 분산용 민간투자사업을 진행하게 된다. 신안산선은 대한민국의 첫 번째 BTO-rs 사업으로, 포스코와 국민은행이 사업을 주도하게 되었다. 그래서 포스코 자회사, 넥스트레인을 만들게 되었다. 최근 민자사업은 FI(금융사) 위주로 사업시행이 재편되고 있는 모양새다. 이제 돈줄을 쥔 금융권이 사업을 좌지우지하는 시대가 온 것이다. 부동산의 핵심이 금융이듯 국가개발사업도 민간 금융에서 손을 대기 시작했다는 의미다. 국민연금까지 사업비를 충당할 계획이다. 정부와의 상당한 줄다리기를 예상해본다.

신안산선은 당초 국가재정사업으로 설계비만 500억 원 이상 들어갔다. 그래서 노선의 큰 틀을 바꾸지는 않았지만, 종단상 깊이를 대심도(50m이상)로 낮게 가고 정거장은 공사비와 유지비 등의 이유로 전체적으로 손을 봤다. 계획 심도가 깊다 보니 수직 대형 엘리베이터를 두어 많은 인원을 이동시킬 예정이다. 출입구가 아닌 엘리베이터가 여러 개 있는 대합실(출입센터) 개념으로 이해하자. 대합실은 역당 2개 정도 신설된다. 승강장은 6량을 기본으로 건설하지만, 지하철 9호선처럼 사업 초기에는 4량으로 운행할 가능성이 있다.

신안산선 열차 운행횟수는 안산 방면은 출퇴근 시 7.5분, 평상시 10분, 시흥 방면은 출퇴근 시 10분, 평상시 20분으로 예정되어 있다. 시흥 방면의 열차 운행횟수는 안산 방면의 60% 수준으로 운행될 듯하다.

신안산선도 신분당선처럼 별도요금을 받을 가능성이 크다. 별도요금은 신분당선에 준해 1천~1,300원 선에서 물가를 감안해 조정될 듯하다. 신안산선은 BTO-rs 방식으로 노선 운행에 대한 사용권과 운영권(요금 결정권한, 국토교통부 승인)이 있다. 이에 반해 서해선(대곡~소사~원시)은 BTL방식으로 사용료만 받을 수 있다.

신안산선이 1차적으로 운행된다면 연장노선에 대한 이야기가 나올 수 있다. 우선 2단계 사업으로 서울역까지 연장이 계획되어 있다. 안산 그랑시티, 화성 송산그린시티, 테마파크 등의 연장은 테마파크 흥행 여부와 개발계획에 따라 탄력을 받을 수 있다. 시흥 방면, 화성 향남까지는 선로 용량상 연장이 가능해 보이나, 경제성과 열차 혼행 등의 문제로 쉽지 않은 사업이다.

신안산선과 연계한 서해선에 대한 논란도 많았다. 서해선 입장에서는 신안산선을 연결해 여의도, 향후 서울역까지 연결되어야 노선의 가치가 올라갈 수 있다. 그런데 국토교통부에서 환승하라고 발표해 충남 지역에서 반발이 크기도 했다. 노선을 병행하다 보면 신안산선 운행에 차질을 줄 수밖에 없고 관리 주체가 서로 다르기 때문에 여러 충돌이 있을 수 있다. 노선을 혼용한다는 말은 그만큼 열차가 자주 다니지 못함을 뜻한다. 사이사이에 다른 노선의 열차를 끼워넣어야 하기 때문에, 서해선 열차가 신안산선의 노선을 혼용하는 건 열차 운행상 쉬운 일이 아니다.

신안산선의 목적지는 우선 여의도다. 강남권은 아니지만 업무지역과 서부의 핵을 통과하는데 향후 서울역까지 이어질 계획이다. 여의도 전에 영등포 역세권을 지나며, 영등포~여의도 구간이 핵심으로 보인다. 여의도와 영등포를 기본으로 신풍역 7호선과 구로디지털단지역 2호선, 석수역 1호선, 광명역 KTX 등 환승 가능한 역부터 우선 챙겨봐야 한다.

당초 사업시행자는 시흥보다 안산에 관심이 많았다. 아파트 밀집지역으로 수요가 예측되었기 때문이다. 하지만 사업계획서에 이미 시흥이 포함된 상황이라 그대로 진행하게 되었다. 안산 중앙역을 종점으로 계획했다가 결국 한양대학교 에리카 캠퍼스까지 연결되었다. 신안산선 안산에 위치한 한양대역, 호수역, 중앙역, 성포역은 오래된 아파트들도 많고 가격대도 저렴한 편이라 관심 가져도 좋다. 특히 중앙역을 살펴보자.

신안산선은 광명역에서 '갈 지(之)'자로 나뉘는데, 철도의 기능도 반으로 나뉘진다. 시흥시청 방향으로 보면 거점역인 시흥시청역과 KTX 이용이 가능한 초지역을 볼 수 있다. 광명역에서 시흥시청역 구간이 길기 때문에 노선 중간에 매화역과 학온역이 예정되어 있다. 일단 예정역은 시간이 걸릴 수 있기 때문에 장기적 관점에서 토지를 보는 것도 좋은 투자 방법이다. 시흥시청역과 광명역 구간은 경강선(월곶~판교선)과 공용으로 활용된다.

한양대역

한양대역은 안산시 상록구 사동 1509번지 일대로 동서축 해안로와 남북측 광덕대로에 인접했고 안산호수공원 부지에 역사가 생긴다. 정거장은 지상 2층 규모로 주출입구에 엘리베이터 8대가 설치되고 승강장은 6량 기준 121m로 지어진다. 정거장 초역세권으로 고잔푸르지오6차가 가장 근접해 있으며, 고잔7~9차도 도보로 갈 수 있다.

2020년 9월, 한양대학교는 4천억 원 규모의 개발사업으로 '카카오 첫 데이터센터'를 에리카 캠퍼스에 유치했으며 2023년 준공이 목표라고 밝혔다. 서버 12만 대를 갖춘 대규모 클라우드 시장을 교두보로 정보통신 거점 공간으로 활용되길 기대하고 있다. 한양대역 인근 경기 테크노파크와 스마트도시 관련 사업(사동 89블록) 등의 시너지 효과도 기대된다.

시/구	동	단지명	거리 (m)	세대수	연식	2017년 (만 원)	2021년 (만 원)	평수	평단가 (만 원)	상승률 (%)
안산 상록	사	푸르지오 6차	250	1,790	17년	36,000	47,000	34	1,424	31
		푸르지오 9차	630	705	15년	40,000	52,000	38	1,368	30
		푸르지오 7차	720	1,312	17년	35,000	44,000	34	1,333	36

신안산선 한양대역

호수역

호수역은 안산시 단원구 고잔동 800번지에 건물형 출입구 1개소와 외부 엘리베이터 5대가 설치된다. 당초 계획은 광장 중간부에 위치하려고 했으나, 연약지반을 이유로 레이크타운푸르지오 입구 부근으로 200m 정도 밑으로 내려왔다. 조망권이 우수한 레이크타운푸르지오 접근성이 한결 좋아졌다.

호수역 인근에는 수원지방법원 안산지원과 검찰청이 있고, 홈플러스와 롯

시구	동	단지명	거리 (m)	세대수	연식	2017년 (만 원)	2021년 (만 원)	평수	평단가 (만 원)	상승률 (%)
안산 단원	고잔	네오빌 6단지	380	1,056	22년	34,000	41,500	31	1,339	22
		레이크 푸르지오	450	1,569	6년	46,000	73,000	34	2,147	59
		그린빌 7단지	380	570	21년	31,000	36,000	28	1,286	16
		단원 마을금강	350	400	20년	29,000	35,000	26	1,346	21

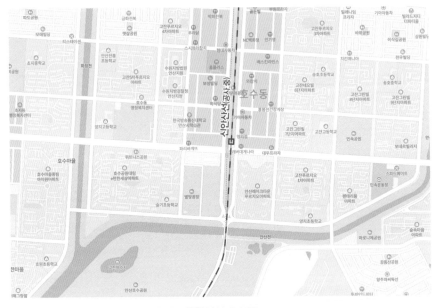

신안산선 호수역

데시네마 등 근린시설 등이 즐비하다. 호수역은 안산문화광장을 사이로 상권이 양분화되었지만 초중고를 품고 있어 아이들을 키우기에는 적합한 도시다. 신안산선이 개통되면 교통편도 훨씬 수월해질 것이다.

시/구	동	단지명	거리 (m)	세대수	연식	2017년 (만 원)	2021년 (만 원)	평수	평단가 (만 원)	상승률 (%)
안산 단원	고잔	힐스테이트 중앙	550	1,152	4년	48,000	77,000	33	2,333	60
		센트럴 푸르지오	450	990	4년	48,000	74,000	33	2,242	54
		푸르지오 3차	400	1,134	19년	41,000	56,000	32	1,750	37
		주공그린빌 8단지	550	816	21년	36,000	44,000	32	1,375	22

신안산선 중앙역

중앙역

중앙역은 신안산선의 최대 거점역이다. 북측 출입구는 지하대합실과 엘리베이터 4대가 생기고, 남측은 지상대합실로 대형 엘리베이터 8개가 생기며 직접 환승 연결이 가능하기 때문에 이용하기 편하다. 안산 중앙역은 4호선 연계와 중심상권, 인근의 대규모 아파트 등이 밀집해 투자 전망이 좋다. 급행열

신안산선 중앙역 현장 스케치

신안산선의 핵심은 중앙역이다. 신안산선으로 목적지 소요시간이 획기적으로 단축되고 지역의 네임밸류도 한층 높일 수 있다. 중앙역 부근은 안산시청이 가깝고 상업시설과 업무시설이 밀집된 만큼 안산의 중심지로서 기능을 더할 수 있다. 투자하기 아직 늦지 않았다. 상가주택도 눈여겨보자.

차가 자주 정차하지는 않겠지만 출퇴근 시간에는 유리할 수 있다. 중앙역은 철도와 하천을 기준으로 남북의 성격이 다르다. 남측은 근린생활시설과 카페 거리가 있고, 북측은 상업시설이 즐비한 번화가다. 학원가 등을 고려하면 중앙역 남측 인근이 주거용이나 업무용으로 투자하기 좋아 보인다.

중앙역 남측 대장 안산고잔푸르지오3차는 평당 1,700만 원, 주공그린빌 9단지는 평당 1,300만 원 선이다. 북측은 재건축 진행 중인 주공5단지가 많이 올랐다. 높이가 5층인 저층 아파트로 대지면적이 넓어 사업성이 좋고 중앙역까지 걸어갈 수 있다. 중앙역 대장은 힐스테이트중앙으로 평당 2,500만 원, 안산 센트럴푸르지오는 평당 2,100만 원 선이다. 인근에 있는 예술인 아파트는 중앙역까지 걷기에 다소 거리가 있다. 평당 900만 원 선으로 가격은 메리트 있으나 사업성은 애매하다. 주공4단지는 평당 1,200만 원 선으로 예술인 아파트보다 좀 더 기대할 수 있다.

중앙역의 존재감이 커질수록 중앙역 남측 하단 근린시설과 상가주택 등이 모여 있는 지역의 가치가 높아질 수 있다. 현재 건물을 포함해 토지 기준 평당 1,400만~2천만 원 선임을 감안하면 충분히 매력적이다.

안산 중앙역은 신안산선 본질에 충실하며 2025년까지 기다리면 된다. 신안안산 연장노선은 너무 기다릴 수 있으니, 지금은 생각하기 이르다. 중앙역 남측 상가건물과 상가주택에 초점을 두고, 재건축과 리모델링 추이도 지켜봐야 한다.

목감역

시흥목감 공공주택지구

사업면적: 1,747,688m²(경기도 시흥시 목감동, 조남동 일원)

사업시행: 한국토지주택공사

주택계획: 1만 2,096세대(3만 1,250명)

목감역은 시흥시 조남동 253-5번지 일대로, 외부 출입구 4개소가 생긴다. 목감지구는 한국토지주택공사 택지개발사업으로 진행되었던 사업으로 역

시/구	동	단지명	거리 (m)	세대 수	연식	2017년 (만 원)	2021년 (만 원)	평수	평단가 (만 원)	상승률 (%)
시흥	목감	호반 베르디움 더프라임	250	580	5년	34,500	70,000	33	2,121	103
	조남	LH 퍼스트리움	250	625	7년	30,000	54,000	25	2,160	80
		LH 네이처하임	300	592	6년	33,000	58,000	29	2,000	76

신안산선 목감역

주변 개발이 우선 진행되고 있음을 볼 수 있다. 상당수는 조성되어 도시개발이 마무리되어 가고 있다. 목감역의 대장주는 아무래도 호반베르디움더프라임, LH네이처하임, LH퍼스트리움(인근에 초등학교, 중학교)이다.

시/구	동	단지명	거리 (m)	세대수	연식	2017년 (만 원)	2021년 (만 원)	평수	평단가 (만 원)	상승률 (%)
안산 상록	월피	주공1단지	300	860	29년	18,000	27,000	20	1,350	50
		주공3단지	300	660	27년	25,000	34,000	21	1,620	36
		현대2차	400	770	33년	26,000	32,000	31	1,032	23
	성포	선경	300	1,768	32년	31,000	38,000	32	1,188	23
		주공11단지	300	1,975	28년	22,000	27,000	24	1,125	23
		현대1차	300	570	34년	16,000	21,000	17	1,235	31

신안산선 성포역

성포역

성포역은 안산시 상록구 성포동 593-37번지 일대로 건물형 출입구 2개소와 외부 엘리베이터 8대가 생긴다. 성포역은 아파트 단지로 둘러싸여 있는데, 서해선 선부역의 육각형 모양과 형태가 흡사하다. 동일한 조건이라면 운행횟수가 많은 성포역이 선부역보다 가치 있어 보인다.

광명역

광명역은 광명시 일직동 262-6번지 일대로, 외부 출입구 3개소가 생긴다.
이케아가 들어서며 광명역 일대를 알리는 중요한 계기가 되었으며 롯데아웃

시/구	동	단지명	거리 (m)	세대수	연식	2017년 (만 원)	2021년 (만 원)	평수	평단가 (만 원)	상승률 (%)
광명	일직	플래닛 데시앙	230	1,500	2년	70,000	122,000	36	3,390	74
		써밋 플레이스	230	1,430	4년	67,000	122,000	37	3,300	82
		파크자이	400	875	5년	77,000	128,000	35	3,660	66
		푸르지오	400	640	5년	65,000	120,000	34	3,530	85

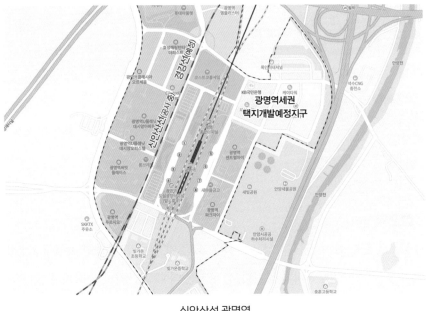

신안산선 광명역

렛과 함께 광명역세권의 존재감을 보여줬다. 광명역세권 복합단지 개발사업은 종합환승센터를 비롯해 국제교역센터와 중소기업복합단지, 호텔 등 비즈니스 업무 기능과 음악콘텐츠와 관련된 상품을 한곳에 모이게 하는 음악밸리 산업 조성에 초점을 두었다. 광명역은 일직JC를 끼고 강남순환로, 제2경인고속도로, 서해안고속도로와 서독산 등에 갇혀 있어 도시 확장이 제한된다. 거기에다 박달하수처리장 같은 기피시설이 있어 아쉬울 따름이다.

광명역 서측 주상복합부지에는 푸르지오와 써밋플레이스, U플래닛데시앙이 나란히 자리 잡고 있고, 동측에는 센트럴자이와 파크자이 등 메이저 아파트들이 나란히 입주해 있다. 2020년 12월 기준 평당 3,500만 원 선으로 13억 원 내외로 거래되고 있다.

석수역

석수역은 서울시 금천구 시흥동 980-2번지 일대에 건물형 출입구 1개소와 외부 엘리베이터 6대가 설치된다. 당초 외부 출입구는 석수역 동측에 1개소만 설치하기로 했으나, 2020년 9월 석수2동 주민들의 요구를 국토교통부가 받아들여 석수역 좌측 연원마을 방향에 출입구를 설치하기로 했다.

신안산선의 열차 운행계획상 광명역에서 여의도역까지 출퇴근 시 5분, 평상시 10분이 예상되므로 시흥시청 방면과 안산 방면으로 갈라지는 두 노선보다 석수역이 훨씬 편하게 출퇴근할 수 있다. 급행열차는 거점역인 광명역과 1호선 환승역인 석수역에 모두 정차할 예정이다. 1호선 석수역은 경기도 안양시 만안구 석수동에 속하지만 신안산선 석수역 부지는 서울시 금천구 시흥동에 속한다. 석수역 주변으로 서울시와 안양시의 경계가 나뉘며 용도

시/구	동	단지명	거리(m)	세대수	연식	2017년(만 원)	2021년(만 원)	평수	평단가(만 원)	상승률(%)
안양만안	석수	두산위브	350	742	12년	48,000	89,000	32	2,780	85
		푸르지오	250	542	13년	46,000	79,000	32	2,470	72

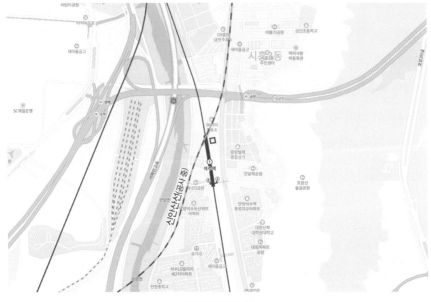

신안산선 석수역

지역도 준공업지역과 제2종일반주거지역으로 구분되기 때문에 착오가 없어야 한다.

　석수역세권은 서울 서남부의 새로운 관문으로 금천구도 발맞추어 시흥대로변을 주거, 업무, 상업 복합시설이 가능한 지구단위계획을 수립했다. 금천구는 2016년 5월 시흥3동 970번지 일대에 대한 석수역세권 지구단위계획(안)을 통과시켰다. 석수역 맞은편 철재상가단지를 현대화시설로 바꾸고 철재상가 뒤편 주거지역은 호암산 자연경관과 조화를 맞추어 인접한 안양시 석

신안산선 석수역 현장 스케치

석수역은 서울시와 경기도 안양시의 경계에 있다. 신안산선과 강남순환도로 등 교통 호재가 잇달아 서울 남문으로서의 역할이 기대된다. 철재종합상가의 현대화사업과 준공업지역 활성화 대책으로 변화가 예상된다. 연립주택과 다세대주택 밀집지역은 고도제한으로 가로정비사업에 한계가 있지만 나름대로 의미는 있다.

수동 아파트 단지와 균형을 갖춘 중저층 공동주택단지로 개발할 예정이다.

안양시는 1호선 석수역 노선부지와 시흥대로 사이의 5천 평에 가까운 부지(석수1동 368-3 일대, 국가철도공단이 25%, 토지주 9명이 75% 소유)를 근린생활지역으로 용도 변경해 정비 중이다.

구로디지털단지역

구로디지털단지역은 서울시 구로구 구로동 810-2번지 일대에 건물형 출입구 2개소와 외부 엘리베이터 14대가 설치된다. 2020년 9월 서울에서 공실률이 가장 낮은 지역으로 선정될 정도로 지역주민 수와 업무 출퇴근 상권이 매우 양호한 지역이다. 이 지역은 다양한 중소기업이 모인 지식산업센터가 밀집해 점심시간은 대부분 식당이 붐빌 정도로 고정 배후 수요가 탄탄하다.

힐스테이트관악뉴포레는 재건축 단지로 지상 35층 7개 동, 1,143세대, 44~84m² 중소형으로 구성된 단지다. 노후도가 심해 흉물로 손사래를 치던

시/구	동	단지명	거리(m)	세대수	연식	2017년 (만 원)	2021년 (만 원)	평수	평단가 (만 원)	상승률 (%)
서울 관악	신림	푸르지오 1차	850	1,456	17년	52,000	95,000	31	3,070	83
서울 영등포	대림	신대림 자이2단지	450	159	15년	47,500	82,000	33	2,490	73

신안산선 구로디지털단지역

관악구 강남 아파트가 2022년 9월 환골탈태해 세상에 나올 예정이다. 조합원 744가구를 제외한 273가구는 민간기업형 임대주택(뉴스테이)으로 활용되고, 126가구는 서울주택도시공사가 매입해 임대주택으로 공급할 예정이다.

신풍역

시구	동	단지명	거리 (m)	세대수	연식	2017년 (만 원)	2021년 (만 원)	평수	평단가 (만 원)	상승률 (%)
서울 영등포	신길	센트럴 아이파크	370	612	3년	60,000	132,000	33	4,000	120
		센트럴자이	300	1,008	2년	67,000	148,000	33	4,490	121
		한화 꿈에그린	450	284	14년	50,000	117,000	32	3,660	134
		우성3차	500	477	34년	46,500	87,500	30	2,920	88

신안산선 신풍역

신풍역은 서울시 영등포구 신길동 431-28번지 일대에 외부 출입구 3개소가 설치된다. 7호선 신풍역 주변은 제1종지구단위계획으로 지정되어 있다. 신길재정비사업이 마무리되면서 신길동의 네임밸류가 상당히 높아졌다.

신풍역 북측은 신길재정비 촉진지구 래미안프레비뉴, 래미안에스티움, 힐스테이트클래시안, 센트럴자이, 센트럴아이파크 등 메이저 건설사로 평당 4천만 원 중반대까지 형성되어 있다. 신안산선 신풍역 좌측 단독주택 지역에는 토지 기준(2020년 12월) 평당 2,500만 원 선에서 거래되고 있다.

영등포역

영등포역은 서울시 영등포구 영등포동4가 423-98번지 일대에 건물형 출입구 2개소와 외부 엘리베이터 14대가 설치된다. 여의도가 업무 중심이라면 영등포는 상업 중심으로 도시가 발달했는데, 신안산선 개통이 큰 역할을 하길 기대한다.

영등포역은 신안산선 개통 외에도 영등포 고가차도 철거 및 공원화, 서부간선도로와 제물포터널 지하화, 경인로 일대 가로정비 및 도시재생사업 등 굵직한 사업들을 진행하고 있다. 대선제분 부지에 전시, 문화, 상업 등 복합문화 공간으로 조성되고 있으며, 제2세종문화회관도 건립 예정이다. 이 외에도 공공주택지구로 지정된 영등포, 문래동 쪽방촌개발과 당산골 문화의거리 조성, 타임스퀘어 주차장 공공주택사업, 영등포시장 재개발사업 등 향후 10년 내에 큰 변화가 이루어질 것이다.

시/구	동	단지명	거리(m)	세대수	연식	2017년 (만 원)	2021년 (만 원)	평수	평단가 (만 원)	상승률 (%)
서울 영등포	영등포	푸르지오	500	2,462	20년	50,000	115,000	32	3,594	130
		두산위브	500	271	18년	45,000	90,000	31	2,903	100
		아트자이	800	836	7년	65,000	130,000	33	3,939	100
	문래	자이	800	1,302	20년	74,000	140,000	34	4,118	89

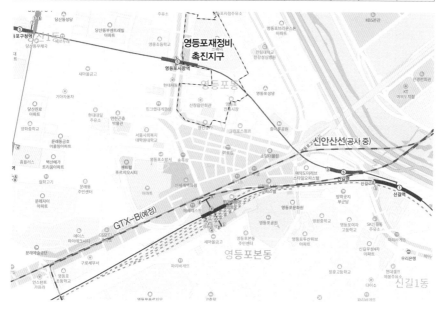

신안산선 영등포역

BTO(Build Transfer Operate)

사회기반시설에 대한 민간투자사업 방식의 하나다. 사회기반시설의 준공(Build)과 동시에 당해시설의 소유권이 국가 또는 지방자치단체에 귀속(Transfer)되며 사업시행자에게 일정 기간의 시설관리운영권(Operate)을 인정하는 방식으로 시행되는 민간투자사업이다. 주로 도로·철도·항만 등 교통시설 운영에 따른 충분한 사용료 수익으로 투자금 회수가 예상되는 시설을 대상으로 시행되며 정부의 민간투자사업계획에 의해 민간제안 방식으로도 시행이 가능하다. 투자비 회수가 가능한 시설로 민간이 수요위험을 부담하지만 수익률이 높다.

BTO-rs(BTO-risk sharing)

위험분담형 수익형 민간투자사업으로, 민간의 수익과 비용에 대한 위험을 정부가 일부 분담함으로써 사업의 목표 수익률을 낮추고 추진 가능성을 높이는 방식이다.

BTL(Build Transfer Lease)

사업시행자에게 일정 기간의 시설관리운영권을 인정해 국가 또는 지방자치단체 등이 협약에서 정한 기간 동안 임차(Lease)해 사용·수익하는 방식이다. 민간자본에 의한 민간사업자가 사회기반시설을 건설한 후에 국가나 지자체에 시설을 기부하고 그 대가로 일정 기간 동안(10~30년)의 관리운영권을 획득한다. 민간사업자는 관리운영권의 행사의 방법으로 약정기간 동안 국가나 지자체에 시설의 관리운영권을 임대해 약정된 임대료 수입으로 투자비를 회수하게 된다. 참고로 투자비 회수가 어려운 시설(기숙사, 군부대 등)로 수요위험을 배제해 수익률이 낮다.

MRG(Minimum Revenue Guarantee)

최소 수입 보장. 정부가 민간투자를 유도하기 위해 도입한 제도로 사회간접자본시설 민자유치법 제정으로 법적 기반이 마련된 뒤 1998년 외환위기 이후 적용되기 시작했다.

서울시 역세권 콤팩트시티

공릉역, 방학역, 홍대입구역, 서울대 인근 신림선110역, 보라매역 주변에 역세권 콤 팩트시티(Compact City)가 조성된다. 상대적으로 저개발된 비강남권 역세권이 대 상인 '역세권 활성화 사업'으로, 대중교통 인프라가 집중되어 살기 좋은 역세권에 주거·비주거 기능을 공간적으로 집약한 콤팩트시티를 만드는 사업이다.

개인적으로 콤팩트시티라고 하면 낙후된 도시 역세권에 첨단기술이 집약되어 용도 의 효율화를 위해 공간을 최대한 아껴 쓰는 방향에 가까워야 한다는 생각이다. 그저 청년 임대주택과 지원시설만 지어서는 한계가 있다. 일자리 베이스에 저비용 임대 주택이 결합되는 파격적인 실험이 필요하다. 청년들에게 필요한 건 결국 일자리다. 현재는 용도지역 상향(일반주거→상업지역 등)을 통해 용적률을 높여주고, 증가한 용적률의 50%를 공공임대시설(오피스, 상가, 주택), 공용주차장 등 지역에 꼭 필 요한 시설로 공공기여를 받는 방식이다. 다만 민간사업에서 용적률 인센티브를 바 탕으로 공공기여를 끌어낸 정책이기 때문에, 공공이 임대료를 책정한다고 하더라 도 주변 시세를 적용하기 때문에 얼마나 매력이 있을지 모르겠다. 키움센터, 창업 지원센터 등도 한정된 규모로 실질적인 도움이 될지도 미지수다. 민간분양과 상 업, 업무 시설이 주변에 미치는 영향도 봐야 하는데, 인근의 상권을 확대시키기보 다는 근린상권을 해칠 수 있다는 우려도 있다. 콤팩트시티라는 이름에 걸맞을지 여 러 의문이 든다.

공릉역 주변은 인근에 5개 대학이 입지하고 청년층이 다수 거주하고 있는 지역 특 성을 고려해 소형세대 위주로 주택을 확충한다. 방학역 주변은 택시차고지로 쓰이 던 곳으로, 인근에 다수의 대학교가 입지해 있고 우이신설선 연장에 따른 기대도 있다. 보라매역 주변은 경전철 신림선 신설에 따른 환승역세권 잠재력을 바탕으로 영유아 자녀를 둔 3~4인 가구 유입과 유동인구 증가가 예상되는 곳이다. 홍대입구 역 주변은 청년 1~2인 가구가 밀집한 곳 중 하나인 특성을 고려해 청년들의 삶터 가 어우러진 공간으로 조성된다. 신림선 110역 주변 개통 예정인 경전철 신림선 신 설역사에 연접한 부지로, 서울대학교 인근에 위치하고 있다. 이곳에는 교육시설, 청 년창업 지원을 위한 오피스, 셰어하우스 형태의 공공임대주택(21세대) 등 청년 맞 춤형 복합건물이 들어설 예정이다.

STATION

INFLUENCE AREA

CHAPTER 3

국가가 밀어준다, 고속철도 & 일반철도

전국 단위로 투자하라, 고속철도

KTX 호남고속철도 2단계(고막원~목포)

노선연장: L = 44.12km(고막원, 무안국제공항, 임성리 등 정거장 3개소)

사업기간: 2018~2025년

총 사업비: 2조 2,870억 원

사업시행: 국가철도공단

본 사업은 호남권 지역 주민의 교통편의를 제공하고 전남지역 성장동력 창출 및 무안국제공항 활성화 등이 목적이다. 2025년을 목표로 고막원~목포 구간을 연결한다. 기존 고막원역과 신설되는 무안공항역, 임성리역 등 3개 역에 정차한다.

2021년 1월 평일 기준 용산에서 광주송정역까지는 25회, 목포역까지는 19회가 운행되고 있다. 서울역에서 광주까지 운행하는 KTX 열차는 하루 7회밖에 없다. 광주로 가려면 용산역으로 가야 된다는 이야기다. 호남고속철도 2단계 구간이 완성되면 목포행은 좀 더 늘 것으로 전망된다. 차량은

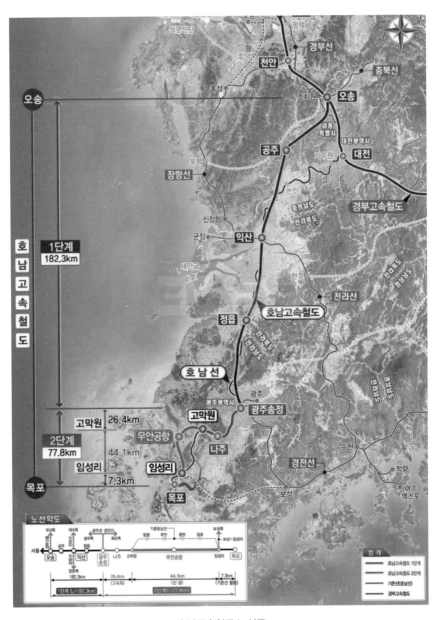

호남고속철도 노선도

KTX-산천이며 1편성당 410명 정원이다. 1편성이 10량으로 구성되는데, 맨 앞 뒤 차량은 동력차로 객실이 없다. 8량은 T1~T8로 구분하며 일반실 45~56석, 특실은 30석 정도다.

기존 호남선보다 더 곡선화되고 거리도 멀어짐을 볼 수 있다. 바로 무안공항 연결 때문이다. 대부분 전답과 임야, 구릉지 등을 터널과 교량으로 통과한다. 신설되는 무안공항역은 지하터널을 통과한다.

최근 인구는 나주 11만, 함평 3만, 무안 8만, 목포 24만 명이다. 임성리역의 도시개발과 목포역의 도시재생사업을 눈여겨봐야 한다. 호남고속철도의 완성은 목포다. 그리고 임성리의 미래까지 밝힐 수 있을 것으로 예상해본다.

KTX 2복선화

KTX는 서울역과 수서역을 시작으로 천안과 오송을 거친 후, 경부고속철도와 호남고속철도로 갈라지게 된다. KTX 전용선으로 최대 300/km까지 속도를 내며 전국을 1일 생활권으로 만들어줬다. 그러나 인천에서 출발하는 승객들이 광명이나 서울로 와야 하는 번거로움이 생겨 인천발 KTX의 필요성이 대두되었다. 또한 수원발 KTX도 기존 경부선(일반철도)을 이용해 평일 1일 4회(하행 기준)만 운영하다 보니 불편함을 감수해야 했다. 이에 현실적으로 기존선을 활용하되, 천안~오송 구간을 복선에서 2복선한다는 전제하에 KTX 전용선까지 일부 구간을 연결하기로 했다.

호남고속철도는 수서~향남~분기역~광주~목포를 지나는 노선으로, 향남~분기역 구간은 경부고속철도와 노선을 공유할 계획이었다. 그러나 이 경우 선로 용량이 부족하므로 향남~분기역 구간은 2복선으로 건설해야 한다. 평

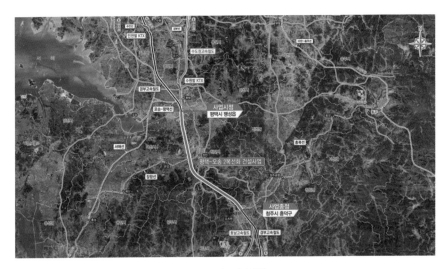

평택~오송 2복선화

택~오송 구간의 2복선화 사업만 남은 셈인데, 고속철도 수요가 늘면 이 구간을 2복선화해 선로 용량을 확충하려는 것이 이 사업의 목적이다.

인천발 KTX

인천발 KTX는 수인선 송도역에서 출발한다. 그다음 안산선 초지역에 정차한다. 이후 수인선 어천역에 정차하고, 어천역을 지나 약 3km 구간을 신설해 KTX 전용선에 연결된다. 기존 정거장 개량과 약 3km에 달하는 신설노선에 대한 설계와 공사를 거쳐, 2025년쯤 운행될 예정이다.

실제 공사 구간은 길지 않은데, 배선의 특성상 분기기로 연결하기 위해서는 상선과 하선을 별도로 계획해 연결해야 한다. 노선에서 갈라지는 이유다.

어천역에서 경부고속철도로 넘어가는 과정에서는 인천발 KTX에 따라 기존역이 개량될 계획이다. KTX가 운행될 수 있도록 저상홈(높이 50cm)과 최대 400m 이상(20량 확보)의 승강장을 설치해야 한다. 초지역은 현재 고가역이기에 KTX를 운행하기 위해서는 추가적으로 구조물을 설치해야 한다. 현재 운행 중에 공사를 해야 하기 때문에 안전상 문제가 생길 수 있다. 어천역도 추가적으로 교량을 확대해야 한다. 이왕이면 한 번에 공사가 진행되었으면 좋았겠지만, 다행히 송도역은 수인선만 운행하면 되기 때문에 지역 상황초 보다는 낫다.

인천발 KTX는 20량 12회, 10량 12회로 총 24회가 예정되어 있다. 이는 상하선을 포함한 운행횟수로 상하선을 구분하면 1일 12회로 한정된다. 그중 2/3는 부산행으로, 1/3은 목포행으로 출발할 것으로 예상된다(추후에 변경될 소지가 많다).

수인선은 현재 하선(1선) 기준으로 출퇴근 시 9분, 평상시 15분마다 운행되고 있다. 향후에도 그대로 운영될 것으로 보인다. 다만 KTX와 동일선을 쓰게 되고, 경강선(월곶~판교)도 병행해야 되기 때문에 시간 간격으로 조정될 수 있다. 총 운행횟수는 큰 차이가 없어 보인다. 초지역도 송도역과 유사하다. KTX 총 24회(상하선 각각 12회)로 부산행과 목포행으로 구분되어 이동될 것이다. 4호선 열차 운행도 상하선 258회(각각 129회)로 큰 차이는 없어 보인다.

인천발 KTX가 정차하는 송도역, 초지역, 어천역의 일반전철 운행을 보면, 송도역은 '수인선 + 경강선'으로 2개 노선, 초지역은 '수인선 + 안산선 + 서해선 + 신안산선'으로 4개 노선, 어천역은 수인선으로 1개 노선 등이 있다.

KTX에 목매지는 말아라. 아무런 연고가 없다면 1년에 부산이나 목포 갈 일이 몇 번이나 있겠는가? 오히려 수인선이 분당선하고 잘 연결되면서 급행이 자주 다니는 게 더 효과적일 수도 있다. 1개의 철로에 여러 노선의 열차가 운행된다면, 결국 전체적으로 효율적이지 못한 결과가 나올 수도 있다.

송도역은 수인분당선이 2020년 하반기에 운행되기 시작했고, KTX 인천발의 시발점이자 경강선(월곶~판교)의 시발점이 된다.

인천발 KTX의 1일 운행횟수는 계획상 12회(하선 기준, 부산행 8회, 목포행 4회 예상)라는 것만 생각하자. 노선에 경강선, 수인분당선, 안산선 등을 감안하면 횟수를 늘리기도 쉽지 않아 보인다. KTX가 다닌다는 상징성은 분명히 있기 때문에 지역의 네임밸류는 상승할 것이다. 인천발 KTX 정차역 중 으뜸은 초지역이지만, 최근 몇 년 동안 가격이 이미 많이 올랐기에 주의가 필요하다. KTX 최대 수혜역은 송도역이다. 역세권 개발을 진행 중이니 빠르게 재건축 아파트를 찾아서 투자하는 게 좋다. 어천역은 갈 길이 멀기 때문에 장기적 관점에서 접근해야 한다.

송도역세권 개발

송도역세권 도시개발사업은 수인선 송도역 주변으로 무분별한 건축물의 난립을 막고자 2008년부터 도시개발사업으로 지정해 2011년 개발계획이 수립, 고시된 사업이다. 이후 2030년 인천도시기본 계획, 인천발 KTX 기본계획 등이 수립됨에 따라 철도시설공단의 철도부지 사업면적 축소, 방음벽 설치, 완충녹지 제거, 공원면적 확대, 도시계획도로 변경 등으로 조정되었다. 2014년 11월 실시계획 인가, 2017년 12월 환지계획 인가, 2018년 6월 개발계획 수립, 실시계획 변경 인가를 받아 곧 착공할 예정이다.

사업대상지 인근에 송도신도시와 송도유원지, 인하대학교 등이 근접해 있다. 송도역세권 사업대상지 부근에는 옥련국제사격장과 옥련여고가 있다. 산자락을 끼고 송도역까지 이어지는 사업구역이다. 송도역세권은 인천 철도교

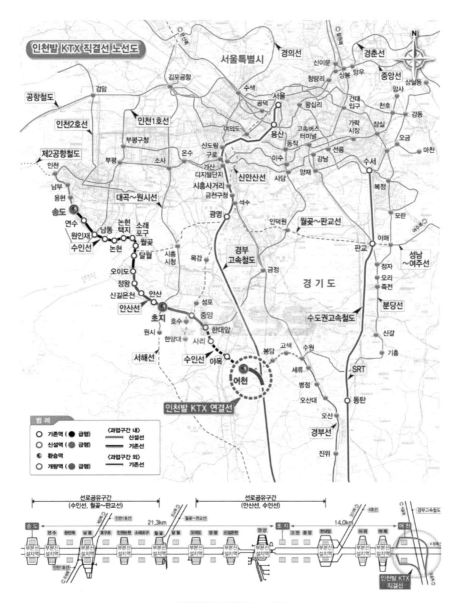

인천발 KTX 직결선 노선도

수인선 송도역 현장 스케치

지상철을 철도덮개로 공원화한다는 건 현대에 맞는 구상이다. 현재의 역은 외딴 느낌이다. 5년 후에는 KTX 개통 전후로 지금과는 다른 양상으로 주변 지역에 많은 투자가 이어질 것으로 보인다. 역세권 개발과 함께 인천 철도 교통망의 핵심지역으로 거듭날 것으로 기대한다.

통의 핵심으로 급부상하고 있다. 역세권 개발에 따른 주변환경 개선과 인천시 연수구 옥련동에 대한 네임밸류가 올라가고 있다. 역세권 신도심과 구도심까지 많은 관심이 필요한 지역이다. 사업지구를 보면 고속도로와 국도가 연결되어 있다. 옥련IC와 문학IC를 통해 도시로 접근이 가능하기에, 업무지구의 부재에도 불구하고 인천발 KTX 수요가 몰릴 수 있다.

현재 운행 중인 수인선 송도역은 지상역사다. 철도덮개로 일부 구간을 덮

송도역 철도덮개 공원 조감도

어 산자락의 경사면을 자연스럽게 활용할 예정이다. 역세권 개발에 따라 수인선 하단부 남쪽, 옥련여고 동쪽이 아무래도 역세권 중 우위에 있다. 역의 접근성과 사격장의 소음 등을 감안해서 봐야 한다. 수인선 남단, 도로 건너편 구도심에도 관심이 필요하다. 한때 1억 원 후반밖에 하지 않았던 아파트들이 2억 원을 넘어 3억 원까지 오르고 있다. 향후 5년을 보면서 재건축까지 고려한다면 투자가치는 아직도 충분해 보인다.

수원발 KTX

수원발 KTX 사업은 경부선에서 KTX 전용선으로 연결하는 사업이다. 기존 수원에서 출발하는 KTX(평일 부산행 4회)는 경부선을 따라 대전까지 이동후, KTX 전용선으로 부산까지 내려가야 했다. 평균 165분 정도 소요되었다. 이에 반해 수원발 KTX는 평택 지제역으로 연결되어 바로 KTX 전용선으로 연결된다. 소요시간은 평균 135분 정도로 30분이 단축된다. 하선 기준 1일 12회로, 부산행 6대와 부산+광주행/목포행이 6대(중련) 운행될 예정이다.

수원발 KTX는 앞으로 4~5년 후면 다닐 수 있을 것이다. 현재 수원발 부산행 열차는 하루에 고작 4대다. KTX 연결선이 되면 운행횟수가 보다 확대되며 시간도 25분 단축된다. 목포행 KTX도 신설될 예정이다. 현재 수원발 KTX는 대전까지 기존 경부선을 이용하기에 고속으로 다닐 수 없었지만 그 점이 보완된다. 서정리역(경부선)~지제역(수서고속철도) 간 연결선 신설(9.45km, 상하 단선) 및 기존 3개 역(경부선 수원역·서정리역, 수서고속철도 지제역)을 개량한다. 경부선과 수서고속철도 직결 운행을 통해 수도권 남부의 고속철도 서비스 수혜지역을 확대하고, 일반철도와 고속철도의 혼용에 따른 서울~시흥의 부족한 선로 용량을 해결하고자 한다.

평택 지제역을 지나고 서정리역은 무정차 계획이다. 평택시의 정책들을 보면 지제역보다는 서정리역에 좀 더 무게감이 실리는 점을 볼 수 있다. 어떻게 될지는 좀 더 지켜보자. 개인적으로는 지제역의 가치가 좀 더 높아 보인다. 또 이 연결선은 열차의 운행을 위해 양갈래로 갈라지면서 노선이 상하선으로 구분되어 건설되어야 한다. 이미 경부선은 2복선으로 운행되고 있다. 이는 새마을호, 무궁화호, 전동차, 화물열차 등 많은 차량을 소화해야 되기 때문이다.

인구를 보면 수원은 118만 명, 평택은 53만 명이다. 인구수는 수원이 많지만, 평택도 적지 않다. 다만 평택에는 개발을 추진하는 지역이나 면적이 너무 많다. 서정리역 주변의 택지개발사업과 지제역 등 중심의 도시개발사업 등 아직도 공급될 물량이 적지 않아 보인다.

수원발 KTX 연결선 노선도

　부동산 시장에서 아파트는 신축보다 구축이 올라야 의미가 크다. 신축은 상품성이 강하기 때문에 지역 가격에 혼동을 준다. 신축 아파트는 가격이 올랐는데, 구축 아파트는 제자리라면 그 지역은 아파트값이 올랐다고 할 수 있을까? 이유가 어떠하든, 구축이 올라야 진짜 오르는 동네다.

서정리역 KTX 정차 가능성은 현실적으로 어렵고, GTX 평택 정차 여부와 관련해 제4차 국가철도망 구축계획에 서정리역이 담겼는지를 봐야 한다. 경부선은 열차운행 효율상 새마을, 무궁화, 화물, 전동차 등이 이동한다. 그 사이를 비집고 들어가는 건 현실적으로 쉬운 일이 아니다. 그래도 평택시에서 지제역으로 보도자료를 배포하긴 했으나, 아직 검토 단계이기 때문에 서정리역을 배제할 수는 없다. 서정리역은 현재 일반열차 운행이 많지 않다. 때에 따라서는 무궁화나 통근열차를 포기하고 GTX 승강장으로 대체할 수 있어 보인다. 평택의 도시적 기능이 서정리역 부근에 몰려 있고, 인근의 아파트 등 수요도 몰려 있기 때문이다. 물론 현재는 지제역에 무게감을 두는 것이 옳다.

동탄까지 SRT와 GTX만 병행해서 쓰는 GTX-A 노선이 깔끔할 수도 있다. 경부선을 타고 내려오려면 복잡한 이해관계를 따져야 한다. 공동대응이 힘이 될 수도 있겠지만, 그만큼 복잡해질 수도 있기 때문이다.

서울 접근성을 고려하라, 일반철도

중앙선(원주~제천~도담~영천~신경주)

중앙선은 청량리역을 기점으로 부산 부전역을 종점으로 보면 된다. 중앙선은 구간마다 나눠서 사업이 진행되었고 이제 하나의 큰 노선이 연결되고 있다. 구간 노선마다 선로의 목적이 조금씩 달라 전 구간에서 속도를 낼 수는 없지만, 새로 신설되는 노선만큼은 충분히 속도를 낼 수 있기 때문에 중앙선 시대가 왔다고 해도 과언이 아니다.

1. 청량리~남원주 구간: 전동차 전용(서원주~남원주 ITX급 가능)

2. 서(남)원주~제천 구간: ITX급(최고속도 230km/h 가능) – 중앙선(공사 중)

3. 제천~도담(영주댐이설) 구간: ITX급(최고속도 180km/h 가능) – 중앙선

4. 도담~영천 구간: ITX급(최고속도 250km/h 가능) – 중앙선(공사 중)

5. 영천~신경주 구간: ITX급(최고속도 250km/h 가능) – 중앙선(공사 중)

6. 신경주~울산 구간: ITX급(최고속도 200km/h 가능) – 울산포항선(공사 중)

7. 울산~부산(부전) 구간: 전동차 전용(최고속도 80km/h 가능) – 동해남부선

중앙선 노선도

중앙선 원주~제천 복선전철

총 거리: 44.1km

총 사업비: 1조 1,895억 원

2002년 7월: 예비타당성 조사(B/C 0.87, AHP 0.551)

2011년 2월: 기본 및 실시설계

2011년 7월: 실시계획 고시 및 노반공사 착공

덕소~원주 중에서 서원주~남원주 구간은 공사가 마무리되고 있다. 서원

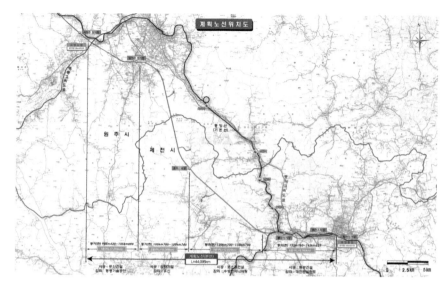

중앙선 원주~제천 노선도

주역은 화물을 취급하고 원주~강릉으로 이어지는 교행 역으로, 남원주역은 원주시 관문 역할의 주요 역으로 여객 전용 지상 철도다. 저상홈, 고상홈 승강장을 동시에 갖춘 역으로서, 전동차를 대비해 고상홈도 계획했다.

부산 부전역까지 이어지는 청량리발 ITX가 정차할 수 있다. 용문행, 지평행까지 전동차가 운행 중인 경의중앙선과 경강선(월곶~판교)이 남원주역까지 연결될 수 있다는 것이다. 남원주역의 의미는 적지 않다. 강원도에서는 원주와 춘천이 서울 접근성이 좋고 인구 규모가 가장 크다. 남원주역 전동차 개통을 기대해본다.

중앙선 서원주~제천 간 44.1km 복선전철 건설사업은 공사가 마무리되어 운행을 준비 중이다. 정부는 오래전부터 중앙선(청량리~경주, 총 362.9km) 복선전철화 계획을 추진해왔다. 중앙선은 한국 제2의 종단철도로 1942년 개통했는데 광산과 농산 및 임산 개발이 목적이었다. 하지만 오랜 기간 시설투자가 이뤄지지 않아 간선철도로서의 한계로 중앙선 복선전철화를 추진했고 2011년 핵심 요충지인 도담~제천 간 복선전철을 먼저 개통했다. 2012년에는 청량리~서원주 간 복선전철도 개통해 일반열차가 운행 중이다. 도담~영천 간 복선전철도 2022년 완공을 목표로 공사에 들어갔다.

서원주~제천 간에도 복선전철사업이 추진 중이다. 선로 용량은 하루 편도 52회에서 138회로 대폭 늘어나며, 운행속도도 시속 110km에서 250km로 2배 이상 빨라진다. 현재 청량리에서 제천까지는 1시간 40분 걸리지만 서원주~제천 간 복선전철 개통 후에는 56분으로 단축된다. 이에 제천시 주변 충주호 등 중부 내륙 지역의 관광 수요도 증가할 것으로 예상한다. 물류비용 절감도 기대할 수 있다.

중앙선 도담~영천 복선전철

총 거리: 145.1km

총 사업비: 3조 7,114억 원

2010년 6월: 예비타당성 조사(B/C 0.8, AHP 0.557)

2015년 4월: 기본 및 실시설계

2015년 11월: 도담~영천 착공

중앙선 도담~영천 사업은 충청북도 단양군 및 경상북도 영주시, 안동시, 의성군, 군위군, 영천시 등의 지역에 145.1km짜리 노선을 연장하는 사업이다. 국내 5대 간선철도의 하나인 중앙선의 전철화 및 고속열차 투입을 통한 간선철도의 기능을 강화하는 데 목적이 있다. 또한 남북 방향의 내륙지역을 통과

중앙선 도담~영천 노선도

하는 일관 수송체계를 구축하고 경북 내륙지역의 철도서비스 향상을 통한 철
도교통 경쟁력 강화에 의미를 두고 있다.

중앙선 영천~신경주 복선전철

총 거리: 20.4km

총 사업비: 4,898억 원

2001년 6월: 예비타당성조사(B/C 1.01, AHP 0.552)

2014년 10월: 노반 기본 및 실시설계

2015년 6월: 노반 공사 착공

영천~신경주 복선전철화 사업은 지난 2015년 6월 본격 착공에 돌입해 공

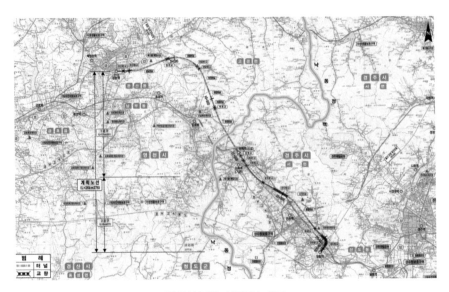

중앙선 영천~신경주 노선도

사가 진행 중이다. 복선전철화되면 노후된 중앙선의 선로 용량은 편도 기준 1일 51회에서 89회로 대폭 늘어나 수송 능력이 확대된다. 이렇듯 중앙선 전 구간이 완공되면 청량리에서 신경주까지 2시간이면 갈 수 있다. 이후에는 부산까지 3시간 이내에 갈 수 있기 때문에 부산발 KTX를 대체하는 노선으로 각광받을 날이 얼마 남지 않았다. 중앙선은 전체 구간이 복선이다. 당초 단선을 계획했으나, 효율을 위해 전부 복선화했다. 중앙선 서원주~제천 간 복선전철 건설사업으로 중부 내륙 지역의 수도권 접근성이 높아져 지역 균형발전과 성장 동력 확보에 큰 도움이 될 전망이다.

다만 수서~광주 노선이 연결될 가능성이 높기 때문에 상대적으로 청량리에서 출발하는 열차가 줄어들 수 있다. 그렇다면 청량리역의 가치 또한 다소 줄어들 수 있기 때문에 이를 감안해야 한다. 반대로 제천, 영주, 안동, 영천, 신

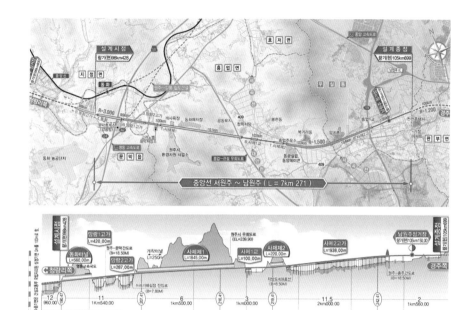

중앙선 서원주~남원주 노선도

경주를 오가는 사람들은 청량리보다 수서역으로 가는 게 접근성이 좋기 때문에 중앙선 수요층이 늘어날 것으로 보인다. 이처럼 중앙선은 지역 도시에 많은 변화를 줄 것으로 기대된다.

남원주역세권 개발

「지역 개발 및 지원에 관한 법률」에 의해 남원주역세권 개발 투자선도지구가 선정되었다. 남원주역세권 개발 투자선도지구 사업은 무실동 837번지 일원 약 50만m²에 총 사업비 2,844억 원을 투입해 조성한다.

공동 시행자로 참여하는 원주시와 한국토지주택공사가 각각 1:9의 지분으로 추진했다. 2019년 4월 공사를 본격화한 남원주역세권 개발 투자선도지구 사업이다. 현재 지장물 철거, 가설펜스 설치 등 하나씩 개발이 추진되고 있다. 당초 2021년을 목표로 설정했지만, 2~3년은 더 소요될 것으로 보인다.

남원주역의 공식 명칭은 원주역이다. 서원주역은 그냥 서원주역을 쓴다. 그만큼 남원주역이 수요가 많은 핵심역이라는 의미다.

투자선도지구 사업의 전체 공급대상 용지는 주택건설 용지 20만 3,597㎡와 상업업무시설 용지 3만 8,247㎡, 공공시설 용지 22만 6,943㎡로 나눠 공급되고 있다. 특히 지역특화산업인 의료기기 산업 활성화를 위한 강원 창조경제혁신센터와 혁신·기업도시, 대학, 연구소 등과 연계한 창업·벤처 지구도 조성될 계획이다.

서해선

노선연장: L=90.01km(정거장 6개소 신설, 홍성역 개량)

사업기간: 2009~2020년

총 사업비: 3조 6,568억 원

2007년 11월: 예비타당성 조사(B/C 0.95)

2012년 12월: 노반 기본 및 실시설계 준공

2014년 12월~현재: 실시계획 승인 및 토지보상, 전 구간 공사 중

서해선은 남쪽으로는 장항선과 연결되어 익산에서 전라선과 호남선에 직결되고 북쪽은 경기도 화성시 송산에 연결해 경의선에 직결함으로써 서해안축 남북 종단 간선 철도망을 구축하고자 한다. 경부선 철도 선로 용량 부족해소를 위한 수도권 우회노선 건설에도 의미를 두고 있다. 예산 문제로 공사가

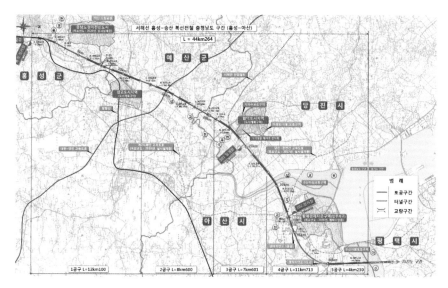

서해선 홍성~송산 노선도

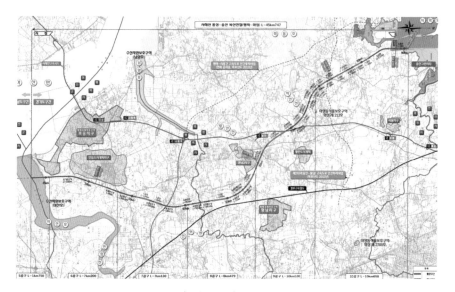

서해선 평택~화성 노선도

많이 지연되었으나 2021년 1월 기준 전체 공정률이 70%가 넘어, 2023년에는 운행될 것으로 보인다. 장항선 홍성역을 시작으로 101역(합덕), 102역(인주), 103역(안중), 104역(향남), 105역(화성시청), 106역(송산) 등이 계획되어 있다. 열차 운행은 1편성 6량으로 계획되어 있고 ITX 청춘 150km/h(완행)급의 차량과 250km/h(급행) EMU 차량이 투입될 예정이다. 급행열차가 정차하는 역(홍성, 안중, 송산 등)에 관심이 필요하다.

당초 서해선 일반열차는 신안산선 노선을 통해 서울로 진입할 계획이었다. 그런데 서해선의 가치에 빨간불이 켜졌다. 도로가 왕복 몇 차선인지에 따라 기능이 달라진다면 철도는 기본적으로 복선(상선, 하선) 1개만 있기 때문에 선로 용량의 문제, 정거장 승하차의 문제 등에 따라 동일 궤도를 이용할 수 있느냐의 차이가 생기고 얼마만큼 자주 다닐 수 있느냐의 문제가 생긴다. 급행이 다니면 완행은 정거장이나 신호장에서 대기해서 급행을 보내줘야 하기 때문에 완행 입장에서 답답할 수도 있다. 직결과 환승의 의미는 금반지와 은반지를 비교할 정도로 의미가 다르다. 서해선은 더욱 큰 의미를 갖기 때문에 골드노선이 될 수도, 실버노선이 될 수도 있다. 15년 만에 건설되는 서해선의 의미를 살리기 위해서는 일부는 서해안으로, 일부는 서울로 관통하는 노선도 고려해봐야 한다.

홍성역은 여객 및 화물역으로 저상홈 2개소(고상홈 신설)의 지상역사다. 기존 장항선과 연결되는 역사로 홍성군은 홍성역세권 개발계획에 착수했다. 인근 내포신도시에는 충남도청신도시가 형성되고 있고 유효수요는 충분하지만, 예산(충남도청)역의 장래 계획에 따라 수요는 분산될 수 있다. 합덕역은 여객역으로 고상홈 2개소의 지상역사다. 합덕리, 도리 일원으로 합덕도시계획지구에 인접해 있다. 계획 초기에 많은 투자가 이루어진 역이다. 주변은 농업진흥구역으로 개발에 제한이 있다. 광장부 반대편을 역세권 섹터로 보고 있다.

안중역은 여객 및 화물역으로 고상홈 2개소, 저상홈 1개소의 지상역사다. 평택시 현덕면 황산리 일원으로 안중도시계획에 인접했다. 국도 39호선과 연결되어 접근성이 양호하며 송담지구와 화양지구, 평택 미군기지가 인접해 향후 상당한 발전이 예상되는 역이다. 향남역은 여객 전용으로 고상홈 2개소의 선하역사다. 화성시 향남읍 평리 일원으로 향남 1, 2지구의 중심에 있다. 두 지구는 3만 세대, 8만 명 정도를 바라보는 계획도시로 향후 신분당선 광교~호매실 구간이 계획된다면 봉담역, 향남역까지 노선이 이어질 수 있다.

화성시청역은 여객역으로, 서희스타힐스가 최근에 분양을 진행했다. 화성시청은 1km 정도 가야 한다. 남양뉴타운은 제법 거리가 있기 때문에 가치가 떨어질 수밖에 없다. 송산역은 여객 및 화물역으로 고상홈 2개소의 지상역사가 있으며, 화성시 문호동 일원으로 송산그린시티 도시계획지구에 위치해 있다. 주변에 공룡알 화석산지를 비롯해 각종 테마파크가 계획되어 있고 남동, 시화 등 산업단지가 인접해 화물 취급도 가능하며 신안산선과도 연결된다.

춘천~속초 단선전철

노선연장: L=93.74km(정거장 5개소 신설, 춘천역 개량)

사업기간: 2016~2025년

총 사업비: 2조 4,015억 원

2006년 3월: 제1차 국가철도망 구축계획에 포함

2011년 4월: 제2차 국가철도망 구축계획에 포함

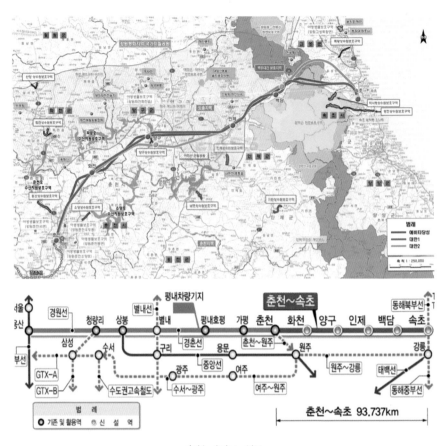

춘천~속초 노선도

2016년 7월: KDI 예타(B/C 0.79)

2020년 3월: 기본계획 고시 및 기본설계 중

　춘천~속초 철도건설사업은 속초, 인제, 양양, 화천 등 강원권 북부 지역주민들이 수도권까지 1시간 40분 내에 이동할 수 있도록 교통 접근성을 개선하고, 지역 균형발전과 남북 및 대륙횡단철도 연계를 통한 철도 네트워크 효율성 극대화를 목적으로 추진되는 사업이다. 춘천 의암호와 설악산 국립공원을 지나는 구간은 춘천 지하화, 미시령터널 등 공사의 난도가 높고 기간이 오래 소요되어 턴키로 발주했다. 백담역 이후 설악산 우회 노선을 검토하라는 요청에 설악산의 환경피해를 최소화하고자 했다. 각 지역마다 역(화천, 양구, 인제, 백담, 속초)이 신설되고 춘천역은 일부 개량된다.

국토교통부는 철도 예산이 상대적으로 많지 않다. 정부의 철도건설 예산(운영비 제외)은 5조 원 전후로 수십여 개의 사업에 수천억 원에서 수십억 원이 집행되고 있다. 중앙선, 서해선 등 굵직한 사업이 2~3년 내 종료되긴 하지만 GTX, 수서~광주, 경강선, 신수원선 등이 대기하고 있다. 원주~강릉 사업도 상당히 애를 먹었는데 다행히 평창 동계올림픽이 확정되면서 급물살을 타게 되었고, 동계올림픽에 맞춰 공사하게 되었다.

하지만 춘천~속초는 다르다. 국토교통부 입장에서 보면 아쉽지만 급할 것은 없어 보인다. 여러 가지를 문제 삼아 천천히 진행할 가능성이 적지 않다. 포인트는 턴키공사의 진행 여부를 눈여겨보면 된다. 공사가 시작되면 더디게 갈 수도 있지만 무조건 가는 것이기 때문이다.

강원도 입장에서 보면 하루라도 빨리 공사가 진행되기를 원할 것이다. 앞으로 10년 후에는 인구감소도 서서히 시작될 수 있어서, 인구유입을 위해서라도 철도건설을 희망하고 있다. 단선철도의 아쉬움은 뒤로 미루자.

춘천역 좌측에는 레고랜드가 개발 중이다. 이곳은 MBC 〈PD수첩〉에서 자세하게 취재할 정도로 문제가 되기도 했다. 개발과 보존이라는 외나무다리 위에 올라 있지만, 보존을 전제로 개발이 진행 중이다. 화천역은 화천군청까지 13km 정도 떨어져 있다. 46번 국도 부근으로 간척2리 마을회관이 보인다. 양구역은 마지막까지 역의 위치를 선정하지 못해서 주민 투표까지 진행되었던 곳이다.

예전에 인제역하면 군입대를 떠올리며 "인제 가면 언제 오나, 원통해서 못 살겠네."라는 말을 쓸 정도로 인제역은 교통의 불모지로 불리는 곳이었다. 그러나 이제는 새롭게 거듭날 전망이다. 백담역은 만해 한용운이 〈님의 침묵〉을 집필했던 곳이다. 백담 입구의 토지를 눈여겨봐야 한다. 속초역은 속초시 노학동에 위치하고 있다. 춘천~속초가 개통되면 춘천역과 더불어 많은 승객이 이용할 것으로 보인다. 속초항, 대포항, 속초 카페거리까지는 3.3~5km 정도 가야 한다.

한편 경강선과 서울양양고속도로 운영상황을 보면 경강선은 2018년 기준 승하차 인원이 월 평균 40만 명(이용객 수로 보면 20만 명) 정도 된다. 이 중 50~60%는 강릉역을 이용한다. 서울양양고속도로는 구간별, 월별로 차이는 있지만 월 평균 80만 대 정도가 양양 IC까지 이동하는 것으로 나왔다. 이 수치들은 계절에 따른 휴가 등의 이유로 차이를 보이고는 있지만, 그럼에도 일정하게 유지되고 있다. 이러한 데이터를 참고해 춘천~속초의 개통을 준비하는 것도 좋은 투자 방법이다.

수서~광주

노선연장: L=19.6km(신설 14.9km, 기존선 활용 4.7km)

사업기간: 2017~2024년

총 사업비: 7,907억 원

사업위치: 서울특별시 강남구(수서역)~경기도 광주시(광주역) 일원

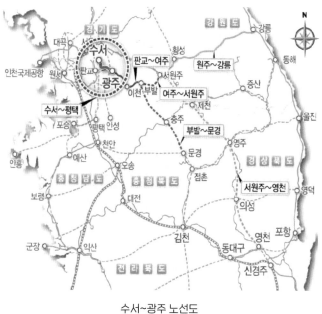

수서~광주 노선도

　수서~광주 노선은 짧지만, 강력한 노선의 힘을 갖고 있다. 이 노선은 수서에서 경기도 광주까지 이어진다. 여기서 이어지는 노선이 관건이다. 경강선(원주~강릉)에서 중앙선[원주~부산(부전)], 그리고 중부내륙선(부발~문경)으로 연결된다. 주축은 월곶~판교~여주~원주~강릉으로 이어지는 경강선이다. 수서~광주는 3개의 노선을 보다 쉽게 연결하기 위한 핵심 연결선이므로 무조건 진행된다고 본다. 다만 시간은 조금 걸릴 듯하다.

　수서역 다음으로 모란역과 광주역이 정차한다. 경강선 광주역은 이미 미래 가치가 높은 역으로 추천한 적 있다. 철도 노선의 힘은 강남역까지 1시간 이내에 도달해야 좋은데, 경기광주역은 40분 내에 강남까지 갈 수 있다. 아파트 가격은 신축임을 감안했을 때 큰 차이가 나지는 않지만, 주변 개발 여건 등을

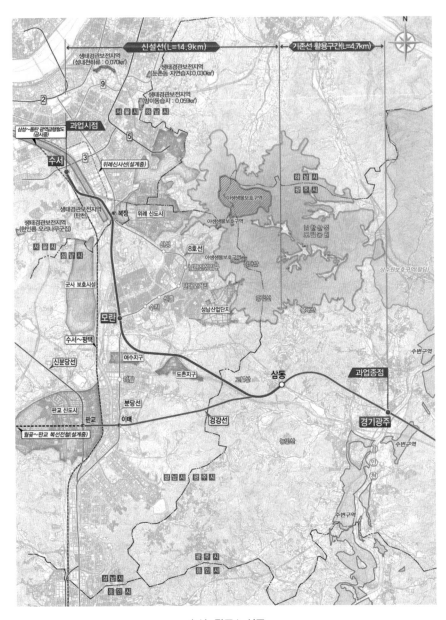

수서~광주 노선도

감안하면 경기광주역의 미래가치가 더 상승할 수 있다고 본다.

수서역에서는 지하철 3호선, 분당선 수서역이 연결된다. 연결의 의미가 환승은 아니다. 일반철도와 지하철(전동차)은 서로 환승되지 않는다. 수서~광주는 일반철도다. 경강선 중 월곶~판교~여주~(남원주)까지는 전동차가 다니는 지하철(도시철도)이다. 예로 노인(만 65세 이상)은 일반철도를 이용할 때 할인된 요금을 내지만(경로우대), 전동차는 무료다. 차량도 다르다. 일반철도에는 ITX(EMU급) 차량이, 지하철에는 전동차가 다닌다.

수서역세권 개발은 무궁무진하다. 아마 10년 후에는 서울역에 버금가는 핵심 역으로 성장할 것이다. 서울 대표역의 무게 중심이 서울역에서 수서역으로 옮겨질 수도 있다.

수서~광주 간 역들에 대해 살펴보자. 먼저 모란역이다. 모란역은 모락모락 싹트고 있다. 잠실역으로 가는 지하철 8호선과 선릉역으로 가는 분당선이 지나고 있다. 거기에 사통팔달로 통하는 수서~광주 구간 중간역인 모란역은 두고두고 지켜봐야 할 역이다. 수서~광주 노선에 삼동역은 고려되지 않고 있다. 그냥 접속만 하게 되는데, 일반열차는 전동차와 다르기 때문에 지나갈 가능성이 크다. 경기 광주시는 자연에 파묻힌 도시 같지만, 광주역을 중심으로 교통 집결이 예상된다.

수서발이 생기면 상대적으로 청량리발이 줄어들고 용문발은 없어진다. 여기서 급행과 완행은 차이가 있다. 일단 급행은 중요 거점역만 정차하게 되며, EMU250(최고속도 250km/h) 열차가 운행된다. 완행은 180km/h로 시간 면에서 상당한 차이를 보일 것이다.

각 노선별 소요시간을 비교해보자. 경강선(판교~여주~원주~강릉)으로 갈아탔을 때, 수서에서 강릉까지 1시간 15분(급행)이면 갈 수 있다. 완행은 1시간

30분이 소요된다. 수서에서 원주까지는 34~38분이면 도착한다.

중앙선[원주~신경주~부산(부전)]으로 갈아탔을 때, 수서에서 부산 부전역까지 2시간 47분이 소요된다. 3시간을 잡더라도, 현재 수서~부산은 KTX 기준 2시간 30분 정도가 소요되니 좋은 대체재가 될 수 있다. KTX에 비해 요금이 30% 저렴하다면 수요층이 충분히 있을 것으로 보인다. 남원주역까지는 40분으로, 매력 있는 노선이다. 서원주보다 수서에서 수서에서 남원주의 수요층이 두텁기 때문에 많은 사람이 이용할 것으로 예상된다. 영주 1시간 10분, 안동 1시간 20분, 곧 중앙선이 각광받는 시대가 올 것으로 예상한다.

중부내륙선[부발~문경~(거제)]으로 갈아탔을 때, 충주까지 40~50분, 문경까지 56~76분 걸린다. 중부내륙선은 단선이라서 중간에 교행을 위해 정차해야 하는 시간이 길다. 상대적으로 열차 효율은 떨어진다. 그럼에도 수서에서 충주까지 40~50분에 갈 수 있다는 것은 분명 매력으로 보인다.

열차 운행횟수를 보면 수서에서 서원주까지 출발하는 열차는 급행 19회, 완행 23회(경강선, 중앙선으로 나눔), 중부내륙 급행 8회, 완행 10회로 예상된다. 사업이 시행되면 하루에 1만 명 정도가 더 이용할 것으로 예상하고 있다. 부발역과 강릉·영천·신경주·부전역 등이 수요가 증가되었고, 상대적으로 청량리·용문·이매역 등의 수요가 감소될 것으로 나타났다.

모락모락 싹트는 모란역

모란역은 성남시에서 판교역 다음으로 구도심을 이끄는 중심역이다. 향후 8호선 연장과 수서~광주까지 연결된다면 그 존재만으로도 의미가 크다. 모란역은 주변 상업시설, 부지 개발, 인근 재개발 상황, 모란시장 등을 지켜봐야 한다. 상업시설 대로변은 8천만 원에, 안쪽은 4~5천만 원에 거래되었다. 모

성남의 중심은 판교역이다. 그다음은 모란역으로 보고 있다. 수서~광주 노선은 모란역 지하정거장의 위치와 설치 규모 등에 따라 더욱 큰 기능을 할 수도 있다. 8호선 연장선에 대한 기대와 주변 상권을 고려할 때 놓쳐서는 안 되는 지역이다.

란역 센트럴스퀘어는 2018년 약 400억 원을 들여 토지를 매입했다. 이후 상업시설(연면적 2천 평, 공사비 200억 원 추정)을 건설해 2019년부터 분양과 임대를 진행하고 있으나, 다소 고전하고 있는 모습이다.

모란시장은 기름시장답게 골목 안으로 들어가면 고소한 냄새가 뿜어져 나온다. 모란역 서북측 성수초등학교 인근은 평당 2천만 원 선으로, 주변 주택을 함께 매입해 추후 개발을 진행할 것으로 보인다. 현재는 임시 주차장으로 활용하고 있다. 수진 재개발사업에도 관심이 간다. 모란역 동북측은 수진

2구역 재개발사업이 진행되었지만 해제되어 신축건물이 일부 등장했다. 쉽지는 않아 보이지만, 재개발 추진을 한 번 더 기대해본다. 현재 수진1구역은 재개발 진행 중이다.

모란시장 연계 여부도 살펴야 한다. 모란민속 5일장은 4일과 9일이 들어가는 날만 시장이 열린다. 도심 한복판에 시장이 열린다는 것만으로도 충분히 호기심을 자극한다. 성남의 중요한 관광 요소로 의미가 있다. 다만 주차가 힘들기 때문에 대안이 필요하다.

인근 상가주택을 돌아보면 정돈된 구역에, 지은 지 얼마 안 된 상가주택이 외진 곳에 있더라도 나름 쾌적한 느낌을 주었다. 1종일반주거지역으로 대지는 80평 내외다. 대부분 2017년 하반기에서 2018년 상반기 사이 준공된 건물로, 시세는 건물을 포함해 24억 원(평당 3천만 원 선) 정도 된다.

경기광주역세권 개발사업

사업면적: 490,748m²(경기도 광주시 역동 169-2번지 일대)

사업시행: 경기도시공사, 광주도시관리공사

주택계획: 2,300세대(계획인구 5,600명)

경기광주역의 핵심은 수서~광주의 가치다. 이것은 준GTX와 다를 바 없기에 결국 경강선 전체 연결이 중요하다. 전국적 망이 생기는 것이다. 역 주변에 자연앤자이, e편한세상 등 메이저 브랜드가 입성해 판교의 배후세력으로 손색이 없다. 광주역세권 개발사업 대표 아파트로는 e편한세상광주역 2단지와 4단지를 들 수 있다.

경기광주역에서 눈여겨봐야 할 곳은 역의 북측에 위치한 방패 모양의 부

수서~광주 경기광주역

지다. 역 앞에는 광주시 주요 버스가 정차한다. 지금은 비교적 한가해 보이지만, 미래가치가 높은 지역이다. 방패 모양만 기억한다면 역세권 입지는 실패하지 않음을 명심하자.

경기광주역은 그 지역 자체로 해석해야 한다. '동에 번쩍 서에 번쩍'할 수 있는 교통집결지로서 주변 지역을 흡수할 가능성이 크다. 판교 업무지역의 배후세력으로 향후 서울 접근성도 개선될 수 있는 만큼, 다소 한적한 곳을 선호한다면 추천해도 손색이 없다.

경강선
(월곶~판교)

노선연장: L=34.16km(정거장 8개소 신설, 3개소 개량)

사업기간: 2016~2025년(시흥시 월곶동~성남시 분당구 백현동 일원)

총 사업비: 2조 664억 원(안양 1,308억 원, 시흥시 633억 원)

2015년 10월: 타당성 재조사(B/C 0.98, AHP 0.528)

2017년 3월: 타당성 조사 및 기본계획 용역(국토교통부)

경강선은 송도~강릉 간 동서축 철도 네트워크의 단절 구간을 연결해 수도권과 지역 거점 사이의 연계에 초점을 두었다. 수도권과 강원권 간 직접 연계를 통해 주민들에게 철도교통 편의를 제공하고 지역개발을 촉진하고자 한다. 노선 신설로 통행시간을 단축해 수도권 남부 지역 활성화 및 강원 지역 균형발전이 목표다. 경강선에는 전동차, 일반열차(EMU250, 최고속도 250km/h) 차량이 운행되는데, 운행횟수는 하루에 전동차 58회, EMU250 36회(단선 기준)로 예정되어 있다. 열차는 1편성 6량 기준이다.

월곶~판교선은 인천을 포함한 수도권 서남부에서 성남시 분당까지 연결하는 노선이다. 장차 성남~여주 간의 경강선과 여주~서원주선, 원주~강릉선까지 이어지는 동서횡단 고속철도인데, 시청역에서 광명역 구간은 신안산선을 공용으로 이용한다. 월곶~판교 구간의 정차역은 월곶, 장동, 시흥시청, 광명 등이다. 안양시 구간은 2017년 7월 안양시에 의해 조정되어 1호선인 관악역과 안양역 라인이 아니라, 석수전화국사거리와 안양여고사거리 라인으로 이동되었다. 안양, 안양운동장, 인덕원을 통과해 의왕시 청계와 성남시 서판교, 판교 등으로 연결된다.

경강선은 ITX 예정역 중심으로 봐야 한다. 비싸도 그만큼 미래가치가 더 높다. 시흥시청, 광명, 인덕원, 판교 등의 역이다. 전동차는 수인분당선 송도역을 시작으로 월곶, 판교, 여주, 서원주, 남원주까지 이어질 수 있고 ITX 열차는 송도역을 시작으로 시흥시청, 광명, 인덕원, 판교, 여주, 경기광주, 서원주, 강릉 등으로 이어질 수 있다. 전체 노선이 이어지는 10년 뒤를 내다보는 안목을 길러 중장기 계획을 세워야 한다.

월곶~판교 노선은 혼자서 가치가 결정되는 노선이 아니다. 수인선이 분당선과 연결되어 수인분당선으로 통합되고 가치가 올라간 것처럼, 수인선~월곶~판교~여주~원주~강릉으로 노선이 연결되어야 100% 완성이라고 할 수 있다.

월곶~판교선은 특히 시흥과 안양에 유리한 노선으로 시흥시(인구 50만 명)에는 월곶역, 장곡역, 시흥시청역 3개 역이, 광명시(인구 35만 명)에는 광명역이, 안양시(인구 60만 명)에는 만안역, 안양역, 안양운동장역, 인덕원역 4개 역이, 의왕시(인구 15만 명)에는 청계역이, 성남시(인구 100만 명)에는 서판교역이 생길 예정이다.

경강선은 일반철도사업(국가예산 100%)으로, 2029년까지 과정을 주시해야

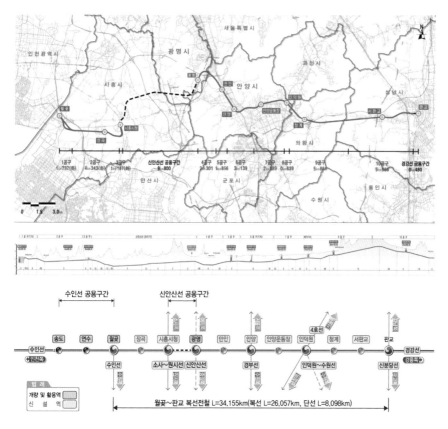

경강선 월곶~판교 노선도

한다. 남원주까지 연결되는 건 2035년까지 지켜봐야 한다. ITX 열차가 정차
하는 역의 파급력이 클 수밖에 없다. 결국 경강선(월곶~판교)의 키는 인덕원과
판교 이동에 있다.

경강선은 다른 노선과 병합되어 있는데, 송도역에서 월곶역까지는 수인분
당선과의 공용 운행된다. 이후 시흥시청역에서 광명역까지는 신안산선과의
공용 운행되기 때문에 열차운행에 제한을 받을 수 있다. 사업시기가 비슷한

인덕원역 중심의 신수원선과의 연계 여부도 중요하다. 판교역 이후 경강선 판교~여주 구간과 여주~원주 구간, 원주~강릉 구간과의 연계도 중요하다. 경기광주역 중심의 수서~광주 구간과 중앙선 일반열차의 병행 등도 잘 연계해 활용해야 한다. 아침에 경강선을 타고 출발해 강릉에서 회를 먹고 저녁에는 월곶에서 조개구이를 먹을 날을 손꼽아본다.

2020년 10월 월곶~판교 실시설계 용역이 결정되었다. 최근 엔지니어 수주의 양상은 연합전이다. 본격적으로 월곶~판교 세부설계가 진행될 듯하다. 설계에 이어 공사도 바로 연결되길 기대해본다. 일반적으로 잘 모를 듯해서 주요 철도 엔지니어 회사를 정리해보았다(출처: 국가철도공단).

2공구: 수성(대콘, 동부)

3공구: 다산(삼보, 동해, 한종)

4공구: 대콘(동부, 수성, 평화)

5공구: 한종(삼보, 경동, 동해)

7공구: 케이알티씨(도화, 태조)

9공구: 동명(유신, 서현)

10공구: 유신(동명, 서현)

*다른 공구는 턴키로 진행

인천 구간

송도~월곶 구간은 수인선을 활용한다. 수인선 송도역과 연수역만 정차할 계획이다. 기존선 활용과 전용선은 열차 운행횟수가 다르다. 얼만큼 혼용될지는 좀 더 지켜봐야 하겠지만, 모든 열차가 지나가지 않는다는 이야기다. 월곶발을 중심으로 보는 게 좋다. 수인선은 변수가 있을 수 있다.

역	시/구	동	단지명	거리 (m)	세대수	연식	2017년 (만 원)	2021년 (만 원)	평수	평단가 (만 원)	상승률 (%)
송도역	인천 연수	옥련	풍림	300	386	24년	26,500	36,000	30	1,200	50
			현대2차	820	1,180	26년	26,000	34,000	32	1,060	31
			현대4차	550	1,011	25년	26,500	36,000	32	1,130	36
			현대5차	750	621	25년	25,000	33,000	32	1,030	29
			쌍용	550	574	24년	27,000	31,000	32	970	41
연수역	인천 연수	연수	태산	420	419	28년	24,000	29,500	31	950	23
			영남	500	622	30년	23,000	25,000	32	780	6
			세경	450	567	25년	16,000	19,000	18	1,050	19

경강선 인천 구간 송도역

열차 운행은 월곶역을 기준으로 현재 출퇴근 시 7~9분, 평상시 15분 간격이다. 열차 운행은 노선의 용량 등을 바탕으로 열차주행시뮬레이션(TPS; Train Performance System) 프로그램을 이용해 고려한다. 시뮬레이션으로 예상치를 산정하고 여객 수요 등을 검토해 적절한 횟수를 결정하는 것이다. 송도역(수인선 공용)은 인천발 KTX가 정차하고, 연수역(수인선 공용)은 경강선 전동차가 정차하기 때문에 관심이 필요하다.

시흥 구간

본 구간인 월곶~판교 구간을 살펴보자. 월곶역부터는 전용선을 이용한다. 시흥시 구간에서는 월곶역, 장곡역, 시흥시청역 등 3개 역에 정차한다. 경강선 월곶~판교 구간은 시흥과 안양 중심의 철도계획이라고 해도 과언이 아니다. 월곶역은 수인선이 다니고 있다. 풍림아이원2차가 상대적으로 우위에 있다. 기존 월곶역에 경강선 전동차를 전용으로 정차하기 위한 별도의 배선계획을 진행해, 월곶역부터 경강선 신설선이 놓일 예정이다.

장곡역은 시흥 장현지구 장곡중학교 인근에 계획되었다. 영무예다음, 유승한내들 아파트 공사가 진행 중이다. 역 주변에서는 상업용지와 근린생활용지 개발을 앞두고 있다.

시흥시청역은 경강선 ITX 열차와 전동차가 동시에 정차한다. 시흥시청 주변이 하나씩 완성되어가는 모습을 확인할 수 있다. 2030년에는 명실상부한 시흥을 대표하는 지역으로서 좋은 평가를 받을 것이다. 시흥시청역은 시청 주변을 제외하고 전체가 공사현장으로 아직 유동인구는 많지 않지만, 투자자의 발걸음은 계속되고 있다. 시흥시는 면적의 70%가 그린벨트로 묶여 있

역	시/구	동	단지명	거리 (m)	세대수	연식	2017년 (만 원)	2021년 (만 원)	평수	평단가 (만 원)	상승률 (%)
월곶역	시흥	월곶	풍림아이원 1차	450	2,560	20년	24,500	30,000	32	938	22
			풍림아이원 2차	300	1,725	17년	28,000	33,000	32	1,030	18
			풍림아이원 3차	600	560	17년	25,000	30,000	32	940	20
			풍림아이원 4차	400	683	15년	26,000	31,500	32	980	21
장곡역	시흥	장곡	영무예다음	170	747	-2년	43,000	53,000	33	1,600	23
			유승한내들	230	676	-1년	44,000	53,000	33	1,600	20
			삼환한진	350	799	23년	24,500	33,000	32	1,030	35
			대우우성	250	640	23년	26,500	35,500	32	1,100	34
			연성대우 3차	250	518	22년	25,500	38,500	32	1,200	51
시흥시청역	시흥	광석	동원 로얄듀크	650	447	2년	43,000	62,000	32	1,940	44
		장현	대동청구	600	958	21년	26,500	39,000	32	1,220	47

경강선 시흥 구간 시흥시청역

경강선 시흥시청역 현장 스케치

시흥시청역은 서서히 변하는 곳이다. 개발의 속도가 더딜지언정 갈 때마다 늘 새롭게 바뀐다. 교통의 중심이자, 업무와 상업 기능까지 예상되는 역 주변에 대한 기대가 상당히 높다.

지만 입지 여건이 좋은 지역은 해제될 것이라는 기대가 있다. 능곡, 연성, 장곡 등의 지역에서의 유효수요도 풍부해 기대가치가 높다.

시흥시는 장현지구 광석동 300번지 일대에 한국토지주택공사로부터 306억 원에 부지를 매입했다. 소사~원시선 부대사업으로 버스, 택시, 지하철 등의 시흥시청역 복합환승센터를 조성할 계획이다. 복합문화시설로 지어지는 시흥시청역은 이후 소사~원시선과 신안산선, 월곶~판교선 세 가지 노선이 하나가 되는 트리플역세권으로 확대될 것이다. 2018년 서해선이 개통되었고, 신안산선은 공사 중이다. 경강선(월곶~판교선)도 실시설계 단계다. 이외에도 외곽순환고속도로, 강남순환고속도로, 경인고속도로 등을 이용한 접근성도 좋아지고 있다. 역 주변으로 한화, 신세계, 롯데, CJ 등이 부지 매입에 앞장섰다.

매화역은 시흥시청역과 광명역 사이에 생길 예정으로 예상되는 역이다. 주변은 도시지역 중 자연녹지지역으로 대부분 답과 야산의 형태로 되어 있다. 위치는 시흥시 도창동 일원으로 도창2동 마을회관과 도창초등학교, 보통천 사이가 예상된다. 매화역은 월곶~판교선이 공용으로 이용하게 된다. 동북측 700m 부근에는 매화일반산업단지(매화동 164번지 일원)가 38만m²(12만 평)의 면적에 공영개발로 건설될 예정이다. 남측 200m 부근에는 도시계획도로 광로(40~50m)계획과 매화산업단지 배후 주거지역 개발 등이 예정되어 있어 역세권 개발과 함께 주변의 많은 변화가 예상된다.

광명 학온 공공주택지구

사업면적: 683,483m²(광명시 가학동 799번지 일원)

사업기간: 2018~2024년

사업시행: 경기도시공사

주택계획: 5,200세대(계획인구: 1만 3천 명)

학온지구 북측과 좌측은 고속도로 경계고, 남측은 산업단지, 우측은 군사시설이 있다. 작년에 발표한 3기 신도시, 3차 발표에 광명 테크노밸리가 예정되어 있다. 광명시와 시흥시가 포함되어 광명시흥 테크노밸리로 불린다. 이와 연계된 학온지구 부지를 통해 서로 간의 시너지가 생길 것으로 보인다. 광

광명 학온지구

명시 전체는 가운데가 산자락으로 도시적 무게 중심이 다소 애매하다. 연접한 도시와의 영향이 다른 시에 비해 크게 느껴지는 이유다.

안양 구간

안양시 구간에는 만안역, 안양역, 안양운동장역, 인덕원역 등 4개 역이 정차한다. 경강선에서 가장 많은 역을 확보했다. 만안역은 조금 애매하다. 안양역은 환승거리가 300m로 길어질 수 있다. 안양역은 거점역으로 계속 성장할 가능성이 크다. 구도심의 변화가 예상된다. 노선 축 2001 아울렛 옆 벽산 아파트와 1호선 안양역 부근 래미안, 주공뜨란채를 눈여겨봐야 한다. 안양운동장 예정역에서는 뉴타운 아파트와 한양 아파트가 눈에 띈다. 인덕원역은 4호

경강선 안양역 현장 스케치

오래전부터 안양시의 중심상권 역할을 했던 곳이다. 월곶~판교선이 당초 1호선 하부로 통과할 계획이었지만, 안양로 주변을 좀 더 살리고자 노선 축대를 도로 하부로 이동해 상권활성화에 대한 기대가 높다.

역	시/구	동	단지명	거리 (m)	세대수	연식	2017년 (만 원)	2021년 (만 원)	평수	평단가 (만 원)	상승률 (%)
만안역	안양 만안	석수	현대홈타운	150	1,088	23년	36,500	57,000	32	1,781	56
			경남 아너스빌	420	704	20년	36,000	54,000	30	1,800	50
			e편한세상	500	1,908	20년	37,000	61,000	32	1,906	65
안양역	안양 만안	안양	삼성래미안	400	1,998	20년	40,000	65,000	32	2,031	63
			주공뜨란채	500	1,093	18년	43,000	75,000	32	2,344	74
			한양수자인 리버파크	550	419	3년	43,000	65,000	33	1,970	51
안양운동장역	안양 동안	비산	뉴타운4차	300	475	37년	42,700	80,500	31	2,597	89
			뉴타운	430	912	41년	37,500	74,000	31	2,387	97
			샛별한양 2단지	370	844	29년	40,000	73,000	31	2,355	83
		관양	한가람 한양6차	370	952	27년	41,500	72,000	31	2,323	73
인덕원역	인덕 원역	관양	삼성	450	1,314	24년	46,000	84,000	32	2,625	83
		포일	포일4단지	650	510	11년	51,500	95,000	33	2,879	84
	의왕	포일	삼호	670	684	31년	40,000	74,500	32	2,328	86
	과천	갈현	제이드자이	650	647	0년	54,000	110,000	24	4,583	104

선과 인덕원~동탄 노선(설계 중) 등 거점역으로 역세권 개발이 예정되어 있다. 지식산업센터와 과천 지식정보센터(예정)와 근접해 출퇴근 수요가 지속적으로 늘어날 것이다. 역세권개발구역은 개발제한구역으로 사업면적은 15만m² 다. 복합환승시설, 일자리지원시설, 청년주택 등이 계획되어 있다. 나홀로 아파트 창덕에버빌과 재건축 가능한 목련 아파트 등이 있다. 인덕원 역세권개발과 과천지식정보타운지구 등 많은 변화가 예상된다.

경강선 안양 구간 안양역(예정)

의왕, 성남 구간

청계역(의왕시)은 의왕시 청계동에 위치한 한적한 동네다. 다른 지구에 비하면 개발면적도 크지 않고 아파트 단지도 많지 않아 조용한 주거생활을 원한다면 괜찮은 지역이다. 기반시설과 서울 접근성은 다소 떨어지지만 안양시 인덕원역 주변이나 성남시 판교로 출퇴근하고 있다면 청계마을휴먼시아1단지 등이 좋아 보인다. 의왕청계2지구도 기대가 된다. 청계역 북쪽 1km 거리에 제2경인고속도로인 안양~성남 간 고속도로(청계IC)가 2017년 말 개통되어 인천국제공항과 강원도 원주와의 이동이 편해졌고, 청계역 남쪽 2km 거리의 백운호수 주변에는 백운호수밸리로 불리는 의왕백운효성해링턴플레이스 2,480세대가 입주했고, 롯데 의왕백운 쇼핑몰도 공사 중에 있다.

역	시/구	동	단지명	거리 (m)	세대수	연식	2017년 (만 원)	2021년 (만 원)	평수	평단가 (만 원)	상승률 (%)
청계역	의왕	청계	휴먼시아 4단지	650	339	15년	50,000	76,500	33	2,320	53
서판교역	성남 분당	운중	휴먼시아 8단지	350	371	14년	77,000	111,000	32	3,470	44
			휴먼시아 11단지	350	504	13년	75,000	100,000	25	4,000	33
			휴먼시아 12단지	450	510	13년	76,000	96,000	24	4,000	26
판교역	성남 분당	삼평	봇들 8단지	500	447	13년	93,500	167,500	32	5,230	79
			봇들 7단지	450	585	13년	86,500	159,000	32	4,970	84
		백현	판교 푸르지오 그랑블	540	948	11년	103,000	186,000	37	5,030	81
			백현 6단지	450	396	13년	84,000	160,000	33	4,850	90
			백현 5단지	500	584	13년	89,500	155,000	33	4,700	73
			알파리움 1단지	280	417	7년	119,000	176,000	37	4,760	48
			알파리움 2단지	280	514	7년	114,000	164,000	37	4,430	44

  서판교역에는 아파트와 고급주택단지가 형성되어 가치가 높다. 산운9단지노블랜드와 산운10단지로제비앙이 대장주이며 휴먼시아 6, 7, 11단지가 뒤따른다. 판교역은 업무, 상업 기능이 뛰어나다. 성남시는 주차장 부지(알파리움1단지 위)를 매각해 성남 트램선의 공사비를 충당할 계획이다.

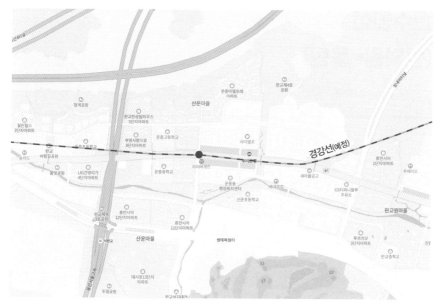

경강선 의왕, 성남 구간 서판교역(예정)

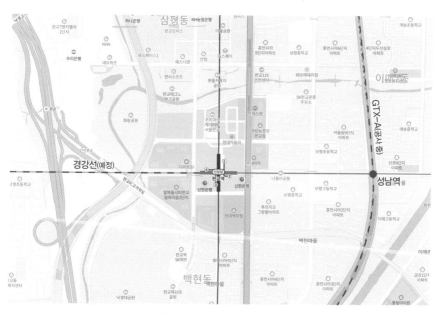

경강선 의왕, 성남 구간 판교역

신수원선
(인덕원~동탄)

노선연장: L=34km(인입선 5km 별도, 정거장 17개소 신설, 서동탄역 개량)

사업기간: 2015~2025년

총 사업비: 2조 5,220억 원

2011년 11월: 예비타당성 조사(B/C 0.95 AHP 0.514)

2014년 11월: 타당성 재조사(B/C 0.95, AHP 0.507)

2015년 12월: 타당성 조사 및 기본계획(국토교통부)

2016년 5월: 시설계획적정성 재검토(기획재정부, KDI)

　신수원선은 경기도 안양시를 시점으로 의왕시, 수원시, 용인시, 화성시까지 이어지는 복선전철사업으로 서남부지역의 광역교통 기능을 확충하고 광교, 영통, 동탄2신도시 등 대규모 택지개발에 따른 교통체증을 해소하기 위해 계획된 노선으로 현재 실시설계 중이다.

　2000년 중반부터 논의가 되어, 타당성 검토 5년, 기본계획 4년, 기본설계 2년 등 15년 동안 아직 본 설계(실시설계)도 진행하지 못하고 있지만, 이제 예

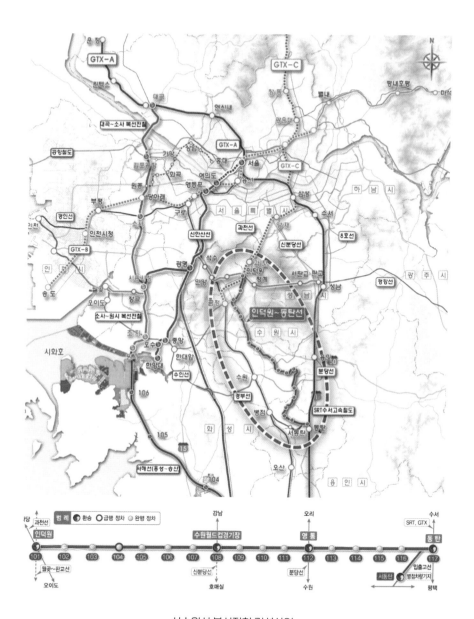

신수원선 복선전철 건설사업

산만 확보된다면 사업이 어느 정도 가시권에 들어온다. 신수원선은 총 17개의 역으로, 병점 차량기지를 이용하게 된다. 104역, 108역, 112역, 117역으로 급행열차가 얼마나 자주 다닐지가 관건이다. 환승은 인덕원역(4호선, 경강선), 월드컵경기장역(신분당선), 영통역(분당선), 동탄역(GTX-A) 노선을 자세히 보면 남북 방향이다. 다만 승객들이 GTX 열차를 이용하기 위해 남으로 내려가지는 않을 듯하다. 인덕원역, 월드컵경기장역, 영통역 환승 수요가 많아질 것은 분명해 보인다.

2030년을 기준으로 급행역인 104역, 108역(신분당선 환승), 112역(분당선 환승), 117역(GTX 환승)의 환승 인원을 포함한 승하차 인원을 예상해봤을 때, 역시 분당선 환승이 제일 많을 것으로 보인다. 101역이 북쪽에 있기 때문에 다수의 인원은 출근이나 모임 시 101역으로 향하게 된다.

신수원선은 인덕원~동탄 구간에 일반철도사업으로 국가 예산이 100% 들

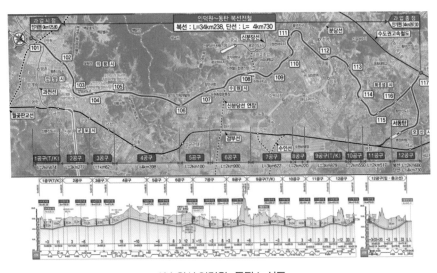

신수원선 인덕원~동탄 노선도

어간다. 국가 재정이 부족하면 공사가 늘어지거나 민자 전환도 가능할 수 있다. 총 34km 연장에 17개의 역이 생기며, 역 간 평균거리 2km 정도로 급행열차 운행횟수에 따라 급행역의 가치가 다를 수 있고, 철도 불모지에는 하나의 희망이 될 수 있다. 서동탄역은 셔틀 정도로 이해하면 된다. 승강장은 중형전철 6량과 여유거리를 감안해 폭 6.8m에 길이 109m로 계획하고 있다.

안양 구간

인덕원~동탄 노선에는 과천지식정보타운, 의왕 고천지구, 동탄신도시 등의 계획들이 진행되고 있다. 인덕원 역세권 개발부터 동탄신도시까지 하나씩 자세히 살펴봐야 한다. 신축 아파트가 많거나 개발계획이 많아야 살기 좋고 투자하기도 좋은 곳이다.

노선계획을 보면 철도, 시내를 통과하는 전동차의 경우 곡선 반경이 비교적 작다. 일반적인 구간에서는 R=600에서, 부득이한 경우는 R=250까지 줄이기도 한다. 이는 설계속도, 도로 선형, 사유지 최소화 등이 대표적인 이유다. 서울 지하철 2호선의 경우 평균속도가 35km/h밖에 되질 않는다. 역 간 거리는 도심지의 경우 1km 내외이므로 속도를 내기가 여의치 않은 점도 있다. 반대로 산자락을 터널로 통과하거나 도심 외곽에서는 이보다 속도가 높게 나오게 된다.

인덕원역은 안양, 의왕, 과천이 만나는 입지가 매우 우수한 지역이다. 평촌까지 이어지는 업무단지까지 연계되어 있어 많은 수요가 예상된다. 인덕역은 출발점이자 목적지이고 환승역이 된다.

안양시는 인덕원·관양고 복합단지 사업으로 경기도시공사가 주도해 공공

역	시/구	동	단지명	거리(m)	세대수	연식	2017년(만 원)	2021년(만 원)	평수	평단가(만 원)	상승률(%)
농수산물시장역	의왕	내손	포일자이	230	2,540	13년	55,000	91,500	35	2,614	66
	안양동안	평촌	꿈마을건영3차	200	758	28년	50,000	91,000	37	2,459	82
			꿈마을동아	350	372	29년	52,000	90,000	38	2,368	73
			우성	450	422	29년	59,000	93,500	36	2,597	58
호계사거리	안양동안	호계	평촌어바인퍼스트	300	3,850	0년	63,000	97,000	33	2,939	54
			샘마을대우	500	1,072	28년	43,000	73,000	33	2,212	70
			평촌더샵아이파크	600	1,174	2년	54,000	110,000	33	3,333	104

개발 형식으로 진행될 예정이다. 도시경쟁력 강화와 지역경제 활성화를 위해 관양고등학교 뒤 안양시 동안구 관양동 523-4 일대의 그린벨트를 해제해 약 20만㎡(약 6만 평)의 면적에 아파트와 주거단지를 조성한다. 인덕원지구는 안양도시기본계획상 시가화예정용지로 개발제한구역 해제 이전에 부동산 투기 및 난개발을 방지하고자 위한 것이었다. 경기도시공사는 인덕원역 주변에 복합단지를 조성하는 사업으로 인덕원 지구에 많은 예산을 확보했다. 인덕원역은 4호선을 비롯해 월곶~판교선과 인덕원~수원선 등의 사업이 예정되어 있어, 최대 3개의 노선이 만나는 트리플역세권으로 확장될 수 있다. 주변에는 대륭테크노타운, 동일테크노타운, 금강펜테리움 등 많은 지식산업센터가 존재해 유동인구가 풍부하다. 또한 인덕원역 주변에도 다수의 유흥시설과 식당가가 존재해 저녁 상권을 지키고 있다.

102역(농수산물도매시장역)은 안양 농수산물도매시장 현대화가 진행될 것으로 보인다. 103역(호계사거리역)은 3기 신도시 추가 부지 확보과정에서 안양교도소 이전을 검토했지만 불발되었다. 서측의 금정역까지의 이동이 용이하고

신수원선 인덕원역 현장 스케치

4호선 외에 경강선(월곶~판교)과 신수원선(인덕원~동탄)이 교차하는 인덕원역 주변은 그 어디보다도 관심을 가져야 한다. 발품을 팔고 관계를 잘 만들어놓는다면 꼬마건물과 상가주택 등 좋은 물건을 찾을 수 있을 것이다.

인근 준공업지역의 활용에 대한 기대도 있다. 호계사거리에는 평촌어바인퍼스트가 대규모로 분양되어, 2021년 상반기 입주 예정이다.

의왕 구간

인덕원~수원 복선전철사업은 2011년 예비타당성 조사를 진행해 어느 정도 경제성이 있다고 결론이 났으나 2012년 삼성~동탄 급행철도 건설계획

역	시/구	동	단지명	거리 (m)	세대수	연식	2017년 (만 원)	2021년 (만 원)	평수	평단가 (만 원)	상승률 (%)
오전역	의왕	오전	의왕 더샵캐슬	300	941	0년	53,000	63,000	33	1,909	19
			대명구름채	350	518	18년	35,800	50,500	32	1,578	41
			모락산현대	450	1,614	20년	37,100	51,000	32	1,594	37
			대명솔채	500	445	13년	39,500	52,700	33	1,597	33
			성원 이화1차	400	520	22년	31,000	43,000	30	1,433	39
			신안1단지	250	576	31년	26,400	33,700	27	1,248	28
의왕시청역	의왕	오전	서해 블루스퀘어	250	536	4년	38,800	65,000	35	1,857	68
			이삭민들레	500	369	222년	32,000	39,000	32	1,219	22
		왕곡	충무	470	332	28년	37,000	46,000	37	1,243	24
			원효	430	406	28년	22,500	26,000	20	1,300	16

등에 따라 타당성 재조사가 필요했고 2014년 12월 KDI에서 이를 수행했다.

104역(오전역)은 급행열차가 정차한다. 인근에는 구축 아파트들이 많아, 재건축을 통해 발전을 기대하고 있다. 인근 준공업지역에도 많은 기업과 지식산업센터 등을 새롭게 지어 직주 근접한 도시로 자리매김하길 기대하고 있다. 105역은 의왕시청역으로 고천지구에 해당된다.

수원 구간

106역(북수원역): 국세청 삼거리

107역(장안구청역): 한일타운, 수원종합운동장(수원 트램)

신수원선 의왕 구간 오전역

신수원선 의왕 구간 의왕시청역

108역(수원월드컵경기장역): 수원월드컵경기장(급행역, 더블)

109역(아주대역): 아주대 삼거리

110역(원천역): 원천 호수(국토지리정보원, 수원지방법원)

111역(흥덕마을역): 흥덕마을

112역(영통역): 분당선(더블)

113역(서천마을역): 서천마을

인덕원을 시점으로 수원월드컵경기장을 거쳐 동탄신도시까지 이어지는 33.3km의 노선을 검토했으며 B/C(동탄 반영)는 0.84가 나왔다. 조사 내용을 보면 수원월드컵 경기장의 신분당선 연장과 환승되도록 계획되어 있으며 월드컵길(8차선) 하부를 지나는 것으로 검토했다.

신분당선 광교~호매실 연장선은 사업 검토단계로 신분당선 용산~강남 구간의 공사가 어느 정도 진행되면 다시금 필요성이 대두될 것이다. 예전부터 수차례 검토했던 노선으로 수원시 주민들의 교통 편의와 호매실지구 사업성 등을 고려해본다면 다시 진행될 가능성이 크다.

역 주변에는 월드컵경기장과 조각공원이 있으며 반대편은 다세대 밀집지역으로 1989년에 건설된 풍림 아파트(390세대)가 자리 잡고 있다. 풍림 아파트는 19평형이 2017년 7월 기준 1억 7천만 원 내외이며, 주공4단지(1992년)는 22평형이 1억 9천만 원 내외로 거래되고 있다. 다세대 밀집지역은 재생사업의 일환인 가로주택정비사업(소규모 개발)으로 접근이 가능하다.

상업용이나 업무용 투자는 장기적인 안목에서 접근해야 한다. 축구경기가 있는 날 외에는 비교적 한산한 지역으로 대로변에 있는 건물에 공실이 적지 않게 있고 임대료도 높지 않기 때문에 수익성이 낮을 수 있다.

역	시/구	동	단지명	거리 (m)	세대수	연식	2017년 (만 원)	2021년 (만 원)	평수	평단가 (만 원)	상승률 (%)
북수원역	수원장안	이목	장안 힐스테이트	470	927	10년	39,500	62,000	34	1,824	57
		정자	수원SK 스카이뷰	680	3,498	9년	47,500	74,000	34	2,176	56
장안구청역	수원장안	조원	한일타운	250	5,282	23년	35,000	52,000	32	1,625	49
			그대가 포레스트	770	482	12년	48,000	76,000	46	1,652	58
		정자	경남 아너스빌	850	422	16년	30,500	44,000	32	1,375	44
수원월드컵경기장역	수원팔달	우만	풍림	80	390	34년	13,000	30,000	15	2,000	131
			우만주공 4단지	350	1,152	30년	18,300	30,500	22	1,386	67
			월드 메르디앙	870	2,063	18년	40,000	58,500	35	1,671	46
아주대	수원영통	매탄	현대 힐스테이트	550	2,328	16년	36,000	58,000	33	1,758	61
			삼성2차	550	624	33년	26,700	37,000	32	1,156	39
	수원팔달	우만	주공 2단지	700	984	33년	22,600	44,000	22	2,000	95
			선경	480	372	27년	27,800	37,000	32	1,156	33
원천역	수원영통	원천	광교더샵	300	686	4년	51,000	116,500	34	3,426	128
			광교 아이파크	400	958	4년	63,000	137,000	38	3,605	117
			호반 베르디움	220	1,330	8년	58,000	113,500	34	3,338	96
		매탄	원천성일	150	850	30년	19,500	30,000	21	1,429	54
			한국1차	300	496	28년	32,000	52,000	39	1,333	63
흥덕마을역	용인기흥	영덕	이던하우스	250	486	13년	42,000	69,000	33	2,091	64
			한국 아델리움	350	474	12년	35,500	66,000	33	2,000	86
			호반 베르디움	370	527	13년	40,000	74,000	33	2,242	85
			자연앤 스위첸	330	502	13년	38,500	69,000	34	2,029	79
			힐스테이트	380	570	12년	44,000	78,000	34	2,294	77

영통역	수원영통	영통	신나무실건영	150	470	22년	53,000	89,000	45	1,978	68
			현대	180	612	24년	46,000	76,000	36	2,111	65
			신원미주	400	574	23년	43,000	71,500	38	1,882	66
			극동풍림	350	776	22년	38,500	60,000	33	1,818	56
			진덕, 서광, 성지, 동아	350	1,248	24년	39,000	71,500	38	1,882	83
서천마을역	용인기흥	서천	센트럴파크원	300	826	9년	34,000	51,000	33	1,545	50
			힐스테이트서천	300	754	6년	39,000	67,000	33	2,030	72
			쌍용예가4단지	250	556	9년	34,500	50,000	33	1,515	45
	화성	반월	두산위브1단지	450	690	15년	35,000	50,000	38	1,316	43
			신동탄포레자이	600	1,297	-2년	56,000	90,000	33	2,727	61

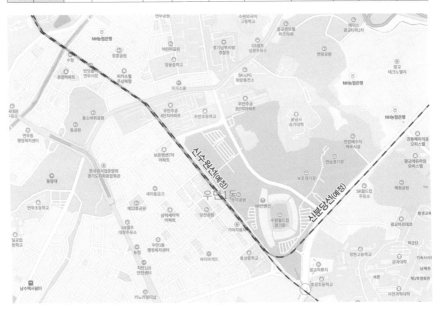

신수원선 수원 구간 수원시청역

수원월드컵경기장은 축구경기나 행사가 많지는 않다. 또한 인근 주차장 부지가 넓은 것에 비하면 평상시 지역 자체는 조용하다. 주거용 부지가 넓은 만큼, 임대수요를 원한다면 다가구 원룸주택을 권하고 싶다. 일단 대지면적이 넓은 부지부터 확보해두자.

화성 구간

114역(반월역)에는 삼성전자 나노시티 공장이 있다. 115역(능동역)은 녹지지역으로 건폐율과 용적률이 불리해 고층의 건물이 보이지 않는다. 향후 지구단위계획에 의한 용도 상향도 기대해 본다.

116역(반송역, 메타역) 한빛마을 사거리에는 초고층 매타폴리스 주상복합이 들어서 있다. 116~117역은 병점 차량기지(서동탄역)를 활용할 계획인데, 인

역	시/구	동	단지명	거리 (m)	세대수	연식	2017년 (만 원)	2021년 (만 원)	평수	평단가 (만 원)	상승률 (%)
반월역	화성	반월	e편한세상 나노시티	220	1,387	5년	39,700	69,000	34	2,029	74
			SK뷰파크	250	1,967	7년	35,600	65,000	34	1,912	83
능동역	화성	능	이지더원	250	542	14년	31,700	52,000	32	1,625	64
			자연앤경남 아너스빌	270	455	14년	32,000	53,000	33	1,606	66
			광명 메이루즈	450	326	14년	33,700	53,000	33	1,606	57
		병점	신미주	250	470	23년	20,700	32,000	33	970	55
반송역	화성	반송	금호 어울림	120	548	15년	34,000	65,000	33	1,970	91
			한화 꿈에그린	170	534	15년	42,400	70,000	33	2,121	65
			동탄 아이파크	180	748	15년	45,000	80,500	33	2,439	79
			메타 폴리스	200	1,266	12년	45,500	84,000	40	2,100	85
			삼부 르네상스	350	732	15년	36,700	62,000	33	1,879	69
동탄역	화성	청계	더샵 센트럴시티	450	874	7년	59,500	124,500	33	3,773	109
			우남 퍼스트빌 아파트	570	1,442	7년	58,000	120,000	33	3,636	107
			꿈에그린 프레스티지	650	1,817	7년	46,000	113,000	33	3,424	146

입선 문제 때문에 이슈가 되고 있다. 문제는 당초 115역과 116역 사이에 인입선(차량기지까지 진입하기 위한 별도의 노선)을 두어 운행 종료 시 주박하려고 인입선 문제 때문에 이슈가 되고 있다. 계획했으나, 운행 노선에 분기를 통한 인입선 진행에 대한 안전 문제와 공동주택의 문제 등을 이유로 동탄에서 진입하기로 했다. 그런데 당초 계획과 달라 지역주민의 반발이 심하게 일어나고

신수원선 화성 구간(독재울)

있다. 원안은 117역(동탄역)에서 병점 차량기지로 진입할 계획이었으나, 공사비 등의 부담으로 116역에서 진입하는 기본계획을 고시한 적이 있다. 그러나 지하철 1호선 서동탄역에서 동탄까지 연계하는 노선이 다시 검토되었고, 116역에서 인입하는 과정에서의 안전상의 이유로 다시 원안대로 추진되고 있다. 그 과정에서 공사비에 대한 문제까지 대두되고, 그에 따른 공사지연 등을 이유로 서로 이해관계가 다른 주민 간의 갈등이 이어지고 있는 셈이다. 어쨌거나 117역은 동탄신도시의 큰 힘이 되고 있다.

STATION

INFLUENCE AREA

CHAPTER 4

여기서는
내가 Win,
도시철도

서울
도시철도

서울 도시철도

사업기간: 2016~2036년

2008년 11월: 서울시 도시철도 기본계획 확정고시(1차)

2013년 12월: 서울시, 도시철도 기본계획 변경 승인 요청

2015년 6월: 서울시 10개년 도시철도망 구축계획 변경 승인·고시

2017년 2월: 제2차 서울시 도시철도망 구축계획 연구용역 착수

2021년: 서울시 도시철도 기본계획 확정고시(2차)

서울 도시철도사업은 「도시철도법」 제5조에 따른 법정계획으로서 시·도지사는 10년 단위마다 도시철도망 구축계획을 수립하고 5년마다 타당성을 검토해야 한다. 이러한 법에 근거해 서울시는 우이신설선(2017년 9월 개통)과 신림선, 동북선 등 10개 노선 89.2km에 대한 기본계획을 수립했다.

그렇다면 서울 도시철도 10년 계획은 어떻게 진행될까? 서울 도시철도 1번 타자 우이신설선(민자)은 운행 중이고, 2번 타자 신림선(민자)과 3번 타자

제2차 도시철도망 구축계획 선정 노선 개요

연번	노선명	구간	규모(km)	주요 사항
1	우이신설 연장선	청한빌라앞삼거리~ 방학역	3.5	• 제1차 도시철도 기본계획 포함 노선 • 경제적 타당성 재확인
2	면목선	청량리역~ 신내 차량기지	9.05	• 제1차 도시철도 기본계획 포함 노선 • 경제적 타당성 재확인
3	목동선	신월~ 당산역	10.87	• 제1차 도시철도 기본계획 포함 노선 • 경제적 타당성 재확인
4	서부선	새절역~ 서울대입구역	15.77	• 제1차 도시철도 기본계획 포함 노선 • 급행 검토 및 경제적 타당성 재확인
5	난곡선	보라매공원~ 난향동	4.08	• 제1차 도시철도 기본계획 포함 노선 • 경제적 타당성 재확인
6	강북횡단선	목동~ 청량리역	25.72	• 강남·북 간 지역 균형발전 선도 노선 • 제2차 도시철도망 구축계획 반영
7	서부선 남부연장	서울대입구역~ 서울대 정문	1.72	• 제1차 도시철도 기본계획 후보 노선 • 제2차 도시철도망 구축계획 반영
8	신림선 북부연장	샛강역~ 여의도(서부선)	0.34	• 제1차 도시철도 기본계획 연계 검토 노선 • 제2차 도시철도망 구축계획 반영
9	4호선 급행	당고개역~ 남태령역(서울구간)	31.7 (대피선 2개)	• 기존선 시설 개량을 통한 고급서비스 노선 • 제2차 도시철도망 구축계획 반영
10	5호선 직결	상일~마천~ (하남) 연계	1.76 (직결선 1개)	• 기존선 시설 개량을 통한 연계 및 확장 노선 • 제2차 도시철도망 구축계획 반영
조건부	9호선 4단계 추가 연장	고덕강일1~강일	1.25	• 후속 구간(강일~미사) 광역철도 지정에 따른 단절 구간 • 해당 구간의 단절로 후속 구간 사업 추진의 어려움 발생을 고려해, 후속 구간과 함께 광역철도로 지정 추진될 경우 조건부 반영

동북선(민자)은 공사 중이다. 뒤를 이어 위례선(재정), 위례신사선(민자), 서부선(민자) 등이 착공을 위한 계획 중에 있다.

재정사업은 위례선 트램을 비롯해 강북횡단선, 목동선, 면목선, 난곡선 등이 있고 민자사업은 서부선과 위례신사선이 대표적이다. 위례선이나 위례신사선은 2022~2023년 착공도 가능해 주목해야 할 노선이다.

조삼모사(朝三暮四)라는 말을 들어보았을 것이다. 원숭이에게 줄 먹이가 부

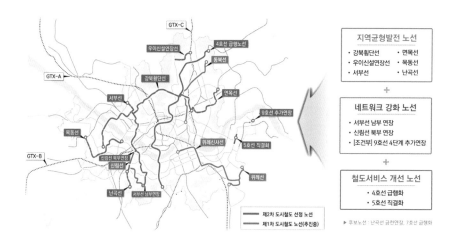

제2차 서울시 도시 철도망 구축계획 선정 노선(안)

족해지자 도토리를 아침에 3개, 저녁에 4개 준다고 하니 '버럭' 했지만, 아침에 4개, 저녁에 3개 준다고 하니 품에 안긴다는 이야기로, 잔꾀를 뜻한다. 재정사업이나 민자사업도 이와 유사하다. 서울시는 부담과 고용에 대한 책임이 적은 민자사업을 선호하지만 결과적으로 들어가는 재정은 비슷할 수 있다.

우이신설선

노선연장: L=11.4km(정거장 13개소, 차량기지 1개소)

사업기간: 2009~2017년(현재 운행 중)

총 사업비: 6,465억 원

사업시행: 우이신설 경전철(최대주주: 포스코건설)

사업구간: 서울특별시 강북구 우이동~동대문구 신설동

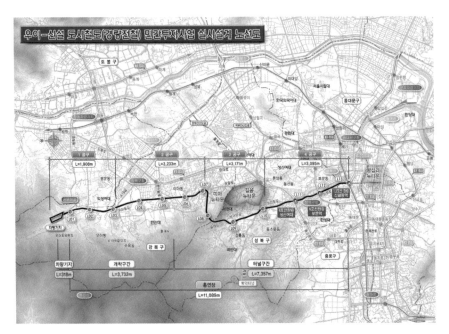

우이신설선 노선도

우이신설선은 서울 강북 지역의 교통난 해소와 낙후된 강북 지역의 개발을 촉진시켜 서울시의 강남북 간의 균형 발전을 위해 건설되었다. 지하철 1, 4, 6호선 환승을 통해 이용편의를 도모하고, 지상교통의 혼잡을 해소하고자 했으며 친환경적, 신교통수단으로 이용하고자 했다.

이 노선은 서울 경전철사업의 첫 번째 노선으로 북한산우이역을 비롯해 4·19민주묘지역, 정릉역, 성신여대입구역, 신설동역 등을 지난다. 최근 솔밭 공원에서 1호선 방학역까지 연결되는 지선에 대한 검토가 진행 중이다. 그러나 수익성 악화에 대한 우려와 잇따른 운행중단에 대한 논란도 있었다.

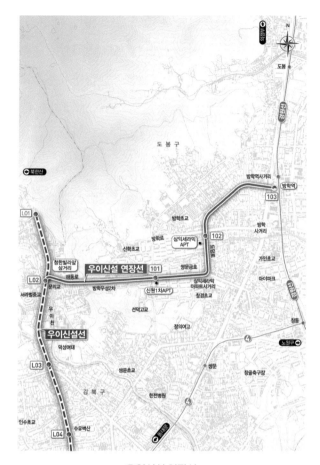

우이신설 연장선

신림선

신림선은 2022년 상반기 운행이 예정되어 있다. 지연된다 해도 2023년에는 운행될 것으로 보인다. 전체 연장은 7.8km로, 총 11개의 역을 지나며 평균적으로 역 간 거리는 약 700m다. 무인운전 시스템으로 운영된다.

신림선은 고무차륜 경전철로 버스와 같은 대형 타이어를 사용해 콘크리트

바닥 위를 지나가게 된다. 양쪽에 설치된 가이드레일을 이용해 방향을 잡는데, 부산 4호선에서 최초로 사용한 바 있다. 총 1편성 3량으로 위례신사선도 동일한 차량을 도입할 예정이다. 승객 입장에서는 철제차륜과 고무차륜의 차이를 잘 느끼지 못한다. 물론 민감한 사람은 느낄 수도 있지만, 일반적으로 작고 아담한 정도의 느낌이다. 통상 경전철의 차량이 1량에 14m 정도인데, 고무차륜 1량의 길이는 10m가 안 되고 폭도 약간 작다.

신림선은 보라매공원역에서 추후 검토 중인 난곡선과 분기될 수 있다. 난곡선도 신림선과 같은 규격으로 지어지며 차량기지도 공용으로 쓸 수 있다. 서부선 경전철도 서울대입구역에서 신림선과 연계될 수 있다.

9호선 급행열차가 샛강역에 정차할 가능성은 당장은 낮아 보인다. 샛강역의 선로 구조는 가운데 급행열차 선로를 두고 양쪽에 완행열차 선로가 추가된 구조이지만, 상황에 따라 정차할 수도 있다. 추후 9호선을 이용하는 환승객이 늘어나고, 민원이나 신림선을 이용하는 승객들의 요구가 있다면 정차가능성을 배제할 수는 없다. 배선을 떠나 전체 속도가 줄어들지언정 급행열차는 여의도, 샛강, 노량진 역을 모두 정차하면 된다.

도시철도사업에는 막대한 재정이 투입되었고 경제성을 담보하기가 쉽지 않다. 지금 평가할 수 있는 우이신설 노선만 놓고 보더라도 열차 운영 대비 수요를 감안할 때, 매년 적자에 허덕인다. 수요 예측의 실패와 무료로 이용이 가능한 노인 비율이 높아지고 있음을 감안하면 미래도 불투명하다. 그럼에도 서울시는 경제성 외에 사회적, 복지적 측면과 서울 균형 발전이라는 큰 틀에서 진행되고 있기 때문에 나름의 의미는 있다.

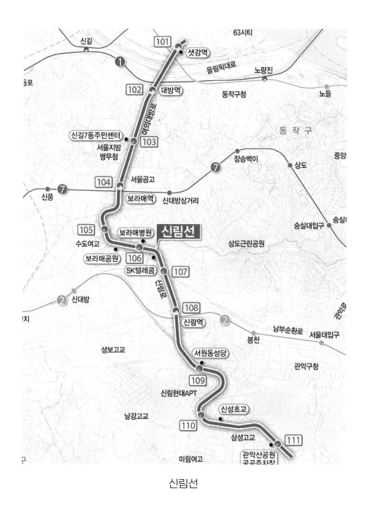

신림선

동북선

노선연장: L = 13.41km(정거장 16개소 신설, 차량기지 1개소 신설)

사업시행: 동북선 경전철 주식회사

노선위치: 서울 성동구 행당동(왕십리역)~노원구 상계동(상계역)

건설기간: 착공 후 60개월(시운전 포함)

운영기간: 운영개시 후 30년

동북선의 진행과정과 사업 개요, 설계 기준을 비롯한 정거장, 차량기지, 차량 등의 계획을 볼 수 있다. 연장 13.4km, 정거장 16개소(환승 7개), 차량기지 1개소 등 총 5년간의 공사 후 2025년부터 운행될 예정이다.

정거장은 7개 노선에서 환승이 가능하기 때문에 이용하는 승객이 많을 것으로 예상된다. 상계역을 시작으로 7호선 하계역, 4호선 미아삼거리역, 6호선 고려대역, 1호선 제기동역, 2호선·5호선·분당선 왕십리역까지 1번의 환승으로 대부분의 역을 이용할 수 있다. 차량기지는 노원자동차 운전전문학원 부근에 위치해 있다. 차량기지 부지는 공공사업에 따라 임의로 편입이 가능한데, 이에 따라 운전학원에서 소송까지 진행하기도 했다.

차량은 철제차륜으로 1편성 2량이다. 차량의 길이는 13.5m로, 연결면 거리까지 감안하면 약 28m가 된다. 승강장 길이는 앞뒤 여유거리 2.5m를 포함해 33m 내외다. 정거장 직사각형 부분이고, 나머지는 편의시설과 승강장 연결통로로 이해하면 된다. 동북선의 수요는 상당할 것으로 보이기 때문에 추후 혼잡을 고려해 승강장을 더 확장했다면 하는 아쉬움이 남는다.

동북선의 묘미는 노선을 왕십리역까지 연결했다는 점이다. 왕십리역 부근 자체가 상업, 업무 시설이 매우 발달했다고 볼 수는 없지만, 환승을 통해 다양한 노선으로 연결될 수 있다는 점에서 높게 보고 있다. 결과적으로 왕십리역 주변에 대한 기대감도 커질 수 있고, GTX-C노선 추가역도 가능할 수 있다.

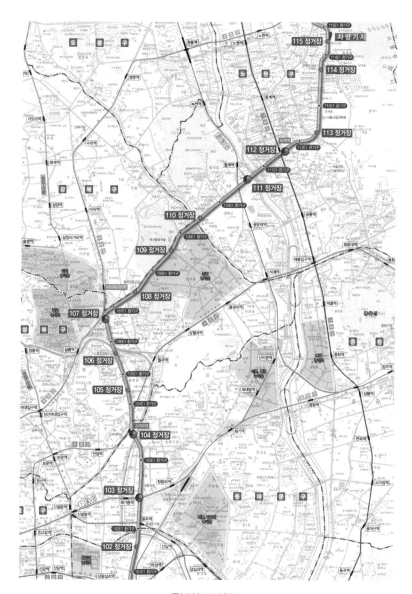

동북선 도시철도

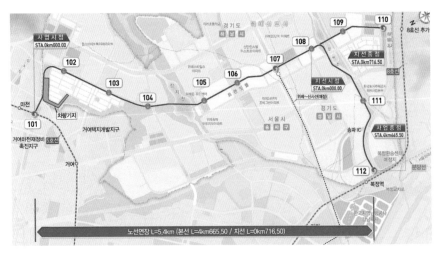

위례선 노선도

위례선(트램)

노선연장: 본선 5.44km(정거장 12개소 신설)

총 사업비: 약 1,800억 원

2008년 9월: 광역교통개선대책에 따라 민자사업 진행

2014년 5월: 트램사업 계획(안) 확정

2018년 7월: 사업 방식 변경(민자→공공) 추진

위례신도시의 핵심 중에 하나는 트램이다. 트램을 중심으로 동서가 구분되고, 동선에 따라 가로변은 주로 상업시설을 배치해 위례의 중심임을 상징한다. 그러나 10년이 지난 지금까지도 삽조차 뜨지 못하고 있다.

위례지구 택지개발사업

위치 면적: 675만 3,453m²(송파 38%, 성남 41.3%, 하남 20.7%)

사업시행: 한국토지주택공사, 서울주택도시공사(25% 지분참여)

주택계획: 4만 5천 세대(계획인구: 11만 1천 명)

2006년 7월: 택지개발예정지구 지정고시

2010년 1월~2018년 10월: 개발계획변경 1~13차

위례 트램은 경제성이 많이 부족해 민간사업자가 쉽게 들어가기가 어렵다. 국가보조금 없이 누구도 선뜻 나설 수가 없었기에, 결국 서울시가 공공으로 추진하겠다고 밝혔다. 위례선의 핵심은 위례신사선과 연결되는 107역이다. 110역(우남역, 위례역)은 지하철 8호선에 신설역이 추가된다. 분양 당시 트램의 스트리트몰로 유럽의 한 도시를 연상케 하기도 했지만, 아직은 공실도 많다. 108역은 호수공원을 산책하기 좋다. 106역에서 105역으로 가면 위례중앙광장이 보인다. 105역에서 북위례로 가는 길은 현재 공사 중이며 호수공원과 함께 위례의 마지막 윤곽이 보인다. 트램과 북위례가 건설된다면 트램 상권이 살아날지 귀추가 주목된다.

위례신사선

노선연장: 14.8km(정거장 11개소 신설, 차량기지 1개소 신설)

사업시행: 강남메트로 주식회사(가칭)

차량형식: 1편성 3량 고무차륜

이용정원: 180명(60명×3량)

역	시/구	동	단지명	거리(m)	세대수	연식	2017년 (만 원)	2021년 (만 원)	평수	평단가 (만 원)	상승률 (%)
신사역 학동사거리역	서울 강남	논현	신동아 파밀리에	300	646	26년	80,000	150,000	38	4,839	88
			동현	450	548	36년	93,000	172,000	32	5,375	85
청담역	서울 강남	청담	자이	400	708	11년	162,000	246,000	33	7,455	52
			삼익	300	888	42년	140,000	288,000	35	8,229	106
		삼성	현대 아이파크	250	449	18년	295,000	449,000	59	7,610	52
봉은사역	서울 강남	삼성	풍림1차	200	252	24년	115,500	190,000	33	5,758	65
			래미안 삼성1차	450	332	16년	115,000	203,500	33	6,061	74
삼성역	서울 강남	대치	포스코 더샵	750	276	17년	158,000	247,000	51	4,843	56
			대치현대	900	631	23년	100,000	200,000	33	6,061	100
학여울역	서울 강남	대치	은마	400	4,424	42년	115,000	235,000	34	6,933	81
			대치쌍용 1차	200	630	39년	133,000	225,000	31	6,774	58
			한보미도	350	2,436	39년	136,000	258,000	34	7,588	90
탄천역	서울 송파	가락	헬리오 시티	500	9,510	4년	77,000	160,000	35	4,571	108
가락시장역	서울 송파	문정	올림픽 훼밀리 타운	320	4,494	34년	90,000	180,000	32	4,194	100
		가락	금호	450	915	25년	65,000	145,000	32	4,520	88
			우성1차	470	839	36년	75,000	140,000	31	4,516	87
신문정역	서울 송파	문정	파크하비오 푸르지오	200	999	6년	80,000	158,000	35	4,514	98
			건영	350	545	26년	67,000	152,000	37	4,108	127
		장지	파인타운 9단지	700	796	15년	69,000	142,000	34	4,176	106

				300	1,810	9년	80,000	150,000	35	1,810	88
위례중앙역	서울 송파	장지	꿈에그린	300	1,810	9년	80,000	150,000	35	1,810	88
	성남	학암	신안인스빌 아스트로	300	694	5년	78,000	155,000	37	4,189	99
		창곡	자연앤 센트럴자이	300	1,413	5년	69,000	150,000	34	4,412	117

위례신사선은 위례신도시에 대한 접근에서부터 시작해야 한다. 삼성역을 지난다는 자체만으로 충분히 매력 있는 노선이다. 3호선을 3번이나 만나는 지름길 노선으로, 위례신도시에 위력을 더해준다.

예정역인 101역(위례중앙역)은 트램 환승, 102역(신문정역), 103역(가락시장역)은 3, 8호선으로 환승된다. 104역(탄천역)과 105역(학여울역, 3호선 환승) 사이는 연장이 길어 경우에 따라 추가 역도 가능하다. GTX역, GBC 등이 있는 핵심 역인 106역(삼성역)과 107역(봉은사역)에 이어 7호선 환승이 가능한 108역(청담역)으로 연결된다. 이후 109역(학동사거리역), 110역(을지병원역), 111역(신사역, 3호선 환승)까지 이어진다.

위례신사선 아파트 시세를 보면 삼성역으로 접근할수록 평단가가 높아지는 것을 볼 수 있는데, 올림픽훼밀리타운에 대한 투자가치를 고민해야 한다. 아시아선수촌아파트, 올림픽선수기자촌 아파트와 더불어 88 서울올림픽에 맞춰 세워진 아파트의 미래가치를 생각할 필요가 있다. 은마 아파트의 재건축 매력 여부를 고민하고 청담역과 신사역 사이의 꼬마빌딩도 눈여겨봐야 한다. 위례~삼동 노선은 아직 먼 이야기로 당장은 의미가 크지 않다.

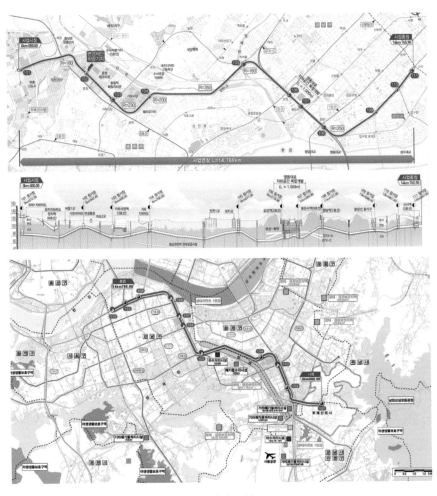

위례신사선 노선도

서부선

사업구간: 새절역(6호선)～서울대입구(2호선)

사업규모: 연장 16.15km(정거장 16개소)

차량형식: 1편성 3량(신림선, 부산 도시철도 4호선의 고무차륜 차량과 유사)

표정속도: 60km/h(최고속도: 70km/h), DC 750V 전압

사업타당성: B/C 1.05, AHP 0.617, 사업타당성 있음

사업시행: 우진산전(제3궤조 급전방식)

총 사업비: 1조 6,191억 원

2017년 3월: 민간투자사업 제안서 접수(두산건설→서울시)

2018년 12월: 최신 국가교통DB 적용 협의(서울시, KDI PIMAC)

2020년 6월: 민자 적격성 조사 완료(KDI PIMAC→서울시)

서울시 은평~관악 '서부선 경전철' 민자적격성 조사가 통과되었다. 적격성 판단은 정부 부담이 적은 민간투자로 추진하는 것이 효율적이다. 대표적 소외지인 서북(은평, 서대문), 서남권(동작, 관악)의 균형 발전을 목표로 한다. 제3자 제안공고 등 행정절차 이행 후 2022년 설계를 시작으로 2023년 착공에 들어가 2028년에 개통될 예정이다. 서울시가 교통소외지역인 서북권과 서남권을 도시철도로 연결해 지역 간 교통 격차 문제를 해결하고, 대중교통의 사통팔달 체계를 완성한다는 것이다. 총 16개 정거장으로 건설, 기존 5개 간선 도시철도와 환승된다. 과도하게 우회하고 환승이 복잡해 지체되었던 이동시간을 대폭 단축함으로써 신촌, 여의도와 같이 대학, 상업, 업무지구 등 통행 수요가 많은 지역을 한 번에 연결하고자 했다.

서부선 노선도를 근거로 3개 권역을 구분해보자. 서북권, 여의도권, 서남권이다. 서북권은 6호선 새절역 기점으로 고양선과 연결된다. 명지대학교, 연세대학교에 정차하고 2호선 신촌역으로 환승된다. 여의도권(유동인구 일 40만 명)은 국회의사당, 여의도 순복음교회, 증권거래소, 여의도 성모병원 등이 있는 주요 업무단지다. 서남권은 9호선 급행 노량진역, 7호선 장승배기역, 2호

선 서울대입구역과 연결된다.

이번에는 서부선 예정역을 살펴보자. 101역(새절역)은 주변에 가까운 역세권 아파트가 없다. 대부분 경사도가 있는 아파트이고 도보로 10~15분은 가야 하며, 백련산SK뷰아이파크, 신사현대1차, 미성 아파트가 있다. 역 주변은 다세대 밀집지역이다. 상업지 가치가 올라갈 수 있다. 신사 1구역 주택 재건축 정비사업은 은평구 신사동 170-12번지 일대로 2015년 4월 사업시행인가를 받았고, 현재 관리처분인가를 기다리고 있다. 시공사는 두산건설이 선정되었으며 424세대로 예정되어 있다. 주택 재건축사업이어서 공공임대가 없으며, 증산5구역과 붙어 있다.

102역은 충암초등학교, 충암중학교, 명지전문대학이다. 백련산힐스테이트 2~3차, 힐스테이트홍은포레스트와 다세대 밀집지역이다. 103역은 명지대학교(인문)다. DMC센트럴아이파크, DMC에코자이, 래미안루센티아와 대학교 건너편도 다세대 밀집지역이다. 104역은 연희동으로 서울외국인학교가 있는 다세대 밀집지역이다. 주거지역이라 하더라도 1종, 2종, 3종까지 봐야 한다. 역세권 주변은 종상향이나 역세권 개발이 가능하다.

105역은 연세대학교(정문)다. 서울시 경전철을 보면 신림선은 서울대학교를, 동북선은 고려대학교를, 서부선을 연세대학교를 경유한다. 연세대학교에서 2호선 신촌역까지는 정문에서만 10분은 걸어야 한다. 강의실까지 들어가려면 그 이상이 걸리기도 한다. 신촌역까지 1정거장을 셔틀버스를 타고 가는 학생도 많을 듯하다. 106역(신촌역)은 2호선으로, 어디든 갈 수 있다. 광화문 업무지구와 홍대, 건대 등으로 가는 주요 환승역이 된다. 107역(광흥창역)은 서강쌍용예가, 서강해모로, 래미안밤섬리베뉴, 한강밤섬자이, 서강환화오벨리스크, 대원칸타빌, 서강GS, 태영데시앙 등 아파트 밀집지역이다. 경의

중앙선 서강대역 환승 이야기가 나올 수 있다.

108역에는 국회(도서관 방향), 여의도 순복음교회, 한강 여의도캠핑장이 있다. 109역은 KRX 한국거래소(증권)와 여의도 업무단지를 지난다. 110역은 여의도 성모병원이다. 주변에는 대표적인 여의도 아파트 단지(40~50년)가 즐비하다. 진주, 은하, 삼익, 시범, 한양 아파트 등은 미래가치가 높다. 이 부근은 여의도에서 위치가 모호한 지역이었는데, 서부선으로 교통의 혈이 뚫릴 수 있다. 111역(노량진역)은 1호선, 9호선(급행)으로 이미 더블역세권이다. 서부선이 노량진에 힘을 더욱 보탤 수 있다. 노량진은 교통에 문제가 없으니, '노량진=고시촌=수산시장'이라는 고정관념을 깨야 한다. 깨끗한 원룸이라면 여의도 나홀로족이 선호할 수 있다.

112역(장승배기역)은 7호선으로, 강남 접근성 매우 양호하다. 상도파크자이, 상도두산위브트레지움, 상도더샵 1차와 2차, 상도브라운스톤 등 아파트와 다세대가 많이 모여 있다. 여의도를 10분 안에 간다는 것은 행복한 일이다. 113역은 양녕대군 이제 묘역이 있으며, 상도역롯데캐슬, 상도아이파크, 롯데캐슬, 상도더샵2차 등의 아파트와 다세대 밀집지역이다. 114역은 봉천벽산블루밍 1, 3차, 관악드림타운, 두산 등 구축 아파트와 봉천412구역 주택재개발지구가 지정되어 있다. 115역은 동아, 우성, 푸르지오 등의 구축 아파트와 다세대 밀집지역이다. 116역(서울대입구역)은 2호선 라인이 있는 것만으로도 행복하다.

서부선은 어릴 때 했던 주사위게임처럼 여의도로 가는 지름길 같은 역할을 하고 있다. 이제 돛을 올린 격이므로 앞으로 어떤 방향으로 어떻게 끌고 갈지 봐야 한다. 지자체장들의 요청이나 민원으로 인해 우회하거나 역이 추가될 수 있지만 크게 바뀌긴 쉽지 않다. 신림선과의 연계 여부도 살펴봐야 한다. 고양선과의 연결은 사업 주체가 다른 만큼 쉽지 않고 환승될 가능성이 높다. 서

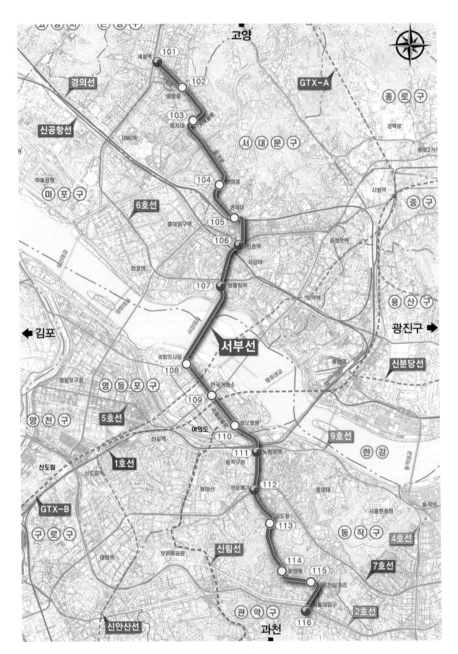

서부선 노선도

부선의 수혜는 그래도 101~105역, 112~116역 사이가 좋아 보인다.

청량리역에서 만나는 면목선과 강북횡단선

중장기적 관점에서 서울의 균형발전을 위해 추진될 수 있는 사업으로 교통의 중심인 청량리역으로 모인다. GTX-B와 GTX-C 노선이 모이는 청량리역은 서울에서 사람들이 가장 많이 모이는 역으로 거듭날 예정이다.

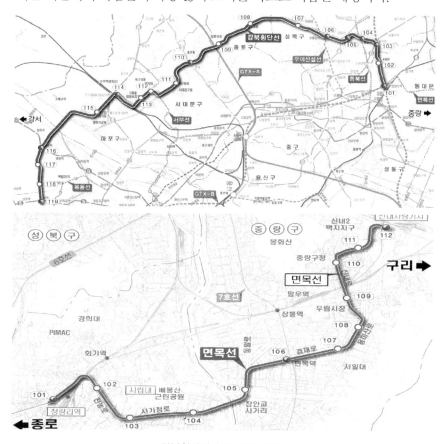

강북횡단선과 면목선 노선도

수도권
도시철도

경기 도시철도

'경기도 도시철도망 구축계획'을 살펴보겠다. 2019년 5월에 발표된 자료로 총 13개 노선에 대한 검토가 이루어졌고, 이 중 9개 노선을 우선 추진하겠다는 것이다. 왜 경기도는 트램에 집중하게 되었는가? 실현 가능한 이야기인가? 왜 경기도나 지자체는 트램을 자주 언급할까?

트램은 친환경적이고 미래지향적인 정책으로 언급하기 좋다. 또한 지하철에 비하면 엄청 낮은 금액(약 20% 미만), 경전철에 비해서도 낮은 금액(약 50% 미만)으로 공사가 가능하다. 경기도의 지자체들은 서울에 비하면 상대적으로 교통 혼잡도가 낮아, 트램이 교통 흐름에 큰 방해가 되지 않을 것으로 보고 있다. 문제는 '수요자 입장에서 편할까?' '관광 효과는 있을까?' '연계나 환승이 될까?' '내가 가고자 하는 노선일까?' 등에 대한 반문이 생길 수밖에 없다는 점이다. 용인, 의정부 등의 경전철사업을 보면 건설에만 치중한 나머지 운영에 대한 고민이 부족해 보였다. 즉 경제성이 떨어지는 사업을 무리하게 추진했다고 생각된다.

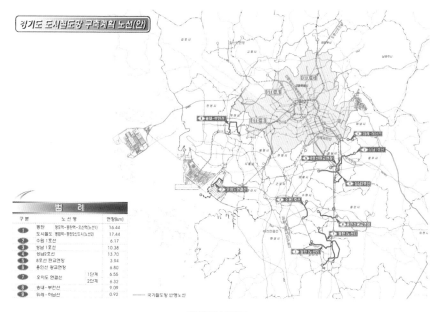

구 분	노 선 명		연장(km)
1	동탄 망월맥~동탄역~오산역(노선1)		16.44
2	도시철도 병점역~동탄신도시(노선2)		17.44
2	수원 1호선		6.17
3	성남 1호선		10.38
4	성남 2호선		13.70
5	8호선 판교연장		3.94
6	용인선 광교연장		6.80
7	오이도 연결선	1단계	6.55
		2단계	6.32
8	송내 - 부천선		9.09
9	위례 - 하남선		0.92

— 국가철도망 반영노선

경기 도시철도

경기도는 국내 최대 광역생활권으로 10년 동안 연평균 1.8%의 인구증가율을 보이며, 대규모 택지개발사업이 지속해서 추진되면서 주거뿐만 아니라 문화의 중심지 역할을 수행하고 있다. 지속적인 인구 증가에도 수요에 적절하게 대응하지 못하는 교통정책, 교통시설 투자의 부족, 대중교통 서비스의 유인력 부족 등의 문제를 겪고 있다. 경기도 내 광역 대중교통 네트워크가 부족해 승용차에 의존하는 경우가 많기에 차량보유수가 상당히 높은 수준이다. 대중교통을 이용해 지역별로 접근할 때는 버스를 이용해 접근하는데, 대중교통수단 간 환승체계가 불편한 편이다.

경기도 지자체별 사업은 도시철도사업으로 경제성이 통과되면 국가에서 최대 60%의 사업비를 지원받을 수 있다(서울시는 40%). 나머지는 해당 지자체와

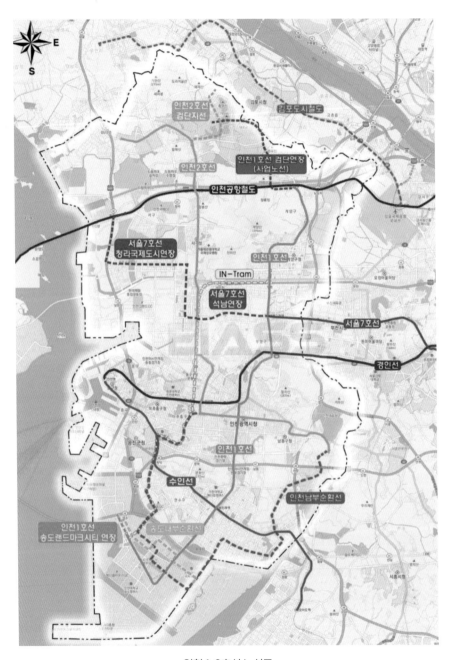

인천 1, 2호선 노선도

경기도의 몫이다. 동탄도시철도는 동탄신도시 조성에 확보된 예산 9,200억 원이 있어 착공은 시간 문제로 보인다. 경기도 도시철도망 구축계획에서는 성남 2호선(트램), 수원 1호선(트램)이 매력적이다. 영향이 크지는 않아도 때에 따라서는 파급력이 있을 수 있다.

인천 1, 2호선

인천 도시철도는 인천광역시 300만 명을 나르는 중요한 교통수단으로 이용되고 있다. 인천 계양에서 국제업무지구까지 연결되는 1호선과 검단오류에서 운연까지 이어지는 2호선이 인천시청을 중심으로 상호 연결되어 있다. 서울지하철 1호선, 7호선, 공항철도, 수인선 등이 연결되어 서울과 수원 등으로 이동하고 있지만, 서울 접근성에 좀 더 비중을 둘 필요가 있다. GTX-B 노선이 개통되면 조금 해결될 수도 있지만, 경인선 지하화 등의 적극적인 정책도 필요해 보인다.

인천시 도시철도 구상(안)을 보면 인천 도시철도 외에도 7호선 석남연장선, 대순환선, 송도~주안 지선 등을 검토 중이다. 그 밖에 새로운 교통수단으로 영종도 자기부상열차와 월미도 모노레일 등을 들 수 있다.

인천 도시철도 1호선 검단연장선

인천시에서 발주한 검단연장선 인천 계양역에서 검단신도시까지 연결하는 공사로 총 연장 6.895km 규모다. 총 공사금액은 1,925억 원 규모로 공사 기간은 착공일로부터 65개월이다. 2019년 현대건설이 검단연장선 3.3km에 해당하는 1공구 구간을 맡았으며, 계양구 다남로에서 서구 원당동 일원으로

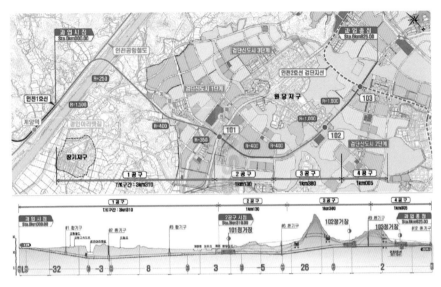

인천 도시철도 1호선 검단연장선

턴키 구간이다. 경인아라뱃길까지 3%로 하향해 내려가면서 하천 하부로 통과해 검단으로 이동하게 된다.

검단연장선은 인천 1호선 계양역에서 연결된다. 서울 접근성을 살펴보면, 공항철도 계양역에서 김포공항역 또는 마곡나루역에서 환승하고 신논현역에 하차해 도보로 이동하는 방법과 부평구청에서 7호선을 이용해 논현역 부근에 내리는 방법이 있다. 어떻게 이용하든 강남으로는 최소 1시간 이상 걸릴 수밖에 없다. 인천 2호선 검단 지선도 계획 중이고 인근에는 원당지구와 풍무지구가 있어, 노선이 완성되면 공항철도나 지하철 7호선으로 서울에 진입하게 된다. 향후 5호선 연장(한강선)도 검토되고 있지만, 아직 이야기를 꺼내기는 시기상조다. 검단 자체가 워낙 대도시이기 때문에 단지별로 차이는 있을 수 있으나 호재임은 분명하다. 101역 중심으로 보면 호반베르디움, 우미린더퍼스트, 금호어울림센트럴 아파트가 그래도 수혜지역이다. 다만 역이 생긴다고 해도 한계는 있어 보인다.

김포 도시철도

사업기간: 2013~2019년

총 사업비: 한국토지주택공사 1조 2천억 원, 김포시 3,086억 원

차량운행: 경전철(철제차륜 형식) 1편성 2량(정원 230명)

표정속도: 48km/h(최고속도 80km/h)

운행간격: 출퇴근 시 3분, 평상시 6~9분

2007년 7월: 경기 도시철도 기본계획(김포편) 고시

2014년 3월: 김포 도시철도 사업계획 고시, 착공식 개최

2019년 9월: 김포 도시철도 개통

김포한강신도시 광역교통개선대책에 따라 한강신도시~김포공항까지 전 구간을 지하로 건설해 양촌역, 구래역, 마산역, 장기역 등에 정차한다. 한강신도시에서 원도심인 걸포북변역, 풍무역, 고촌역 등을 거쳐 김포공항으로 연결되는 사업으로, 전 구간을 지하로, 23.7km에 10개의 정거장이 운행된다. 대부분 정거장에 아파트 단지가 모여 있어 출근 시 다소 혼잡하다.

노선 주변에는 한강, 김포, 검단신도시가 있어 배후 수요는 풍부하나 서울 중심상권과의 접근성은 다소 떨어진다. 김포한강시네폴리스 1단계 일반사업단지가 2017년 7월 보상을 시작한 가운데 본 사업목적인 영상문화복합단지로서의 성공 여부에 따라 주변 인지도에 영향을 미칠 것이다.

김포 도시철도 노선도

　김포 풍무역에서 강남 신논현역까지의 이동시간을 살펴보자. 최대 1시간 16분이 걸린다. 9호선 급행을 이용해보면 이론상으로 '10분 + 환승 4분 + 34분 = 48분'이지만 대기시간, 완행운행 등을 감안하면 1시간 내에 갈 수 있다. 참고로 김포선은 평일 출퇴근 시간(오전 7시~9시, 저녁 6시~8시 30분)에는 3분 간격, 그 외에는 6분 간격, 주말에는 시간대 상관없이 9분 간격으로 운행하고 있다. 차량은 2량으로 탑승 적정 인원은 편성당 170명가량이다.

　풍무역세권 도시개발사업을 살펴보자. 현재 농업진흥구역이 다수인 지역에 6,900세대가 들어온다. 사업지구 주변에는 바로 맞은편 풍무1, 2지구와 검단신도시가 있으며, 인근에는 걸포3 도시개발, 향산 도시개발, 한강시네폴리스 등이 예정되어 있다. 풍무역 하단부터 풍무1, 2지구 방향 역 주변 반경 250m에는 상업시설이, 후면에는 아파트 단지들이 밀집되어 있다. 풍무역세

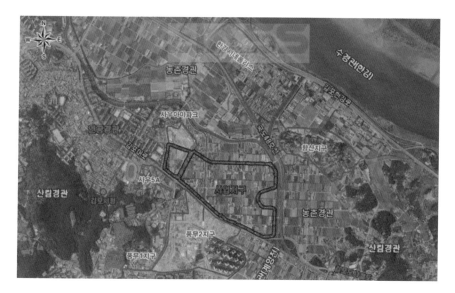

풍무역세권 개발사업

권 개발도 이와 유사한 형태로 계획되어 있다.

김포시에 의하면 현재 인구는 45만 명이다. 2015년 37만 명이었던 것을 감안하면, 한강신도시 등으로 많은 인구가 유입되었다. 김포시의 인구계획은 60만 명까지 목표로 하고 있지만 당장은 쉽지 않아 보인다.

김포선 풍무역의 대표 아파트로는 풍무푸르지오와 풍무센트럴푸르지오가 있다. 세대수가 둘이 합쳐 5,200세대임을 감안한다면 풍무역 접근 거리에 따라 아파트 동마다 가격 차이를 보일 수 있다. 센트럴푸르지오가 2년 더 신축이라 두 단지 간의 가격차이도 있다. 풍무역 인근 아파트 매물량이 적지는 않아 단순하게 특정 단지의 물량만으로 아파트의 가격을 평가할 수는 없다. 내적(지역적) 요인과 외적 요인(다른 규제나 갭 메우기, 풍선효과, 전세 등)이 있을 수 있기 때문이다.

풍무역세권 개발은 풍무1, 2지구를 위협할 수 있다. 신축 아파트가 생기면 인근에서 갈아탈 가능성이 크기 때문이다. 이는 기존의 아파트 가격을 조정시키는 요인이 될 수 있다. 풍무역 자체는 김포선에서 서울과 인접해 나름의 역할을 하고 있지만 아파트 공급이 지속적으로 늘어난다면 주변 시세에도 여러 영향을 줄 수 있다.

향후 5호선 연장 등의 계획이 발표되면 모르겠지만, 인천시가 제안한 노선의 사업성은 높지 않아 보인다. 서울시 건폐장이나 방화, 신정 차량기지 이전에 대해 인천시나 김포시가 얼마나 호의적으로 나올지도 지켜봐야 한다.

동탄 도시철도(트램)

동탄 도시철도 기본계획

수립권자: 경기도

계획 승인기관: 국토교통부

동탄: 1편성 5모듈, 36개 역, 34.2km

1호선(망포~오산): 19개 역, 2, 3호선(병점~2신도시): 17개 역

총 사업비: 약 1조 원(km당 300억 원), 차량기지 포함

열차 운행간격: 5~6분, 유인 운전(경전철은 무인)

동탄 트램에서 주목해야 할 점은 총 네 가지다. 첫째, GTX의 힘을 보여줄 수 있다. 둘째, 복지 차원에서 접근해도 나쁘지 않다. 셋째, 트램은 35m짜리 굴절 버스와 같다. 작은 길로 가지 못하고 조금 돌며 운행한다. 넷째, 5~6분 간격 유지와 정시성 확보가 중요하다. 대전을 비롯한 여러 지자체에서 관심

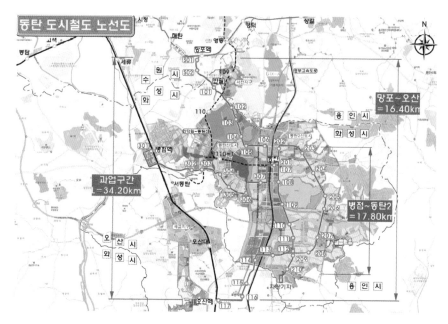

동탄 도시철도 노선도

을 보이고 사업을 추진하고 있으나, 반대도 만만치 않아 사업이 순탄하게 진행될지는 두고 봐야 한다. 위례 트램은 노선연장도 짧고 광장과 상업시설 배치를 염두에 둔 계획인 반면, 동탄 트램은 6차선 이상인 대로변 중심을 지나간다는 점에서 차이가 있다.

동탄 트램은 경기도 화성, 오산, 수원, 용인 등에 걸쳐 있다. 그러나 화성 구간이 대부분으로, '화성 도시철도'라고 봐도 무방하다.

본 사업 추진 시 경제적 타당성을 검토했다. 당시 B/C=0.8, AHP=0.69가 나왔다. AHP는 계획 수립권자에 따라 어느 정도 조정이 가능하다. B/C 0.8은 사업성이 있다고 볼 수 있는 건 아니다. 정책적으로 할 수도, 안 할 수도 없는 상황이 되어버린 지금, 의지만 놓고 보면 어느 때보다 사업 추진 가능성은 높아 보인다. 동탄에서 위대한 실험이 성공할지 지켜보고 싶다.

노선구간별 부지 현황을 보면 도로 중앙에 BRT 구간을 병행하며 트램 전용차로로 활용하겠다는 것이다. 차량은 트램 5모듈 모델로 무가선 방식이며, 전기배터리를 이용한다. 별도의 전차 가선이 필요 없기 때문에, 배터리 충전이 되는 긴(35m) 굴절버스 정도로 이해하면 된다.

동탄 트램 망포연장안으로 결정됨에 따라 분당선 망포역과 연결해 환승이 가능하다. 차량기지 위치는 롯데물류센터 부근으로 예정되어 있다. 분당선 망포역까지 연장하겠다는 것이고 차량기지 부지를 확보하겠다는 의미다.

동탄 트램의 핵심은 동탄역이다. 동탄역이 목적지가 아니라, 또 다른 출발점이라는 의미다. 그러기에 집에서 동탄역까지 쉽고 편하게 가야 한다. 동탄역 도보권이 힘을 받는 이유다. GTX 삼성역, 경부고속도로 지하화라는 두 가지 요소에 의해 동탄역의 기대가치는 상승 중이다.

동탄 트램에 대한 역별 분석은 크게 의미가 없다. 동탄 신도시 본연의 가치(네임밸류, 학군 등)가 올라가면 부동산 시장도 따라갈 것이다. 트램의 가치만으로는 한계가 있다.

동탄신도시는 동탄1 신도시인 구동탄과 동탄2신도시인 신동탄이 구분된다. 그 중간은 경부고속도로에 막혀 있지만, 조만간 고속도로가 지하화(약1.2km 구간)되고 그 위로 광장과 상업시설이 조성된다. 광장 중간에 트램역이 설치될 예정인데, 곧 진행될 것으로 보인다.

정치권에서 경기도와 화성시의 사업비, 특히 운영비에 대한 조율이 잘 되지 않고 있지만, 동탄 복합역사가 마무리되는 시점에 다시 탄력을 받을 수 있다. 동탄은 이미 교통부담금으로 사업비 중에 9천억 원의 기금을 조성한 바 있다. 이에 사업이 진행되는 것은 시간 문제지만, 운영 적자를 줄일 수 있는 방안을 최대한 찾아봐야 할 것이다. 동탄 트램은 적자노선이다. 원래 버스와 철도는 적자가 많다. 생각을 달리해보면 '적자노선-운행-복지' 상호 간의 묘한 연관관계가 있다.

- 광역전철(중량전철): 1,300억 원/km
- 도시철도(경량전철): 1,000억 원/km

(차량기지 포함. 용지비, 공사 정도에 따라 사업비는 차이가 있음)

성남 트램

성남도 트램에 대한 의지가 강하다. 성남시는 트램사업을 위해 삼평동 641번지 주차장 부지를 매각 중이다(아직까지 민자 검토는 하지 않고 있다). 성남 1호선은 산업단지 개발의 동력이 될 수 있고 분당선, 신분당선, 경강선, GTX 환승 연결도 좋아 보인다. 이왕이면 8호선까지 연결된다면 잠실까지 이동이 수월해 보인다.

성남 1호선은 산업단지를 키우려는 의도는 돋보이나 노선가치가 낮기 때문에 쉽지 않다. 성남 2호선은 서판교 부근이 월곶~판교선과 상당히 중복되므로 노선 B 중심으로 판교 테크노 단지와의 연결에 주안점을 두는 게 효과적이다. 노선 A, B를 구분해 일부는 공용해서 쓴다는 점에서 성남 2호선의 노선가치는 좋아 보인다. 문제는 재원 마련인데, 트램에 대한 성남시장의 의지가 강해 청신호로 볼 수 있다.

도시철도는 국가보조 60%, 나머지는 성남시와 경기도가 40%(1,400억 원가량)를 어떻게 만들지에 따라 사업의 진척도가 달라질 것이다.

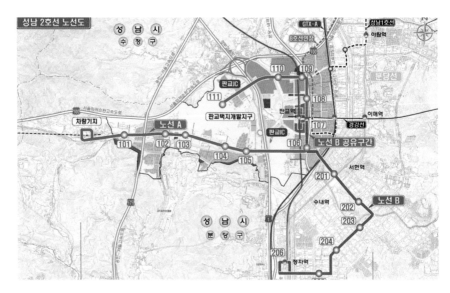

성남 2호선 노선도

수원 트램

수원은 수원역을 중심으로 교통(특히 철도 중심)이 집중화되고 있는 만큼 트램 역시 수원역을 향해 가고 있다. 수원은 관광적 자원이 풍부한 도시이기 때문에 트램을 활용하면 좋다. 트램을 마을버스로 전락시키지 않으려면 트램 중심의 다양한 마케팅과 도시 관광 프로그램을 극대화해야 한다. 수원시가 트램에 상당히 적극적이어서 수원 1호선은 순항할 가능성이 보인다. 지자체장의 의지에 따라 속도도 빨라질 수 있다. 주민단체나 시민단체 등의 반발도 예상되나, 수원시 관문인 수원역을 갈 수 있다는 장점이 두드러져 보인다.

수원 트램은 지역적 한계가 분명하다. 그럼에도 세계적 문화관광도시를 만드는 수원시의 목표가 분명하기에, 관광적으로 잘 활용한다면 큰 가치가 있을 것이다. 단순한 교통수단이 아닌 관광자원으로 트램 역마다 독특한 도시

수원 1호선 노선도

디자인과 거리환경 개선이 필요하다. 트램도 도시철도 대중교통시설이므로 환승도 가능하고 노인은 무료 탑승이 가능하다. 수원역~팔달문~장안문~수원KT위즈파크~장안구청 등으로 이어지는 무가선트램(L=6.5km) 구간이다. 예산은 1,700억 원(국비:지방비:민간투자=18:32:50)으로 추정하고 있다.

트램의 장단점

장점

경제성(공사비), 환경성, 편리성, 대중성, 정시성(전용신호), 관광 효과 등의 장점이 있다. 우선 공사비가 적게 든다. 지하철이 km당 1,200억 원 내외가 드는 데 반해 트램은 150억 내외로 지을 수 있다. 땅을 파지 않고, 고가도 별로 없어 상당한 비용을 줄일 수 있다.

대전의 경우처럼 트램 전용신호를 주면 정시성이 확보된다. 철도나 지하철의 장점 중 하나가 자가용이나 버스보다 정확한 시간에 다음 역까지 도달할 수 있다는 것이다. 트램이 지나갈 때 교차로 등에서 자동차가 무조건 양보해야 하므로 여러 마찰도 예상된다.

몇 년 전 이산화탄소 배출이 사회적 문제가 되면서 환경권이 강조되었고, 트램이 친환경 교통수단으로 떠올랐다. 지하나 고가로 가지 않고 바로 승차할 수 있고, 전용 승강장의 턱을 없애면서 유모차 이용객이나 노약자, 장애인 등이 보다 쉽게 탈 수 있다. 여기에 관광적 요소까지 더한다면 트램의 장점을 모두 누릴 수 있다.

단점

비경제성(유지비), 교통 혼잡, 버스전용 중복, 수송능력 한계(지하철), 무인화의 어려움 등을 들 수 있다. 가장 큰 문제는 유지하는 측면에서 경제성이 없다는 것이다. 나중에는 무인화가 가능할지 모르나, 당장은 안전 등의 이유로 무인화가 쉽지 않아 기관사 등이 많이 필요하다. 또한 지자체 중심으로 설계되다 보니 노선이 빙글빙글 순환하게 된다. 승객은 빨리 환승해서 가고 싶은데 노선이 우회하다 보니 이용객이 줄어들 수 있다. 현재 법 체계상에서 트램은 도시철도로 구분되기 때문에, 노인이나 국가보상 정책에 따라 무임으로 승차가 가능하다. 이러한 모든 점들이 수많은 적자가 생기는 원인이다. 의정부가 대표적인 사례로, 민간투자를 잘못했다가 5년간 누적적자만 3,600억 원에 현재도 소송 진행 중이다.

또한 지하철(8~10량, 최근 6량 추세)에 비하면 수송 능력이 떨어진다. 서울 경전철은 2량이지만 모두 무인 시스템이라서 횟수라도 늘리기 쉽다. 하지만 별도의 기관사가 필요한 트램은 1편성에 대한 수송능력과 운행횟수에 따른 전체 수송능력에 한계를 보일 수밖에 없다. 또한 도로 교통여건과 자동차, 버스의 운행 때문에 1편성에 많은 차량을 달고 이동하기는 쉽지 않다.

앞으로 10년, 역세권이 답이다
대한민국 역세권 투자지도

초판 1쇄 발행 2021년 2월 15일
초판 4쇄 발행 2021년 5월 3일

지은이 | 표찬(밴더빌트)
펴낸곳 | 원앤원북스
펴낸이 | 오운영
경영총괄 | 박종명
편집 | 강혜지 최윤정 김효주 이광민 이한나 김상화
디자인 | 윤지예
마케팅 | 송만석 문준영 이태희
등록번호 | 제2018-000146호(2018년 1월 23일)
주소 | 04091 서울시 마포구 토정로 222 한국출판콘텐츠센터 319호(신수동)
전화 | (02)719-7735   팩스 | (02)719-7736
이메일 | onobooks2018@naver.com   블로그 | blog.naver.com/onobooks2018
값 | 23,000원
ISBN 979-11-7043-177-0 03320